画不让人应有我

郑午昌研究

朱剑 著

图书在版编目(CIP)数据

画不让人应有我:郑午昌研究/朱剑著.—南京:东南大学出版社,2017.12
ISBN 978-7-5641-7569-6

Ⅰ.①画… Ⅱ.①朱… Ⅲ.①郑午昌(1894—1952)—人物研究②郑午昌(1894—1952)—书画艺术—艺术评论 Ⅳ.①K825.72②J212.052

中国版本图书馆CIP数据核字(2017)第319478号

画不让人应有我:郑午昌研究

出版发行	东南大学出版社
出 版 人	江建中
网 址	http://www.seupress.com
电子邮箱	press@seupress.com
社 址	南京市四牌楼2号
邮 编	210096
电 话	025-83793191(发行) 025-57711295(传真)
经 销	全国各地新华书店
印 刷	虎彩印艺股份有限公司
开 本	700 mm×1000 mm 1/16
印 张	12.75
字 数	235千字
版 次	2017年12月第1版
印 次	2017年12月第1次印刷
书 号	ISBN 978-7-5641-7569-6
定 价	39.80元

本社图书若有印装质量问题,请直接与营销部联系。电话(传真):025-83791830。

目　　录

第一章　郑午昌的生平

1894年是中国近代史上一个重要节点，中日甲午战争于该年正式爆发，清政府统治下的中国自此被拖入万劫不复之境地。本书的主人公郑午昌，正是诞生在这一民族危机日益深重的时刻。特殊的时代背景与国情形势，造就并衬托出他的崇高气节。

第一节　郑午昌的早年生活

一、出生和童年

1894年2月24日，即光绪二十年阴历正月初十的子时，浙江嵊县(现浙江嵊州市)三界长桥村(现嵊州三界长桥乡)的二十五岁贡生郑耀钧获知妻子杜氏为自己生了一个儿子，十分欣喜，为其取名翰中。从名字便不难看出，郑耀钧希望郑翰中能够延续郑家的书香门风。这位郑翰中，即本书的主人公郑午昌。目前还没有资料显示，郑翰中到底何时更名为郑昶(郑午昌)，但改后的名字，更可以让人感受到郑氏家族对他的殷殷期望。

图1-1　郑午昌故居

郑昶，字午昌，号弱龛，别号双柳外史、丝鬓散人、墨鸳鸯楼主、且以居士、午社词人等。

郑午昌能够成为一位出色的画家，首先应归功于他生长在一个文化艺术氛围浓郁的地方。嵊州三界因地处绍兴、上虞、嵊州三县(市)交界而得名，古时是东晋望族谢氏的封地，谢灵运、谢玄等文化名人都曾在这里居住。三界四周群山环抱，谢灵运以此为起点，开辟了七百里剡中游道，使剡溪变成一条知

图 1-2　剡溪风光

名度极高的河流。沿溪古迹迭续，历代众多文人骚客或居或游，留下了无数咏剡名篇及趣闻逸事，仅有唐一代的相关诗歌就不在少数。如李白的“虽然剡溪兴，不异山阴时”“为爱名山入剡中”；杜甫的“剡溪蕴秀异，欲罢不能忘”；白居易的“东南山水越为最，越地风光剡领先”；罗隐的“金庭路指剡川限，珍重良朋自此来”；方干的“协湾街濑片帆通，高枕微吟到剡中”等等。唐代诗人行吟剡溪的线路甚至被后人称为“唐诗之路”，而三界则被誉为唐诗之路的起点。剡溪还发生过一个更为人津津乐道的故事：晋代王子猷雪夜顺溪前去拜访朋友戴逵，“乘兴而行，兴尽而返”，造门而不见，尽显潇洒性情。后来郑午昌的一枚朱文闲章中便有“戴逵同乡”的字样，①他也曾以剡溪雪景为题材创作过不少作品。如此佳绝的故园山水，郑午昌自然十分心仪，他在长桥村的老宅依山傍水，出门便可见青山绵延，曲水环抱。郑午昌还特意为此景色自撰一联“竹径旁通沽酒店，桃花乱点钓鱼船”，其中的画意令人回味

图 1-3　郑午昌《剡溪雪霁》

① 朱文闲章内容为：“西施同族戴逵同乡美人名士共千秋。”

不已。

悠悠剡溪中流淌的文人韵事让郑午昌从小就心驰神往，他曾在跋语中写道："吾家滨剡溪，筑室曰爱山楼，用太白为爱名山入剡中诗意也，门外绿柳笼堤，红桃压岸，暮春居此，或买醉野店，或垂钓画船，其乐何减武陵源中人。"可见，在旖旎的山水美景中，郑午昌自然而然生出了诗性情怀。他七岁时，就根据"布帆无恙挂秋风"的诗意创作了《剡溪秋泛图》而被惊为神笔。① 目前能看到记载郑午昌幼年事迹的文献资料并不多，与绘画相关的就更少了。不过，只言片语的记载多少也传达出一些信息：郑午昌自幼便熟读诗文，能够切身体会到中国传统艺术中的诗画相通之处。并且，他还具有用形象转化文字的卓越天赋。

二、求学与韬晦

郑午昌不仅绘画才艺出众，诗文创作同样令人侧目，1936 年曾出版诗集《画余百绝》。有一次与友人聚会，郑午昌乘兴画白菜七十九幅，并奋笔题写不同诗句，其不俗的诗文功力可见一斑。郑午昌文学才华过人，与他青少年时期遇到的老师以及结交的朋友有关。1910 年春天，郑午昌十七岁，进入杭州府中学求学，师从张相学习国文，姜丹书学习绘画。② 这两位老师对郑午昌的影响巨大，尤其是张相，某种意义上可以说是改变郑午昌一生的关键人物。郑午昌不但跟随他奠定了扎实的语言文字功底，而且还可能得到了他的推荐进入中华书局工作，从而有机会在上海这样的文艺重镇中崭露头角直至功成名就。国画老师姜丹书，山水花鸟无一不精，主要师法董其昌，也有一些作品中的笔法和八大山人相似，郑午昌的花鸟画深受姜丹书影响，作品中一直蕴有姜氏花鸟画风的痕迹。姜书丹不但教授绘画技能，

---

① 根据目前一些研究郑午昌的论文显示，似乎是他的学生潘季华 1985 年发表于《朵云》最早提及此事。事实上，这件事最早记载于 1941 年仇亮卿撰写的郑午昌十二幅彩印山水作品集的后记中。仇亮卿(1873—1945)，一字述庵，南京人、教育家、画家、词人，编有《南京词钞续集》，曾任南京省立第四师范学校校长。

② 张相，中国语言文字学家。原名廷相，字献之。浙江杭州人。少时举诸生，曾执教于杭州安定学堂、府中学堂和宗文学堂，讲授古文与历史。1914 年，应上海中华书局之聘，先后担任教科图书部部长，中华书局编辑所副所长，《辞海》副主编等职，并任文史地教科书的编审。曾主编文、史、地三科教材，又编有《古今文综》10 册。1936 年与舒新城、沈颐、徐元诰等人主编《辞海》。五十岁以后，专门研究诗、词、曲中不曾有人解释的语词，写成《诗词曲语辞汇释》一书，对研究古典文学和近代语汇贡献甚大。姜丹书，字敬庐，别署赤石道人，斋名丹枫红叶楼，江苏溧阳人，迁居杭州。清光绪宣统期间毕业于两江优级师范图画手工科，1919 年在上海与丰子恺、刘质平等创立中华美育会，并任《美育》编辑。1924 年起历任上海美术专科学校(简称上海美专)、上海新华艺术专科学校(简称新华艺专)、国立杭州艺术专科学校(简称国立杭州艺专)、中国纺织工学院教授。其间曾赴日本、朝鲜考察美术教育。书画师承李瑞清、萧俊贤，擅作写意山水、花卉，亦擅艺术理论，如解剖、透视、摄影等课，均为中国之创始者，著有《艺术论文集》《敬庐画集》《美术史》《艺用解剖学》《透视学》等十余种。丰子恺、潘天寿、来楚生、赵丹等人皆受教其门下。

自己也著书立说，他写的《美术史》是中国第一部现代意义上的美术史著作，虽然内容相对简略，但筚路蓝缕的开创之功依然值得一提。郑午昌后来写出鸿篇巨制《中国画学全史》，应该在很大程度上受到姜丹书的启发。除了老师的影响以外，郑午昌此时的同学也大多是青年才俊：徐志摩、郁达夫、董任坚、姜立夫等人，日后皆为不同领域中的翘楚。郑午昌与他们交往，无疑对积淀知识、开阔眼界乃至提升文化修养大有裨益。

图 1-4　姜丹书《红到梢头》

在郑午昌求学期间，由于革命事件风起云涌，杭州府中学于 1912 年停学，后经过多次更名改制。1915 年夏天，二十二岁的郑午昌从当时已经更名为杭州第一中学的杭州府中毕业，因成绩突出，被选送至北京高等师范学校（即现在的北京师范大学）继续深造。从家乡前往北京的路上，郑午昌感受着南北不同的山水气象，践行着历代画论中所强调的"行万里路""外师造化"等古训，为日后山水画创作中的造境技能积累了鲜活的视觉经验。

从北京高等师范学校毕业后，郑午昌回到家乡嵊县（现浙江嵊州市）担任小学校长，两年之后又前往杭州高义泰绸庄，从事家庭教师的工作。在这一段相对平静的时期里，他开始着手撰写一生中最重要并奠定自己学术和历史地位的著作——《中国画学全史》。此时的郑午昌，尽管抱负远大，但现实中却处于一种蛰伏状态。他到底在以怎样的心绪生活，有没有具体地设想或规划自己的未来人生，我们都不得而知。不过，可以肯定的是，这一段韬行晦迹的时光，使郑午昌积淀已久的才华酝酿得更加成熟，只等时机到来便可喷薄而出，大展宏图。

三、进入上海中华书局

1922 年，郑午昌终于等来了将要改变他生活状态的机遇——受聘于上海中华书局担任史地编辑。这个机会极有可能是郑午昌中学时的国文老师张相给予的，因为当时张相正供职于中华书局，而郑午昌憨厚踏实的人品和卓越不凡的才识曾给他留下深刻的印象，所以通过某个契机推荐了这位旧时弟子。初到中华书局的郑午昌并没有直接介入美术类书籍的编辑，而是主要编辑高中外国地理教科书。与此同时，郑午昌还参与编辑了《辞海》。但中华书局为郑午昌创造了拓展审美视野、提升绘画技能的绝佳机会。闲暇时，他总是在资料室中翻阅各种文献并及时付诸实践。这一时期里，郑午昌的鉴赏眼光和绘画水平都有了长足的进步。同时，他也开始广泛结交朋友，画家黄宾虹、黄蔼农①等人均是这一时期开始交往的。1924 年，郑午昌又接替美术部高野侯②的职务，任美术部主任。从此，他借助中华书局的平台，逐渐成为上海美术界的重要人物。

图 1-5　郑午昌翻阅画册

中华书局是中国最早运用珂罗版、金属版技术影印艺术作品的出版社之一。自郑午昌任上海中华书局美术部主任以后，曾先后主持征集、鉴审、编印了一大批纵贯古今、横跨中西的美术类书籍，包括《当代名人画海》《当代名人书林》《晋唐宋元明清名画大观》《欧洲名画大观》《世界名画集》《悲鸿画集》等。这些书籍的出版，使无法见识原作的书画家以及爱好者们有了欣赏临摹、学习研究的样本，受到广泛欢迎。

① 黄蔼农，名葆戉，号邻谷、破钵，别号青山农。福建长乐人。书法、篆刻家。20 年代初来沪定居，继黄宾虹、吴待秋之后，长期任商务印书馆美术部主任编审，搜集出版历代书画作品。又善辨真伪，精于鉴定。其间兼任《中华新报》副刊《文苑》主编、上海美术专科学校国画系主任及上海大学书画教授等职。1949 年后，受聘为上海市文史馆馆员，曾任上海市文联第三届委员。著有《黄蔼农篆书百家姓》《隶书千字文》《青山农书画集》《蔗香馆印存》《蔗香馆诗稿》等。

② 高野侯，字时显，号欣木，可庵，浙江杭县(今余杭)人。清末举人。精鉴定，富收藏，以古今名人梅花作品为多，有“五百本画梅精舍”之称。擅画梅花，工篆刻。印中有“画到梅花不让人”一语自负其艺。从事美术出版甚力，1913 年任中华书局董事、美术部主任。陆续出版名人书画影印本多达百数十种。主编西泠印社《金石家书画集》十八册，曾主持辑印《四库备要》，收经史子集四部要籍 351 种 11 300 余卷。

第二节　郑午昌与绘画团体

郑午昌之所以能够在民国绘画史上留下一笔，除了拥有出色的绘画作品和划时代意义的理论著作之外，还因为他在当时是一位杰出的社会活动家，一位具有强大号召力并能产生广泛影响力的艺坛组织者。

1925年，郑午昌三十二岁，这一年他开始参加绘画社团活动。绘画社团是20世纪上半叶中国画坛的重要现象，当时的画家就是以社团组织为纽带和中心聚合在一起。除个别例外，绝大多数画家或多或少与绘画社团产生过关系，因而这一时期的美术史在某种程度上也反映为绘画社团的发展历史。绘画社团是艺术家们相互切磋，交流学习的场所，也是为自己的经济及其他利益服务的机构。在这里，艺术家们以集体的姿态参与社会文化生活，走出相对封闭的书斋画室，广泛接触社会各个阶层。事实上，近代“海派”的形成和发展，便与绘画社团的存在休戚相关。上海是当时中国从事艺术的首善之区，多元文化并存的格局使得绘画社团活动十分活跃和繁荣，它既为革新派画家的生存与发展搭建平台，也为国粹派画家的坚持与守护提供场所，所以怀着各种艺术主张的画家都能在此找

图1-6　郑午昌与海派画家（右一为郑午昌）

到志同道合者。显然，郑午昌也意识到参加绘画社团可以在进一步向世人展示自己时，发挥巨大作用。

一、蜜蜂画社

郑午昌担任中华书局美术部主任职务期间，为众多画家出版宣传画册，积累了丰富的人脉关系。因此在1929年，他发起了自己一生中第一个重要的美术团体——蜜蜂画社。

蜜蜂画社是郑午昌真正从策划、建立到运作都一直以主导者身份参与的绘画团体。1929年3月，郑午昌、黄霭农、李秋君①、孙雪泥②、张善孖③、钱瘦铁④、贺天

---

① 李秋君(1898—1973)，名祖云，以字行，斋名欧湘馆，别署欧湘馆主。女，浙江镇海人。上海市人民代表，上海中国画院画师，中国美术家协会会员，中国民主同盟盟员。1932年曾在上海合创中国女子书画会任主任，上海灾童教养所任所长兼校长。1937年间随何香凝做抗日后援工作，曾任上海支援十八集团军抗日后援会征募主任，因支援抗战有功，朱德总司令曾发给奖状。中华人民共和国成立后任上海妇联执行委员，上海中国画院画师。先投吴淑娟为师，后入张大千之门。初学工笔山水、古装人物仕女，喜作青绿，又爱摹古。四十岁后，专攻山水，宗法董北苑、董其昌，作青绿，端丽可观，古装仕女，仿唐人格局。

② 孙雪泥，又名鸿、杰生，字翠章，号枕流，别署枕流居士，江苏松江(今属上海市)人，十六岁中科举，一生专研绘事，工山水、花卉，尤擅鳞介、蔬果、梅花等。山水画继承云间画派，花果则宗明代孙克弘，所作风景和蔬果，淡雅秀逸，颇有韵致。亦善于旧体诗，多写咏物之作，平易而富风趣，著有《雪泥诗集》。孙雪泥1917年创办生生美术公司，编辑《世界画报》，自任编辑主任。1928年，采用新制版工艺印刷《良友画报》。1928年任中国画会常务理事。赴日本考察后创办图画书局，出版儿童读物，同时首创绢扇面彩色胶印工艺，为印制国画团扇，在松江设有团扇制造厂。1953年至1958年间任上海画片出版社编辑部主任，1956年上海中国画院筹建时被聘为画师。生前为中国美术家协会会员，中国美协上海分会理事，上海中国书法篆刻研究会会员，上海文史馆馆员，农工民主党党员。

③ 张善孖，名泽，以字行，号虎痴，四川内江人。张大千之兄。曾师从李瑞清。1917年东渡日本，1922年起任总统府咨议、财政部佥事、国务院咨议等职。孙中山逝世后，寓居上海，任上海美专教授，潜心绘画，成绩卓著。与黄宾虹等组织烂漫社。先后在南洋群岛、新加坡和国内举办画展。善画山水、花鸟、鱼虫、走兽，尤精画虎。与张大千合作有十二金钗图，写虎各种形态，各摘《西厢记》词句题之，以寓美人猛虎之意。抗日战争后旅美，举行画展募捐，返国卒于重庆，年五十九。

④ 钱瘦铁，名崖，一署崖，以字行，一字叔崖，号瘦铁，别号数青峰馆主、天池龙泓斋主等，曾被誉为“江南三铁”(吴昌硕称“苦铁”、王冠山称“冰铁”)之一。生于清光绪二十三年(1897年)，无锡县(现江苏无锡市)鸿声里人。十四岁入苏州汉贞阁碑帖铺当学徒，向郑文焯、吴昌硕、俞语霜等名家学习书法、篆刻和绘画。十九岁自苏州至上海鬻艺谋生，是吴昌硕主持的“题襟馆”书画会会员。民国十一年三月赴日本京都举办个人书画篆刻展览，备受赞赏。曾与日本桥本关雪等著名书画家共同组织“解衣社”书画会，以交流书画篆刻艺术，其间又先后参与停云画会、中国画会等美术团体。民国十三年返沪，任上海美术专科学校国画系主任。并主编出版《美术生活画报》和《国画月刊》。抗日战争胜利后被选为上海美术会监事。上海解放后，任上海中国画院画师、中国美术家协会上海分会理事。钱瘦铁的山水画近石涛；花卉似沈周、徐渭；其篆书拙朴醇厚；隶书萧疏奇宕；草书用笔拙重而凝练洒脱。其篆刻取周秦金石文字之神韵，熔铸入印，自创一格。人谓得“郑文焯之雅，吴昌硕之古，俞语霜之苍”。“文化大革命”中他备受折磨，于1967年去世，终年七十岁。他的书画篆刻作品已结集成《钱瘦铁画集》《瘦铁印存》等出版。

健、谢公展①、王师子、陆丹林②、李祖韩③、马孟容④等人发起筹建了蜜蜂画社。据《中华民国三十六年美术年鉴》中的记载,郑午昌等人之所以用蜜蜂来命名画社,是因为"蜂微虫,出处以群,动息有序,采花酿蜜,供人甘旨,劳弗辞,功弗居,其义足多;同人集协绵薄,研求美术,撷艺苑之精华,资群众之玩味,志愿所在,窃比于蜂,拮据所得,有类乎蜜"。由此可见,郑午昌筹建蜜蜂画社的初衷,是想集合多人力量来实现更高的目标。1930年2月22日,蜜蜂画社在上海的四五六食品公司举行成立大会。到会者有赵半跛⑤、张红薇⑥、黄孟圭⑦、王师子⑧、陈宝廉⑨、谢介子⑩、

① 谢公展,名寿,一作翥,以字行,江苏丹徒(今镇江)人。曾任私立南京美术专科学校、上海务本中学、上海美术专科学校、新华艺术专科学校、暨南大学国画科教授。又任西湖博览会艺术审查委员、中华国货展览会艺术审查委员、教育部艺术教育委员等职。善花鸟鱼虫,尤工画菊,有"家菊"之称。笔墨雄劲挺拔,唯间有过于梗硬,或伤韵致。亦善诗词,与乃弟介子唱酬联句,几无虚夕。曾出版自编《谢公展画集》影印本。著有《太湖吟啸录》《水彩画》《记忆画》《公展三十年教授文画之心得》等。

② 陆丹林,别署自在,斋名红树室,广东三水人,生于广州,在达立学堂就读,后入广州朱执信任校长的培英学校。入同盟会。学西医一年多。寓居上海后加入南社。性喜书画,尤喜与美术界往还,擅长美术评论,书法亦极老练。曾任上海中国艺专、重庆国立艺专教授,《蜜蜂》画刊、《国画月刊》编辑,中国画会理事及各地展览会征集评选委员,文艺作家协会委员。著有《革命史谭》《革命史话》《孙中山在香港》等,主编有《人之初》《国画月刊》《道路月刊》等期刊。1937年初,自第32期起,接编《逸经》。为大东书局撰写20万言《从兴中会组织到国共合作》。所编《道路月刊》,出版十六年。还编有《中国美术年鉴》。抗战爆发后赴香港,编辑《大风》期刊。此外还有《艺术论文集》《美术史话》等著述。

③ 李祖韩,浙江镇海人,字左庵,工画山水,为李秋君胞兄。他是当时商界颇有影响的人物,曾任美商中国营业公司买办多年,又曾任其表兄弟方液仙所创办的中国化学工业社董事长和上海化学工艺社的大股东。

④ 马孟容,名毅,以字行。马公愚之兄。曾任上海美专教授。1929年全国美术展览会和同年秋在上海举办的中日现代绘画展览会都聘他为委员;次年的西湖博览会聘他为艺术馆参事。1931年兼教江苏省立上海中学国画。他积极参加当时画界同人发起的民间艺术组织,作品曾被选送巴拿马万国博览会、比利时博览会、法国美术展览会、日本东京绘画展览会。并编著出版《墨趣专述》《马孟容花鸟画集》《草虫鱼蟹谱》。

⑤ 赵半跛,原名赵润,字种青,号半跛、跛道人。宁波鄞县(现宁波鄞州区)人。工诗、善画、能书。画以花卉、草虫见长,设色秀丽,书法行楷皆能,苍劲挺雅。

⑥ 张红薇,女,现代画家。名光,字德怡,晚号红薇老人。浙江永嘉(今温州)人。早年从事美术教育,曾任北平艺术专科学校、杭州艺术专科学校教授,上海美术专科学校讲师及广东洁芳女子师范学校校长等职。1929年在上海加入蜜蜂画社。艺术风格近采恽寿平、蒋廷锡,远溯徐熙、黄筌,笔致秀雅,设色明丽,功力独具。亦工诗,著有《忘忧仙馆诗钞》《红薇吟馆诗集》等。1949年后曾被选为中国美术家协会上海分会理事,任上海中国画院画师、上海市文史馆馆员。

⑦ 黄孟圭,原籍福建福州,出身闽南望族,美国哥伦比亚大学教育学硕士,回国后先后任福建省政府委员、教育厅厅长、厦门大学校长,后移居新加坡。黄与徐悲鸿私交甚笃,移居后曾任马尼拉华侨中学校长,并于新加坡筹建敬庐学校。

⑧ 王师子,原名伟,字师梅,四十岁后改名师子,一度寄居上海麦加里,因谐音别署墨稼居士,江苏句容人。历任上海美专、中国艺专、新华艺专等国画教授。治艺谨严,注重写生,用笔用色,施墨布局,跌宕遒劲,艳而不俗,丽而不浮。书法则以秦权诏版为宗。作诗、治印,均有个人面目。

⑨ 陈宝廉,字心鲁,江苏常熟人,寄居上海。工画。著有《绘苑丛谈》。

⑩ 谢介子,江苏镇江人,谢公展之弟,擅词章之学,偶作画,蔬果为妙。

凌直支[①]、王式园[②]、马孟容、陈倚石[③]、叶渭莘[④]等三十余人。成立大会召开期间，与会者即席商议制定画社简约，社约大致如下：

1. 本社定名为蜜蜂画社。

2. 本社以提倡发展研究中国美术为宗旨。

3. 凡对于本社宗旨表同情者，经社友三人介绍，皆得入社，社友分两种，曰基本社友，曰普通社友。

4. 基本社友，暂定 40 人，每人认基金股，至少一份国币 50 元。普通社友不限人数，每人每年纳社费 2 元，以三年为期，期满免纳社费，仍应享之权利。

5. 本社社友每月聚餐一次，即作为常务会议，及解决一切社务。

6. 每年由第一次常会，举出干事九人，负责执行会务，并由干事中，互选主任干事一人。

7. 每半年度，由主任干事将经过社务会计等，报告于常会。

8. 本社先出定期刊物一种，定名《蜜蜂》，分赠社友，并发售，如逢基本社友 40 岁以上寿辰，及其他有关纪念之事则出特刊。

9. 本社每年"花朝"日前后，开社友作品展览会一次，社友应负出品之义务。

10. 本社设有同人俱乐部，以便社员随时聚会。

11. 本社购买或募集古今名迹，珍藏于俱乐部，以便社友随时观摩。

12. 本社社友，对于社会公益，如书画助赈等事，应尽相当义务。

13. 本社每年刊印社友录一册，分赠社友，并发售。

14. 本简约有修改处，于每半年度开常会时，由基本社友二人之提议，公议修改之。

上述社约内容表明，蜜蜂画社已摆脱了传统自娱自乐、即兴雅集状态，而朝着明确的组织化方向发展，初具近代社团特征：首先，该社团已经有团体成员一致认同的目标或宗旨，有全体成员共同认定并且付诸文字的规章制度，所以不再是基于血缘、地缘或师友关系基础之上的简单契结。其次，加入社团有明确的资格规定，并且要履行一定的组织程序。最后，在社团内部还设有不同层级的办事机构，分工明确，职权清晰，相互协调。也就是说，社团成员内部的关系是一种正式的社会角色关系，它不取决于成员的个体特征，而是由成员所处的职位所决定，具有非个性化和抽象化的特征。[⑤]

---

① 凌直支，又名凌庠，字植之，又作直支，號篇盦，江苏泰县(现江苏姜堰市)人。毕业于晚清两江优级师范学堂，受业于李瑞清等人。民国后任临时参议院议员，财政部参事、次长、总长。1927 年去职，任东方绘画协会干事，国立艺专教授，抗战时期，拒任伪职。凌氏热心教育，历任北京、南京美校校长，上海中华等校校董等职。善书画，尤长写意花鸟。与陈半丁、陈师曾、齐白石有京城四大家之称。

② 王式园，名鲲徙，号式园，杭州人。精鉴赏，善收藏，曾任浙江禁烟局局长。

③ 陈倚石，号万石堂主。福建人。历任大夏大学、国立艺专、中国艺专等校金石、书画教授。善绘事，精篆刻。

④ 叶渭莘，名恂，浙江杭县人。工人物、花卉，1925 年和王一亭、杨逸等人合作发起素月画社。

⑤ 乔志强. 近代绘画社团研究[D]. 杭州：浙江大学，2005 年博士论文

蜜蜂画社成立大会还推举张善孖、谢公展、陆丹林、许徵白、李祖韩、钱瘦铁、孙雪泥、郑曼青、马孟容、贺天健、郑午昌为干事,郑午昌、陆丹林、许徵白[1]又属于主任干事,其中郑午昌是实际上的画社主持人。画社的第一期入会者有方介堪[2]、吴青霞[3]、高云塍[4]、王式园、谢玉岑[5]、王师子、叶渭莘、钱瘦铁、郑曼青[6]、杨清磬[7]、

① 许徵白,名昭,以字行,更字子廔,号清籁、不烦子。江苏江都人,寄寓上海。近世著名画家,蜜蜂画会创办人之一。尤以摹古为胜。曾任上海美专教授多年,与张善孖、钱瘦铁、郑午昌、贺天健相友善。擅长山水人物。画无师承,全凭苦习而成。亦是摹古名手,所作古韵沉静,气息尤佳,仿唐宋名迹尤能不落痕迹。昔与汤麟石、谭敬等合作制造历代古画,人莫能辨,允称个中高手。

② 方介堪,原名文渠,字溥如,后改名岩,字介堪,以字行,永嘉城区(今温州鹿城区)人。篆刻家,曾任第一、第二届全国美展评审委员,上海美专教授、西泠印社副社长、全国书法家协会名誉理事、中日兰亭书会名誉顾问。获第二届全国美展一等奖,出版过几部印谱和古代玉质印章专集《古玉印汇》,钩摹完成并初步编定大型古文字工具书《玺印文综》。遗著有《方介堪篆刻》《介堪刻晶玉印》《介堪印存》《玺印文字别异》等。

③ 吴青霞,女,学名吴德舒,号龙城女史,别署篆香阁主。江苏常州人。为江南收藏家、鉴赏家吴仲熙先生之女,自幼秉承庭训,师从其父临摹宋、元、明、清各派各家工笔画,深得其精髓。中华人民共和国成立后为上海中国画院画师、一级美术师。

④ 高云塍,又名高建标,南阳镇原仓前村(现龙虎村)人,著名浙江萧山籍书法家,是当时中华书局旗下三位著名书法家之一,又是当时上海蜜蜂画社的第一期社员,除了《高书小楷》之外,还出过《高书大楷》字帖,与他人合编《字学及书法》等。

⑤ 谢玉岑,名觐虞,号孤鸾。江苏常州人。钱振煌之婿,谢稚柳之兄。精诗词书画,书法工篆隶。画山水、得元人冷淡幽秀之致。

⑥ 郑曼青,原名岳,字曼青,自号莲父,别署玉井山人,又号曼髯,永嘉城区(今温州鹿城区)人。幼颖悟,过目成诵。十岁从汪香禅习画。1917 年到杭州,结识沈寐叟、马一浮、经子渊、楼辛壶等,相与研论诗、书、画。1920 年到北京受郁文大学招聘,讲授诗学,并得以结交郑苏戡、陈师曾、王梦白等,诗画俱臻进境。1928 年,执教国立暨南大学,又任上海美专国画科主任。1931 年,与黄宾虹等创办中国文艺学院,任副院长。1932 年辞去一切教职,专从阳湖国学大师钱名山攻经学。因早年学习少林拳,后改习太极拳,颇多创获。1934 年出任中央军校拳击教师,1939 年任湖南省政府咨议兼省国术馆馆长。次年转往重庆,任教于中央训练团。二十五岁从安徽名中医宋幼庵学医。精于病理,尤于妇科、骨科别有心得,曾任全国中医公会理事长。1946 年任制宪国大代表,次年当选中医公会国大代表。1949 年去台湾,与于右任、陈含光等结诗社,又与马寿华、陶芸楼、陈方、张谷年、刘延涛、高逸鸿等成立七友书画会,并参与发起建立中华民国画学会,当选为理事兼国画委员会主委,又任中国文化学院华冈教授、中华文化复兴运动委员会纽约分会艺术组负责人。在台湾创立时中拳社,传授拳术。1965 年赴美国,客居纽约,创办太极拳学社,广授生徒,直接间接从学研习者不下数万人。由于擅诗、书、画、拳、医五长,故被赞为"一代奇才"。遗著有《唐诗针度》《玉井草堂诗集》《曼青词选》《郑曼青书画集》《曼青写意》《曼髯三论》《女科新法》《谈癌八要》《骨科精微》《郑子太极拳十三篇》《老子易知解》《学庸新解》《人文浅说》《论语释旨》和《易全》等。

⑦ 杨清磬,又名凉安。浙江吴兴(今湖州)人。生于甲午(1894)腊月(公历 1895 年 1 月)。毕业于上海美术专科学校。1919 年与江小鹈、丁悚、刘雅农、张辰伯等发起成立天马会,主张中西绘画结合,致力倡导新美术。常在上海《时事新报》副刊《学灯》与上海艺术学会的《艺术》杂志上发表文章。早年长于漫画,署款"清(磬)",兼作水彩画,为我国早期漫画家之一。1920 年与张聿光、钱病鹤、丁悚、沈泊尘、但杜宇等人创办《滑稽》漫画月刊。1928 年与汪亚尘、王一亭、朱屺瞻、潘天寿等活动于艺苑绘画研究所。1929 年与徐志摩、李祖韩、陈小蝶等任《美展》和《美周》刊物编辑。又在三友幻灯片社任编辑。30 年代开始专攻国画。山水宗恽南田,秀逸入骨。也善画枯木、竹石、花卉,均饶书卷气。1946 年春在上海湖社举办个人画展。1947 年任上海市美术馆筹备处征集委员会委员。1956 年上海中国画院筹备时应聘为画师。

李祖韩、李秋君、俞剑华、王个簃①、施翀鹏②等四十四人，以后又有熊松泉③、潘君诺④、谢之光⑤、吴弗之⑥、王一亭、张大千、顾坤伯⑦等入社，共八期，计一百四十二人，声名远扬。

画社成立当天，还举办了"蜜蜂画社第一届古今名画展"，展出社员作品及古今名画，郑午昌亦有作品参展。1930 年 3 月 11 日，社刊《蜜蜂》画刊问世，郑午昌任主编，真可谓宝剑赠英雄，这正是他得心应手之事。一方面，他在中华书局编辑过

---

① 王个簃，名贤，字启之，江苏省海门市人。为吴昌硕入室弟子。曾任上海新华艺术大学、东吴大学、昌明艺术专科学校教授，上海美专教授兼国画系主任。新中国成立后，任上海画院副院长、名誉院长、中国美术家协会理事、中国美术家协会和书法家协会上海分会副主席，西泠印社副社长，上海文史馆馆员等职。著述有《王个簃随想录》《个簃印存》《王个簃画集》等。

② 施翀鹏，字扶九，号南池(以号行)，上海市崇明县(现上海市崇明区)新河镇人。1928 年毕业于上海美术专科学校艺术教育系，从著名山水画家萧俊贤为入室弟子。中华人民共和国成立后，任上海师范学院艺术系教授、学院学术委员会委员，上海交通大学文艺系教授兼东方艺术交流中心名誉主任，中国美术家协会上海市分会会员、理事、顾问，中国书法家协会上海分会会员，中国韵文学会会员，中华诗词学会会员，上海诗词学会理事，上海春潮诗社副社长。1981 年被聘为上海市文史馆馆员。擅山水，作品浑厚苍劲。兼作兰竹，俊逸可喜。长于诗文，亦工书法。以诗、书、画三绝而久负盛名。一生勤于耕耘，好游名山大川，书画作品甚多。著有《中国名画观摩记》《中国山水画》《诗词浅学》《施南池诗集》《施南池纪游画集》《萧厔泉画课稿及画语录》等。

③ 熊松泉，名庚昌，字松泉，以字行。江苏南京人，寓居上海。熊松泉早年于上海、汉口等地以画舞台布景为业，兼擅雕塑，曾塑孙中山像颇得好评。为海上题襟馆金石书画会会员，时与王一亭、张克龢、赵云壑等人切磋交往。1925 年后与杨逸、汪仲山、钱瘦铁、汪声远等常活动于素月画社。与黄宾虹、俞剑华、张善孖、马企周等活动于烂漫画社。1932 年与张大千、张聿光、汪亚尘、陈定山等活动于中国画会并任理事。中年以后曾潜心研究实用工艺美术。擅绘山水、花鸟、人物，俱臻佳妙。能以左手作画，挥洒自如。尤擅走兽。所绘狮独称于时，与画虎驰名的张善孖齐名，人称"张虎熊狮"。后为上海中国画院画师、上海市文史馆馆员、中国美术家协会上海分会会员。

④ 潘君诺，名然，晚年号然翁，江苏镇江人。1930 年就读于上海美术专科学校，专攻花卉草虫，美专毕业后复受业于赵叔儒、郑午昌。潘君诺为赵叔儒关门弟子，郑午昌鹿胎仙馆入室之首席弟子，同时也深受刘海粟赏识。50 年代末至 70 年代，由于种种原因逐渐淡出海上画坛，默默无闻中坚持创作教学直至去世。

⑤ 谢之光，署东山后裔，后易名之光，室名栩栩，浙江余姚人。上海美术专科学校毕业 。曾任南洋烟草广告公司美术员，九福公司美术主任。中国美术家协会会员和中国美协上海分会理事、上海画院画师、上海市文联(二届)委员会委员、民主同盟盟员。早年擅月份牌年画。二十三岁便出版了第一张月份牌。1949 年后谢之光任中国画院画师。在作画上他从有法到无法，狂放不羁。他以纸团、竹筷、调羹当画具，随意泼洒，略加点划成画，天趣盎然。

⑥ 吴弗之，初名士绥，改名溪，以字行，号溪子，别署广明畸士，又号逸道人。浙江省浦江县前吴村人。历任上海美专教授，杭州艺专教授兼教务主任，浙江美术学院国画系主任，工诗文书画，精研画论及古画鉴赏。工诗、文、书、画，擅长意笔花鸟画，对于国画理论及古画赏鉴，都有深厚修养。吴茀之的写生观及其对花鸟画的理念，以革新与个人品格为根基，体现出关照自然、高逸灵秀的人文情怀。主要著述有《画论笔记》《中国画十讲》《画微随笔》《吴谿吟草》等。

⑦ 顾坤伯，字景峰，曾名顾乙，号二泉居士，江苏无锡人。早年师从吴观岱，在苏州工专土木科学建筑时受陈迦盦指授，1923 年后考取上海美专，并创办奇峰国画函授学校。1957 年起在浙江美术学院任教至逝世。擅长山水，青绿设色独具风格，将唐、宋金碧山水的浓艳和元明浅绛山水的清淡自然地结合在一起，传统功力深厚，同时也重视写生，善用水墨烘染，并渗以西法，自创新意，是一位善于示范而卓有成效的教育家。

大量书籍,对此间的各种程序和所需资源了然于胸;另一方面,他也有过主编美术类期刊的经验,所以在组织文章时有独到而深刻的视角——在此,我们不妨插叙一些内容:1929年,郑午昌曾主编上海美术专科学校的校刊《葱岭》的创刊号。此书刊载了大量谈绘画技法与绘画教育的论文,①让美专学子们受益匪浅。正如虎闱在《旧书鬼闲话》中的评价:"风靡一时的《葱岭》,作为校刊,应是美专课堂以外的补充教材。它有效地滋润了不少艺术青苗茁壮成长。从日后培养出的一批著名画家的事实看,刘海粟、刘惠九请出郑午昌办刊的目光,不能不说有真知灼见。"

图1-7 郑午昌与同道(右四为郑午昌)

鉴于郑午昌丰富的办刊经验,《蜜蜂》很快就成了当时美术界讨论发表作品和言论的重要平台。《蜜蜂》逢"十"日出版一期,刊载会员作品和中国古代绘画作品及学术文章。一时间,美术界较为重要的文章都于此刊发表,如张雪杨的《美育与德育》《槐堂论印》、半盦的《艺苑秘纪》、荷庐的《画话》、刘艺里的《论书法》、郑午昌的《国画术语释要》、吴东迈的《与友人论画书》、方介堪的《玉篆楼读印记》、贺天健的《国画之灵魂》、陆丹林的《现代画风》、俞剑华的《提倡中国画之理由》等。此外,许多文化界、教育界的名流如于右任、蔡元培、陈三立、柳亚子、陈散原、姚茫父等,也都为《蜜蜂》撰文。《蜜蜂》先后共出版了十四期,后来因为改出《现象画报》而停刊。

蜜蜂画社还经常举行讲座,每年农历二月十五日前后,开社友作品展览;设"同人俱乐部",画社购买或募集的古今名迹珍藏在俱乐部,以供社员随时观摩;画社亦设有研究部,1930年5月,研究部为了进一步加强中国画学的研究,带动培养更多

① 诸如丁远的《艺术的意义和价值》、郑午昌的《宋人对于画学之真谛》、张善孖的《画谈》、贺天健的《研究艺术应具学者态度》、方介堪的《论印学之源流及派别》、张红薇的《论画家之美化与文化相错综合》、沈在容的《石涛之思想及其艺术》、姜丹书的《手的教育问题》、马企周的《山水浅论》等。

的人关注中国画、喜爱中国画、传播中国画，决定招收社外研究员。孙雪泥在媒体上登发启事说："本社指导旨趣、学理与技法并重。"郑午昌在这一活动中，担任了研究部的指导员。画社还注意征集中国当代绘画，后将所收集的作品编成《当代名人画海（甲编）》，由中华书局出版。

二、中国画会

上海是一个容纳来自五湖四海异乡人的城市，寓沪画家也大多来自外地，经过他们的中介，上海绘画社团的影响会辐射到更远的地方。蜜蜂画社成立以后，社会影响也不小，但总体上还局限于南方。因此，画社干事叶恭绰①认为有必要组织一个更具影响、范围更广、权威性更强的绘画团体。当然，这只是表面原因，促使中国画会成立的深层原因，是画家们强烈的民族自尊心驱使。正如《民国十九年中国画会缘起》中说：

> 在今日世界文化比较之情势下，无处不予我人以惭怍与愤奋之感觉。尤以我画界零落之衰象，而使我人益觉来日责任之重大，不能迁延苟且以相推诿，盖无论欧美各国，莫不将其固有之文化发扬光大，以表现其民族之特性，而画道实又为表现文化最有价值之工具。论其性质，更为人生道德最高尚之寄托者。因是比较文明的民族受其天性之驱使，无不知浚发其画道之渊薮，予人我间以调和的情感也。
>
> 日本为我国文化之犹子，虽格于其天性系统之差别，犹未能深肖，而其在国际文化上之宣传，每每以东方艺术主人翁自居，此最足使我人难避不自振作之诮者也。尝闻欧美各国及东郡日本，无不有画会之组织，其间团体之性质，或公或私不一，或由画家组织而政府予以有力之辅助，或由政府之提携而画家从而组织之，或以社会的力量而使画家得团结之机会，或以画家本身的动作而自行合成者，以故彼能于国际地位及学术本身诸

---

① 叶恭绰，字裕甫（玉甫、玉虎、玉父），又字誉虎，号遐庵，晚年别署矩园，室名"宣室"。中国广东番禺人。书画家、收藏家、政治活动家。交通系成员之一。早年毕业于京师大学堂仕学馆，后留学日本。留日时加入孙中山领导的同盟会。曾任北洋政府交通总长、孙中山广州国民政府财政部部长、南京国民政府铁道部部长。1927年出任北京大学国学馆馆长。中华人民共和国建国后，曾任中央文史馆副馆长。第二届中国政协常委。生平于艺术、书画、诗词、鉴藏无不精通。书工楷、行、草，主张以出土竹木简及汉魏六朝石刻、写经为宗。他用笔运腕，独有心得，笔法雄强朴厚，妍媚动人，自成一家。人称其书有褚之俊逸、颜之雄浑、赵之润秀，誉为当代高手。画则竹梅松兰，尤善画竹，秀劲隽永，直抒胸臆。画就辄题诗词。全国性美术展览及书、画团体无不参加。叶恭绰著作甚丰，主要有《遐庵诗》《遐庵词》《遐庵谈艺录》《遐庵汇稿》《交通救国论》《历代藏经考略》《梁代陵墓考》《矩园馀墨》《叶恭绰书画选集》《叶恭绰画集》等。另编有《全清词钞》《五代十国文》《清代学者像传合集》《广东丛书 》等。

问题皆能得到相当的解决。反顾我国则何如，虽不乏零星之组织，而其性质与目的不外乎娱乐与消闲而已，至于“整个的组织”及“一致的发展”如东西各国者尚未之见。能不慨然！

同人等本此见地，益觉为适应今日实际之需要，而中国画会之组织为不容或缓矣。①

一方面，画家们认为，中国画是中国文化的代表，是体现中国文化价值的最佳载体；另一方面，他们又对日本居然“每每以东方艺术主人翁自居”而感到羞愧难当，充分认识到这应该为中国画振作奋起敲响警钟。并且，他们还意识到欧美及日本各国能取得绘画艺术上的巨大进步，与画会组织的组建休戚相关，“如果要谋中国绘画之重振，刻不容缓的首要任务就是要组织高水平的画会”。②

1930 年 6 月，叶恭绰首先提出要筹建一个新绘画团体的议案，并约黄宾虹、陆丹林协商筹办，由陆丹林撰写了《国画家亟应联合》一文，发表在《蜜蜂》第十一、十二期，以征求画家们的意见。陆丹林的文章发表后，得到了上海画家的纷纷响应。经过一段时间筹备，蜜蜂画社“升级”为中国画会。蜜蜂画社自此完成了其历史使命，而画社成员则大多转入中国画会。中国画会还向政府当局呈请立案而获准成立，是当时国内唯一向政府立案批准的美术社团。

鉴于中国画会脱胎于蜜蜂画社，郑午昌作为蜜蜂画社的主持人，则顺理成章地被推举为中国画会首届执行委员。中国画会最初会址在上海环龙路（今雁荡路），常务委员、监察委员和执行委员由张聿光、孙雪泥、贺天健、王一亭、谢公展、马企周、郑午昌、钱瘦铁、马公愚、丁念先③、王师子、陈定山④、李祖韩、汪亚尘、商笙伯⑤、熊松泉、吴湖帆等人担任。该会不设会长，会务议决后，由常务委员和执行委

---

① 《中华民国三十六年美术年鉴·史六》

② 乔志强. 近代绘画社团研究［D］:［博士学位论文］. 杭州：浙江大学，2005

③ 丁念先. 浙江上虞人，字守棠，斋号念圣楼。擅书画，尤精于隶。20 世纪 20 年代加入上海题襟馆，后从丁辅之、高野侯等人组织古欢今雨社。1961 年精造百件藏品，在台湾地区立博物馆举办“念圣楼书画展”，并出版《念圣楼读画小纪》。

④ 陈定山，原名琪，改名定山，字小蝶。室名醉灵轩。浙江杭州人，陈栩之子，早年随父从事实业，创办家庭工业社。1949 年后居台湾。工诗词，善画山水花卉。

⑤ 商笙伯，名言志，字笙伯，以字行，号安庐，浙江嵊县（今嵊州市）长乐镇人。因住长乐乡，又号长乐乡人。清光绪三十二年任江西省湖口知县，曾为张香涛幕僚。辛亥革命后居在沪，专研国画，自称无师承，实师徐青藤、李复堂及李晴江、赵之谦诸家，在晚清、民国政府中从政数十年，洁身自好，学画不辍。民国初，在上海与名画家吴昌硕、王一亭、倪墨耕等过从甚密，艺术大有长进。在《东方杂志》上刊出的水墨画《荷花翠羽图》颇受好评。“一·二八”事变后，在上海专事绘画。擅长花鸟、草虫，偶作走兽、人物，笔致淳雅，颇得明人之趣。作品多次参加世界画展，所作《桃花》，30 年代在柏林“中国现代画展”中展出，《葡萄》在日金山万国博览会获金牌奖。新中国成立后，被聘为上海文史馆馆员、上海国画院画师，为中国美术家协会上海分会会员。

员执行，监察委员进行监察。会中职事，采合议制，而会务之执行，则由总干事、干事办理。中国画会的入会者有贺天健、孙雪泥、施翀鹏、丁念先、马公愚、李秋君、张大千、张聿光、汪亚尘、吴湖帆、黄宾虹、熊松泉、商笙伯、王一亭、张善孖、钱瘦铁、陈定山、李祖韩、谢公展、张君谋、田恒、姜丹书、应野平①、荣君立、朱屺瞻、王师子、徐悲鸿、沈一斋②等三百余人。入会者来自多个地区，南至广州、香港，北至北平、天津，以及南京、杭州、镇江、扬州、苏州、无锡等地，说明中国画会已经实现了筹建者的初衷——超越地域局限成为全国性美术社团。及至中华人民共和国成立前，郑午昌担任过中国画会的常务理事和监委并先后四次当选为该会的执行委员。

中国画会也有明确的宗旨，即：

1. 发扬我国固有之艺术；

2. 对外宣传、提高国际艺术地位；

3. 以画家互助之精神，而谋生活的安定。

与蜜蜂画社相比，中国画会的宗旨已不是简单地为画友提供一个交流平台以及单纯的学术研究，它的着眼点是世界性的，同时也注入了强烈的责任意识，更蕴含着一种坚定的信念。特别是强调画家互助精神这一点，指出画家应该在特定的时代背景下，适当放弃一些比较个人化的生活工作方式，既有利于形成更加引人瞩目的力量，又可以让整个行业的物质基础得以提高，非常务实且具操作性。

1934年11月10日，中国画会的会刊《国画月刊》问世，由黄宾虹、汪亚尘、郑午昌、陆丹林、贺天健、谢海燕主编，中国画会月刊社出版，上海汉文正楷书局代售。月刊设有论述、小评、著作、随谈、文苑、会员消息以及美术作品选登等栏目，并刊登会员画家润格，扶助会员生活。《国画月刊》中的文章大多由著名画家或美术理论家撰写，是当时最重要的美术期刊之一。尤其值得一提的是，郑午昌组织编辑了主

---

① 应野平，曾名野萍、野苹，自题画室为“愚楼”。男，汉族，浙江宁海人。幼承家学，喜爱绘画。1949年前曾任新华艺术专科学校教授，曾先后两次在上海举办个人画展，出版《应野平画集》。1949年后任华东美术家协会创作干部，上海人民美术出版社编辑室副主任，1954年，华东美术家协会成立，任专职画师，次年任上海画片出版社编辑室副主任，其间去苏北、福建、舟山等地写生，作品在《人民日报》《中国画》等报刊发表。1960年任教于上海美术专科学校，1972年与唐云合绘巨幅山水，悬挂于上海接待国家元首的宴会厅。1983年任上海大学美术学院教授。应野平的创作在继承传统的基础上借鉴西画，融会贯通，自具面目。所作笔墨苍润拙朴，格调清新明快，画面气韵生动。作品多次在国内外展出并获奖，为中国美术馆等单位收藏。其中中国画《澜沧江畔》入选第六届全国美展优秀作品展；《水墨山水》获日本“86现代水墨画展”优秀奖。1986年4月应邀在日本东京、大阪等地举办个人画展，并出版《应野平山水画集》，1988年6月在中国美术馆举办个人画展。出版另有《应野平山水画辑》《应野平山水画册》《应野平画辑》等，拍摄电影教学片《应野平山水画技法》。

② 沈一斋，以字行，又号云台山人，江苏灌云人，客居上海，以卖画为生。擅长山水、花鸟，亦能人物。沈一斋的花鸟画深受海派名家任伯年、吴昌硕、王震的影响，时而工整秀丽，时而粗笔重彩，直抒胸怀、气势十足。

题为"中西山水画思想专号"的第四和第五两期,共收入论文21篇,包括历史考察、技法演述、思想之分析和比较等内容。论文的作者有贺天健、谢海燕、俞剑华、黄宾虹、倪贻德、陈抱一、孙福熙[①]等人。这两期专号的编辑方针豁达开放,旨在通过了解他人而看清自己,洞悉中西绘画之长短进而有所取舍。同时,通过比较中西艺术之性质异同,究其盛衰之所然而知所警励,以努力谋取中国艺术之复兴,[②]成为中国近现代绘画交流史上的美谈。正如郑午昌的序文"中西山水画思想专刊展望"中所阐述的那样:"新中国文化的创造已为国人共同的目标……我们既不能忘却我们所处的地域,尤不能忘记我们所生的时代。在历史进化的过程中,一时代有一时代的艺术,同一时代而又有各个民族的独特的艺术,以其环境及历史的条件反映使然也。是故我们不但应做一只蜘蛛,在固定的范围吐着质有的丝,并且应做一只蜜蜂,飞向中西古今艺术的藩篱,吸采其精汁,而熔冶之,消化之,酿成一新时代的佳蜜。"某种意义上郑午昌组织编辑的这两期专号,反映出他开放和包容的学术胸襟,也说明他真正意识到了中国绘画的独特性和普世价值,所以才能够以这种姿态,抱着对话的愿望,同时展示中西绘画对描绘自然风景的看法,并试图从中找到适合时代的新山水画道路。

《国画月刊》共出版了12期,因为印刷费、纸张费猛涨,不得不于1935年8月停刊。然而不出半年,1936年1月,上海中国画学出版社又编辑出版了《国画》双月刊,由谢海燕任主编,郑午昌、孙光第、黄宾虹、谢公展、俞剑华、陆丹林任编辑,郑午昌和孙光第为发行人。郑午昌在《国画月刊与国画》一文中写道:"本刊是继国画月刊停刊后另编的一种中国画会之一的刊物,它不是图利,是以研究国画,提倡国画,发扬吾国固有艺术为前提。"一些颇具影响力的文章,如黄宾虹的《画人画语》、刘海粟的《艺术的革命观》、刘狮的《时代之画坛》、郑午昌的《中国名画记观摩记序》、王念慈的《国画山水理论与实际》皆发表在此刊中。《国画月刊》和《国画》的专业性强,学术水准高,编辑方针开放而不失审慎,成为当时中国画"革新"和"国粹"两派论争的主要阵地。事实上,由于刊物的介入,不仅提高了这场论争的理论水准,也使得很多观点产生更加深远的影响,以至这场半个多世纪前展开的论争到现在仍具有相当重要的现实意义,而许多当时提出的问题和论点也依然具备时效性和学术价值。

中国画会也不定期举办展览,曾先后数次为抗战支援前线卖画捐款。如1933

---

① 孙福熙,字春苔,曾用笔名丁一、明斋、寿明斋等。浙江绍兴人,现代散文家、美术家。1923～1926年,先后在上海、南京、广州、北京等地举办全国性美展——艺风展览会。抗日战争爆发后,到武汉参加中华全国文艺界抗敌协会,并创作抗日美术作品。著作有散文集《三湖游记》等,工艺美术专著《法国路易十四时期的建筑风格和装饰艺术》及《孙福熙画集》等。

② 褚庆立.郑午昌与中国近代画学[J].荣宝斋,2008(5):69-81

年2月12日，中国画会与“中华民国”救国团体联合会、上海市东北抗日义勇军后援会联合举办全国美术家捐助东北抗日义勇军作品展览会。1937年10月22日，中国画会与中国女子书画会联合举办慰劳前线将士书画展览会，展品出售所得悉数慰劳前方抗日将士。此外，中国画会还举办美术讲座，如1935年3月15日，黄宾虹、郑午昌、俞剑华、丁念先、谢海燕、陈小蝶等人被聘为讲师，扮演对外宣讲中国美术的重要角色。

中国画会是现代中国美术社团发展史上的一座里程碑。它运用现代展览会和出版物来阐扬艺术理念、展示艺术成就，同时还以画会团体的力量来帮助会员，加入社会慈善工作，兼备了经济和社交功能。郑午昌作为中国画会的主要领导者，也是其能够产生深远影响的重要因素之一。

三、其他美术社团

蜜蜂画社和中国画会当然是与郑午昌关系最为密切的美术社团，但他并非只参加了这两个美术社团。他最早参加的书画社团，是成立于1925年的巽社。[①] 巽社的主要活动是探讨金石书画之学术交流和作品观摩，以及书籍、书画、碑帖收藏等，郑午昌为巽社的社刊《鼎脔》题字并撰写了文章《鹿胎仙馆杂录》。[②] 1928年，郑午昌又与由金石书画家经亨颐创立的寒之友社产生了联系，翌年还为寒之友社第一届画展提供了一些作品。[③] 但郑午昌并没有成为该团体的成员，后来也没有

---

① 金石书画团体。1925年10月创立。由王季欢（王修）发起。社员三十余人。社址设于同孚路（今石门一路）263号。该社注重办刊物，向社会宣传社员作品。1925年11月22日创刊《鼎脔》美术周刊，由王季欢任主编，发表社员的金石书画作品和美术论著，因每周出刊，故亦称《美术周刊》，出至1927年2月11日第61期后停刊。

② 该刊创立于1925年1月7日，于1927年2月11日停刊。

③ 寒之友社是当时上海的著名书画团体，酝酿于1928年岁暮，由陈树人、经亨颐发起。经亨颐为召集人。1928年冬正式成立。社名取自经亨颐题画诗句“此间俱是寒之友”。1929年1月9日寒之友社第一届美术展览会在宁波同乡会揭幕。展览会专页刊有贺天健《寒之精神》一文。文中说：“本社命名寒之友，析其义，如以人为主，所谓友似为寒人之友，以时为主，则此时适为岁寒之际，而吾社正于此降诞。”海角遗民《宁波同乡会四楼与国画》称：“近闻寒之友社社友又将于四楼展览作品矣。寒之友陈树人、经子渊、刘海粟、徐朗西、汪英宾、郑午昌、潘公展、钱瘦铁、李祖韩诸君实发起之，陈、经二君，皆党国伟人，不逐遂于政治生活，超然远引，从事美术……”寒之友社的参加者均为一时知名人士，如黄宾虹、张大千、于右任、诸闻韵、谢公展、王陶民、马孟容、张聿光、方介堪、郑曼青、潘天寿等人。寒之友社最初无固定会址。1931年6月22日，经亨颐与海上画友借法租界康悌路（今建国东路）光裕坊8号重组寒之友社，托黄宾虹征集古画精品三十余件，并于次日展览一天。稍后，经亨颐移寓南京，更常与旧友王祺、何香凝、陈树人等相往还，寒之友社一时名重艺林。1937年春，经亨颐在西湖畔准备建筑寒之友社社所，并仿照西泠印社之制不做子孙遗产，而永充金石书画家的游息之所。寒之友社社所预期当年10月完成，不料工程尚未及半，抗日战争爆发，杭州旋即沦陷，工程被迫停止，兵燹中建筑被毁。自此，寒之友社的活动基本停止。

再参加其活动，原因可能是他觉得寒之友社包括先前的巽社，过于类似传统的文人结社，虽然以志趣相投为基础，但旨在寄情遣性，组织松散，大家乘兴来去，随意性很大，成员之间缺乏必要的组织与约束。所以，他想集中精力，酝酿策划一个相对严谨的美术团体，即后来的蜜蜂画社。

1928年10月以后，郑午昌还加入过一个西洋美术团体——艺苑绘画研究所。[①] 应该说，要研究郑午昌艺术思想和艺术创作，了解他在艺苑绘画研究所受到了哪些影响是非常重要的。遗憾的是，目前尚没有资料记载郑午昌在此处的活动和言行，而且他早期作品中也并没有明显透露出他受到过西画影响。但我们可以推论的是，郑午昌通过接触西方绘画，开阔了眼界和胸襟，也更加能理解体察民族绘画的精髓。他后来创作了一些作品，具有西方水彩画的意味，不知是不是源于这一时期的积淀。郑午昌在参加艺苑绘画研究所期间，为其捐赠了自己的书画作品。[②] 根据上海地方志的记载，1928年11月7日，郑午昌还曾参加秋英会书画金石展览，秋英会是赵半跛、张善孖发起的文人雅集式的艺术团体，郑午昌选送了近作，可见也极有可能是其中的会员。此外，郑午昌还参加过以探讨词学为主旨的"午社"，与廖忏庵、林铁尊、林葆恒、黄孟超、夏敬观、夏承焘、吕贞白、吴湖帆等人诗词唱和，还与画友汤定之、张善孖、符铁年、谢公展、王师子、张大千、陆丹林、谢玉岑（谢逝世后由王启之补）等九人结为"九社"，以文人雅集的形式在每年秋天进行艺术方面的交流。1936年，郑午昌参加了由刘海粟、王济远、谢公展等百余人发起组织中华美术协会，任该协会编辑委员会成员。他还在当时《申报》为此特别出版的《中华美术特刊》中发表了文章。

中华人民共和国建立前后，郑午昌又参与了一些重要的美术团体。如1947年

① 简称艺苑。1928年10月10日创立。由江小鹣、张辰伯、王济远、朱屺瞻发起创办，王济远主持。地址设于老城内西门林荫路19号。其宗旨和活动方式，1930年上海《时代（画报）》刊有《艺苑小史暨第一届美术展览会纪》一文，有如下记述："鉴于外洋归国者及学校毕业后无高深之研究机关，故以诚挚研究艺术之态度……设立绘画研究所，以备爱好艺术者之公共研究。……以增进艺术兴趣，提高研究精神，发扬固有文化，培养专门人才为本。不染何种机关之色彩，亦无独霸艺坛之欲望，以艺术为生命……一切均取公开态度。"分设油画人体写生、素描石膏写生、水彩静物写生三科。分午前部、午后部二组，于11月1日起开始实习。人数以30人为限。（一）研究员15人，容纳一般画家自由创作。（二）研究生15人，对于绘画有深切之嗜好者，共同习作。聘关良、倪贻德等为研究指导。在1929年艺苑成立一周年举办"艺苑画展"的同时，出版有《艺苑画集》。此前9月20日创办有《艺苑》画刊，1931年8月出版第2期后停刊。艺苑同人团结友好，悉心开展学术研究活动，在社会上声誉日增，有"犹似沙漠中的一朵蔷薇"之说。因迫于1932年"一·二八"事变后战乱和经费困难，于1934年停止活动。

② 1929年3月，该所创办人江小鹣、张辰伯、王济远、朱屺瞻等人邀请上海艺术界名人前来集会，并请捐助书画。

3月28日，郑午昌与孙雪泥、江寒汀①等人发起，成立了上海美术茶会。这是上海美术界各美术社团、院校成员共同参加活动的美术界联合会性质的一个团体，宗旨为“连贯纵性美术单位，为横性发展，以此机构的桥梁，致美术运动之推动”。② 茶会会员众多，达二千余人，分为中国画、商业美术、工艺美术、书法、篆刻、油画、版画、漫画、雕塑、美术鉴赏、美术收藏、美术评论、摄影、音乐等不同专业。其中吸收摄影和音乐工作者参加美术茶会，是前所未有的，原因是考虑到摄影与绘画有相近之处，而音乐的听觉形象则与造型艺术（绘画、雕塑）的视觉形象有异曲同工之美。可见，上海美术茶会是一个包容了整个艺术学范畴的团体，它的出现和郑午昌等发起人的开放思想亦不无关系。

图1-8 上海美术工作者协会成立大会合影，1949年8月28日摄于绍兴路7号，会毕更名为中华全国美术工作者协会上海分会。（五排左起第八位为郑午昌）

---

① 江寒汀，名荻、庚元，笔名江鸿，石溪、上渔，号寒汀居士，江苏常熟虞山镇人。十六岁从同里陶松溪习花鸟画，二十八岁开始卖画为生。中年流寓上海，曾任教于上海美术专科学校。中华人民共和国成立后为上海中国画院画师。为中国美术家协会会员，美协上海分会理事 。江寒汀画风主要沿袭清代华喦，对虚谷、任颐的画风亦有研究。江寒汀为近现代海派小写意花鸟最重要代表画家，名列“海上花鸟四大名旦”之首。

② 上海美术茶会规定每周进行一次专业活动，大都聚会时，边品茗边观摩交流作品，边座谈探讨艺术，曾举行美术茶会十八次。并组织会员赴常熟虞山、松江佘山、无锡、昆山等地旅行写生，出版有会刊《美》共九期。至1948年底停止活动。

1950 年 10 月 20 日，郑午昌被选为上海市新国画研究会委员，①该团体的宗旨是改造旧国画，创造新国画，探索运用国画艺术表现新中国的时代生活。时值郑午昌刚刚出席了新中国第一次文代会，深受大会所确立的新文艺思想基本方针的影响，正在努力突破原有创作理念去表现工农兵生活。这一时期，他与画友共同绘制了《大西南进军图》《志愿军雪夜进军图》《水利图》《东方红》等主题性强、时代面目鲜明的作品。这些作品的描绘题材与先前国画有很大不同，而且贴近民众，通俗易懂。此处不妨转录两首郑午昌当时的题画诗：

公鸡公鸡声何洪，喔喔几声动晓风，声声随风吹大地，起来！起来！莫再睡，快来工作振精神，一日之计在于晨，及时不做应自悔，社会岂容偷懒人，比如行尸和走肉，自思何以对民族，闻鸡声倘能即起，向前事工农，懒人便可变英雄。——《题东方红》

庄户人家个个忙，妇女大小来相帮，撒种收稻都努力，煮水做饭洗衣裳，哎咳哟，女比男更忙。庄户人家个个忙，收割黄稻上了场，起早抹夜多吃苦，一亩多收几斗量，哎咳哟，粮食上仓忙。庄户人家个个忙，收割上场又上仓，一家饱食不担忧，支援前线送公粮，哎咳哟，准备输送忙。庄户人家个个忙，想到灾区太心伤，提倡节食余米谷，捐给难民充饥肠，哎咳哟，自己忙了帮人忙。——《题丰收图》

图 1-9　郑午昌《东方红》

从中可见，郑午昌的确已经将自己作品的受众转向了工人农民，描绘对象中也出现了工农兵形象，某些作品的题跋甚至更接近顺口溜等为老百姓所熟知的形式。据郑午昌的哲嗣郑孝同先生回忆，他小学二年级时，父亲让他朗读题画诗，目的就在于检验是否能够让

① 简称新国画研究会。拥有会员 139 人。沈之瑜、陈秋草、白蕉、沈子丞、应野平、戈湘岚、侯碧漪、陈烟桥、林雪、米谷、孙雪泥、汪声远、陈叔亮、方幹民、张雪父、陈大羽、郑午昌、潘絜兹等为委员。1950 年、1951 年、1952 年举办了三届新国画研究会作品年展，作品以人物画为主，多半描绘新中国的新人物，也有一些具有新意的山水、花鸟画。唐云的《晒新谷》、应野平的《接到志愿军的来信》、来楚生的《菜籽丰收》等新国画作品受到好评。1956 年上海中国画院筹备委员会成立，新国画研究会主要成员转入国画院筹备委员会，该会遂停止活动。

广大工农群众理解。[①] 不过,就目前所见的郑午昌创新作品而言,视觉面貌抑或表现技法并未出现根本性改观,虽然一些树木的形象较之先前有更多写生意味,但整体上仍然属于传统一路。这是因为郑午昌对国画改革持有自己的独立见解。在1951年上海市文学艺术工作者代表大会上,他做了题为《国画必须革新,怎样革新?画家今后应有的抱负》的学术报告,提出国画内容要具有时代性,除利用固有形式外,须随时代创造或吸收其他艺术形式来补充,但不能脱离国画的趣味。缺乏艺术形式的绘画,无论政治内容上怎样进步,也是没有力量的。由此我们便不难理解,为何郑午昌在改革中国画时,还保留了比较明显的传统面貌。

第三节　郑午昌的爱国爱民情怀

从前文中我们已经可以看出,郑午昌是一位具有强烈时代责任感和崇高爱国情怀的画家。事实上,郑午昌的爱国爱民情怀,还有更多方面可以体现,如通过筹办实体企业反抗国外垄断势力,借助诗画创作寄托爱国忧思,联系上海文化名人组织抗日爱国团体,举办书画展览筹措善款以及危难之际支持学生的正义行为等等。下面我们详细阐述。

一、筹办实体企业

由于负责《蜜蜂》画刊的出版发行,郑午昌必须经常和印刷制版商打交道。在进行画刊的版面设计时,为了阅读便捷与美观,画社方面要求制版商用正楷字体排印。承接这项业务的是英国人开办的美灵登广告公司,该公司有一副常用五号正楷字,但字模不完全,二号字模更少,标题用字甚至还需临时刻制。[②] 美灵登广告公司并不看重蜜蜂画社所委托的这项业务,工作人员态度傲慢,屡有刁难,而且刻字、排版质量也很粗糙,常常出现谬误。郑午昌为此时常与他们据理力争。有一次美灵登广告公司的一个业务员竟然以中断交易相要挟,让委托方自己去制版印刷,这让郑午昌十分窝火。应该说,汉字的制版印刷本来就是中国人自己的事,但无奈自19世纪以来,汉字制版印刷现代化的主动权一直在西方人手里,如马礼逊(Robert Morrison)、葛兰德(M. Marcellin Legrand)、姜别利(William Gamble)等

① 根据2008年笔者对郑孝同先生的采访记录。

② 有文章中说,美灵登广告公司的正楷字模是当时上海唯一的一副,但事实似乎并非如此。据文献记载,早在1922年,华丰印刷铸字厂就已经请吴铁珊写颜体,巢德椿、诸寿根、徐志衣等镌刻了“华丰正楷”一至六号及新四号方形字各一副。

传教士对此贡献十分突出。虽然随着中文报纸的出版发行，中国人也开始涉足现代印刷出版领域。但汉字印刷字体的设计，既要字形字体带有传统审美习惯，又要符合当时的印刷工艺。实际上，中国这方面的相关设计与技术远远不能满足需要，而且由于中国在汉字制版印刷领域中的长期缺席，中国人凡意欲从事相关事宜，总会受到西方人的掣肘。但西方人只是在印刷技术上比中国人更加成熟，其设计的汉字字形却并不理想，甚至逊于传统的雕版字形。郑午昌原本就已经对英国人所设计的字形、字体不甚满意，加上他们的无礼态度，终于促使他下定决心做中国人自己的汉字制版印刷。起先，郑午昌写了一份创制正楷字模的意见书，请中华书局考虑。无奈当时中华书局正在添制仿宋夹注字和仿宋注音连积字，资金、设备、人力诸方面都无暇顾及此事，于是，他决定招股自办。

1932年，郑午昌在李祖韩、李秋君、陈小蝶、孙雪泥、鲍国昌、鲍国梁、王式园、裘配岳、朱心佩、俞季荪、宋音韶、陈近仁、孙伯安等人的支持下，合股创办了汉文正楷印书局。郑午昌任总经理，李祖韩任董事长，谢海燕任编辑部主任。为了设计出美观实用的字模，郑午昌邀请当时精于馆阁体的书法家高云塍、符铸设计字体，共书写了近万个正楷常用字用于制作铜模铸字，又请朱云寿、许唐生、陆品生、郑化生等此间高手刻字，制成一至六号字各一副，其后，出品的长体正楷字也深受欢迎。汉文正楷有疏体、足体两种。疏体字面较小，足体字面较大。汉文正楷活字在新中国成立后经过修整补充，沿用至今。汉文正楷活字的出现被众多爱国人士赞誉为“我国印刷工具之新发明，现代文化事业之大革命”。蔡元培亦题字祝贺正楷活字的诞生，称其是“中国文化事业之大贡献”。

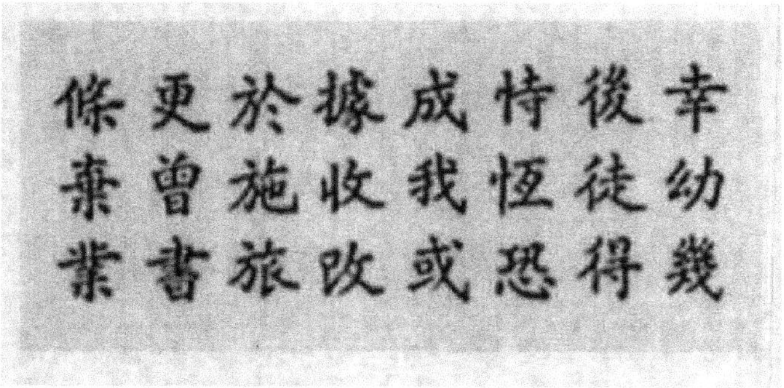

图1-10 汉文正楷疏体

汉文正楷印书局以出售铜模、铅字为主业，日本的三省堂就曾经购买全套正楷字后翻制出铜模。《东方杂志》主编钱智修也非常支持郑午昌的这一爱国举动，他与商务印书馆会计师宋音韶一起，介绍给张汉云的字模厂制造全部正楷活字版铜模。

郑午昌为了推广汉文正楷，同时也为了让书局更好地生存下去，便购置了印刷设备出版书籍。几年间，汉文正楷书局出版了大量包括文学、历史、哲学、法学、新闻、经济、化工、艺术以及工具书等不同领域的书籍。比如 1936 年 6 月编定，曾震动当时书坛及学术界的《标准草书范本千字文》一书，就是由汉文正楷印书局出版发行的。

创建汉文正楷印书局这一事件由郑午昌发起并主管，具有浓郁的爱国色彩，不仅深受印刷界和出版界好评，更打破了西方印刷业商人长期垄断，昭示了中国艺术家的能力和志气。

二、诗画寄托忧思

1937 年，日本全面发动侵华战争，同年 11 月，上海的中国守军撤退，除公共租界和法租界之外均被日军侵占，直至 1941 年底的太平洋战争爆发之前，这一阶段被称为上海现代史上的“孤岛”时期。郑午昌蛰居在这座“孤岛”上却仍心系民族存亡之大局。

1939 年 5 月，郑午昌与马公愚、王师子、孙雪泥、杨清磬、应野平等朋友于家中聚会。席间，郑午昌在一白扇面上现场创作水墨白菜并赋诗一首，诗曰：“闸北成焦土，浦东长野花。千钱市一叶，老圃已无家。”字里行间充满画家对国土沦丧惨遭日寇践踏的悲愤与惆怅，折射出沦陷区人民的苦难生活。郑午昌擅长画白菜，也赞美白菜，曾称其“浥露含霜不染尘，清白本来是家风”“写来知是菩提种，长食能教寿百年”。抗战时期，郑午昌常借白菜抒情，笔墨酣畅淋漓，变化无穷，题款诗句独妙，针砭时弊。他所题的白菜诗或抒发感慨，或明以哲理，还反映时事，诗句之间真情流露，蕴藏着深切的忧国忧民心绪。具体如：“龙门身价重荒年，一菜贵于买肉钱。总觉得时非素愿，万家茅屋几家烟 ”“满地烽烟草不春，有谁无食吊斯民。一片慈怀秋愈阔，寒家犹有素心人”“一钱买数斤，一斤卖几千，菜价贵如此，相隔才半年”“闲来无事做，写此当长歌，海上居不易，嚼菜已无多，投笔绕床走，四海付干戈”等等。

图 1-11 郑午昌等《蔬笋菜根》

郑午昌全然不畏当时身处危险的"孤岛",在出版画册中明确表达自己的爱国立场。1941 年,郑午昌公开发表了画面上题有"乱离何处问乡关?梦逐烽烟日往还。闲福犹堪寻纸上,白云红树写青山"等诗句的作品,寄托中国战胜日本收复故土的愿望,显示出一位艺术家的民族气节。

1943 年郑午昌五十岁之际,有一日本宪兵队长要求他为自己的画像补景。郑午昌本欲直接拒绝,无奈来人再三纠缠,实在无法推托,便在画像的脚旁画了块石头。郑午昌平日作画必题诗,这次却只字未写。来人询问其缘由,郑午昌含蓄地告知他,这幅画上再题款不合章法。但来人不断追问,于是郑午昌干脆指出日本人就是中国发展的一块绊脚石。① 汪精卫的伪政府奉日军一高级军官要求向郑午昌索画。郑午昌画了一幅《牧马图》,描绘的是汉人装束的牧马人在日本的琵琶湖边洗刷战马,郑午昌还题诗曰:"绥远城外歌放牧,琵琶湖上洗春风。"诗中的"绥远城""琵琶湖",都是蕴涵深意的地理位置:1936 年,国民政府驻绥部队和日本支持的德王等蒙古分裂分子之间发生过一场百灵庙之战,这是一场旨在保卫国土、收复失地并取得圆满胜利的战役,也是"九·一八"事变后几次抗战中第一次没有签订辱国条约的战役,它极大地激发起中国军民的抗战决心,更坚定了获胜信念。琵琶湖则是日本第一大淡水湖,亦是日本迁都的候选地之一,与富士山一样被日本人视为国家的象征。郑午昌的诗与画表现这样的内容,显然有收复失地之意,因此很快被日本人识破。而当他们准备再回去抓捕郑午昌时,郑午昌已经避至郊外。

三、组织抗日团体

1943 年农历正月初十,郑午昌在家庆祝五十华诞,梅兰芳、吴湖帆、应野平等知己前来祝寿。席间,几位傲骨铮铮的艺术家谈及国难当头、百姓涂炭的现状时,无不慷慨激愤,纷纷以诗文书画排遣心中郁闷。郑午昌便现场创作了一首七律:"大河东去夕阳西,独立苍茫首自低。湖海放怀犹有酒,江山入梦已无鸡。莺花地老余人骨,鱼米乡空换马蹄。幸蜀恨深南渡恨,三春风雨杜鹃啼。"恰好郑午昌、梅兰芳、吴湖帆三人均生于 1894 年,即中日甲午海战失利的那一年。于是,他们决定发起民间抗日社团组织。与他们同龄且矢志抗日的周信芳、陈少荪、范烟桥、汪亚尘、李祖夔、席鸣九、蔡声伯、秦清曾、张君谋、张旭人、章君畴、汪士沂、孙伯绳、陆铭春、陆书臣、徐光濬、杨清馨等十七位戏剧界、文化艺术界、教育界、工商界名流得知以后,也要求加入。1943 年中秋,二十位爱国忧民的艺术家在上海万寿山酒楼揭

① 据郑孝同先生的说法,郑午昌是为汪精卫的画像补了一块石头。但本书依从郑午昌当时的学生冯炎的口述,认为此事应为替日本宪兵队长画像补景。

竿立社，联袂成盟。由于二十位会员年龄相加正好一千岁，故定名“甲午同庚千龄会”。他们又都属马，亦称“千岁马会”。郑午昌生日最早，被推为“马首”。甲午同庚千龄会皆为社会各界的名流，影响很大，很快便闻名全国。时远在重庆的徐悲鸿闻讯后，写折扇一帧，题“马首是瞻”委托专人送至上海，向郑午昌致贺。

图 1-12　甲午同庚千龄会合影之一(左三为郑午昌)

自首届“千龄会”起，每年农历正月，二十位同龄爱国志士必在万寿山酒楼聚会。届时每人携礼物互赠互勉，激励斗志。郑午昌崇仰梅兰芳蓄须明志、不当日寇“顺民”的民族气节，画扇面赠梅兰芳，上题诗云：“争羡东风第一枝，曾经冰霜有谁知，功名自古从寒苦，请看此花灿烂时。”周信芳在日寇猖獗时置个人安危于不顾，公演《徽钦二帝》《明末遗恨》暗喻“亡国之痛”，收到日伪特务机关授寄的附有子弹的恐吓信仍不屈服，准备再演出《文天祥》《史可法》。郑午昌钦佩周信芳，也画疏梅扇面一帧赠周信芳，上题诗石：“万木方寒苦，暗香林下来。自怜颜色好，故向雪时开。”①

图 1-13　甲午同庚千龄会合影之二(左三为郑午昌)

甲午同庚千龄会成员在抗战时期各尽所能，支持抗日事业或拯救难民。他们

① 知枫. 甲午同庚千龄会[J]. 文史春秋，2005(3)

的爱国义举吸引了众多属马的知识分子与进步人士入会,会员一度发展至数百人。郑午昌谢世时,吴湖帆曾书挽联一副,题曰:"辰年竟遭厄,马首何是瞻",体现出同道对甲午同庚千龄会的深深怀念。①

四、设法筹措善款

郑午昌为人豪爽,乐善好施。据郑孝同先生说,沿街乞讨的流浪汉,只要称郑午昌一声"郑先生",他便慷慨施财。事实上,郑午昌一直在通过多种方式筹措善款。② 如 1928 年 7 月 13 日,他就曾参加上海美术界向莫干山疗肺院捐赠书画古玩的活动。1931 年,蜜蜂画社在新世界饭店召开同人茶话会,决议由画社同仁合作山水、花鸟、人物并举办画展,将所得之款,半充善举半充会费,郑午昌也捐出了自己的作品。1940 年,为筹募上海市成人义务教育促进会、精武体育会、难童教养院经费,郑午昌与唐云、姜丹书、徐悲鸿、邓散木、谢海燕、颜文樑等画家举办了现代名人书画展览会,义卖作品筹款。1943 年,郑午昌和他的学生们在南京路大新公司四楼画厅举办师生书画展览,展品义卖,售款捐作清寒学生助学金。1944 年,郑午昌在上海永安公司举办的郑午昌"卖菜"画展,更是当时上海画界的美谈。此次画展中的作品售价不是以尺幅大小为计算单位,而是按画面上的白菜数量论价,所以整体价格要高于画家平时的润例。尽管郑午昌所画的白菜价要比市场每斤菜价贵 1 000 倍,但由于这次画展的目的是为了抗日赈灾,所以买画者不再局限于有钱人或爱好者,而是拥有了更加广泛的群体。一周内,一百幅展品便销售殆尽,郑午昌将所得款项全数捐给秘密抗日团体和赈灾单位。

1939 年 4 月,为唤起民众民族自尊心,支援抗战,赈救灾民,郑午昌与刘海粟、吴湖帆、俞剑华、李健等书画家收藏家组织举办了"中国历代书画展览会",郑午昌还撰文《历代书画展览会之意义与作用》在《文汇报》上发表,文章中说:

> 视为沦陷区域之上海遽有历代画展之举行,意义与作用迥非寻常。
>
> 倘能稍移日用酒肉之资,多购入场参观之券,使历代名贤精神遗产之余息,因得惠及战士与灾黎,以明我托庇于人偷安旦夕之淞滨同胞。
>
> 画展之意义与作用,鄙见所及,不揣多言,甚愿都人士怵心世变,关怀国故,毋心偷安旦夕而自足,视前线垂死之战士与难民为无关休戚,毋以欣赏艺术为闲事,视先贤名迹之于国于民为无足重轻,相与共举,相与共勉,幸甚。

---

① 知枫. 甲午同庚千龄会[J]. 文史春秋,2005(3)

② 根据 2008 年笔者对郑孝同先生的采访记录。

该文体现了郑午昌意欲通过激昂措辞唤起民众爱国热情的良好愿望。而此次展览的门券所得，亦悉数交与上海医师公会，作为医药救济之用。

五、救助进步人士

郑午昌的政治立场鲜明，对国民党当局的一些举动十分反感，曾数次掩护被国民党追捕的进步学生，帮助他们到解放区去，也曾资助共产党的地下组织营救狱中同仁。

1946年12月24日，北平发生两名美国士兵强奸北京大学女学生的事件，但是政府却企图隐瞒此事，加上罪犯又被美国宣布有罪之后悄悄释放。一系列愚弄国人的举动，激起极大民愤，遂引发了全国性反美游行。杭州国立艺专的学生冯炎，是这场运动中的活跃人物，游行后被列入国民党当局的黑名单。冯炎发现自己所处形势非常危险，决定暂找地方躲避。当时他曾耳闻郑午昌为日本宪兵队长画像补画绊脚石之事，认为郑午昌是一位正直可靠的人，于是前往上海投奔。郑午昌得知国民党当局要逮捕冯炎，不但没有拒绝他，而且还将其收为学生在自己家中学画，让冯炎避祸的同时不丢弃专业。

另据郑午昌的外甥张大容回忆，1949年春，上海交通大学学生自治会印发《四一惨案真相》传单，揭露国民党南京卫戍总司令张耀明在蒋介石授意下指使军警特务殴打游行学生，致使学生死二人、伤百余人的惨案真相。当时印刷工人宋海潮接受了承印任务，经张大容（当时为地下党工会会员）同意，到虹口华美印刷所秘密印刷。事后，宋海潮被捕，关押在江西路黄浦警察局，办案者提出要一百两黄金才可放人。张大容四处奔波，找到郑午昌请求帮助，郑午昌当即取出平日稿费所得的四两黄金交给张大容。张大容将这四两黄金和从其他地方募集而来的保释金一并交到警察局，救出了宋海潮。

第四节　郑午昌的其他社会活动

一、热心教育事业

郑午昌一直忙于各种社会事务，也承担着多项社会职务，其中对教育的关注和践行是他从未间断的。早在从北京师范学校毕业之时，他就担任过小学校长的职务，后来又去做家庭教师。即使到上海以后，他仍然身兼家乡登仁小学的校董，并自己斥资为学校购买各种教学器材。

除了关注基础教育,郑午昌也是当时南方主要高等艺术院校的教授。① 他任教的具体院校有:(一)上海美术专科学校。1929 年,郑午昌与郑曼青、马孟容、谢公展、许徵白、张大千、楼辛壶、方介堪、马公愚等上海画坛名家一起,受聘于上海美术专科学校,任中国画教授。(二)中国文艺学院。1930 年 1 月,郑午昌担任中国文艺学院的董事,2 月担任教授,8 月又被聘为秘书长。② (三)1937 年,苏州美术专科学校迁往上海。次年,郑午昌被聘为该校教授。在苏州美专任课期间,他义务教学,不收取任何费用。(四)国立艺术专科学校。1947 秋起至次年夏,郑午昌兼杭州国立艺术专科学校的国画教授,不辞辛劳,每周奔波于沪杭之间。

图 1-14　鹿胎仙馆师生合影(二排左四为郑午昌)

此外,郑午昌还可能在新华艺术专科学校任教过。虽然没有资料明确显示郑午昌是该校正式聘请的教师,但不排除他为该校代课的可能性。据上海地方志记

---

① 郑午昌为人豪爽,出手大方,加上他社交活动繁多,所需花费必定不在少数。因此尽管他的作品市场价格不低,也屡次调整润例。据《申报》1941 年 8 月 25 日载,早在 1941 年,郑午昌就已经十次重订润例。尽管如此,郑午昌经济上仍然不觉宽绰。他身兼几个学校的教授,很大程度上也是为了增加收入。

② 中国文艺学院于 1930 年 2 月 2 日招生,系叶恭绰 1928 年夏秋间约请黄宾虹创办,院长黄宾虹,院址在福履理路(今建国西路)北侧建业里,教授有叶恭绰、张宗祥、黄宾虹、吴待秋、褚德彝、商笙伯、黄蔼农、王竹人、刘穗九、谢玉岑、刘贞晦、张红薇、郑曼青、郑午昌、王师子、楼辛壶、胡汀鹭、张善孖、许徵白、徐悲鸿、孙鷭公、马孟容、马公愚、方介堪、翁养初、谢公展、朱蓉庄、徐菊庵、郑师许、章简翁(张红薇夫)、郭谷尼、陈欣(倚石)等,学院设有中国书画科、中国文学科,旨在培养有较高文化素养的中国书画人才。不久奉教育部命改名中国文艺专科学校,生员多为美专国画系学生。学校曾举办师生画展多次,颇获社会好评。法国教育部专家马古烈参观画展并莅校演讲,大加赞扬。学校因经费不足与日本侵华诸原因,2 年后停办。

载，1940年6月21日，新华艺术专科学校举办名人书画展览会时，其中有郑午昌的作品，这至少反映了郑午昌与该校的关系尚属密切。除了在美术院校任教之外，郑午昌还在家中授业课徒。他以自己书斋鹿胎仙馆的名义，招收有志于艺术事业的青年，潘君诺、娄咏芬、蒋孝游、王瑞、丁庆令、陈石濑、张大昕、王康乐、张宇澄、潘季华、黄子曦、陈佩秋、陈征雁、赵丹、谢伯子、房师田等皆曾在鹿胎仙馆研习过国画。1941年10月，郑午昌的众多学生为"联络同学感情，研讨学业，秉承师旨推进艺术运动"，还成立鹿胎仙馆同学会。该同学会不仅发扬老师的艺术理念，还组织师生书画展览义卖，为清寒学生筹集助学金。

身为教师，郑午昌深谙师道，也具备良好的师德。我们知道，由于绘画艺术具有比较强的手工操作因素，有些画家也是凭借自己秘不外传的独门技法获得画坛的一席之地，所以他们在向学生传授自己的技法和观点时，往往会有所保留。而且，绘画行业中也存在着比较强烈的门户之见，不少画家一旦具有了影响力，就只允许学生学习自己的画风而不能改投师门。但郑午昌在教学过程中毫无保留，倾囊相授。他不仅常常当着学生的面进行创作示范，有时画完之后还让学生取走临摹。1945年末，学生王康乐观摩了张大千的画展之后，认为张氏画风更符合自己的审美趣味，打算拜入其门下。王康乐告之郑午昌自己的想法，郑午昌当即应允。学生陈佩秋，才华出众，郑午昌看过她的作品之后十分赏识，欣然为其作品题跋，既鼓励了学生也提携了后辈。学生潘季华投入郑午昌门下之后，又经友人介绍欲再去吴湖帆处深造，郑午昌得知后对潘季华说："湖兄是我老友，你去拜师，当然很好，他家中收藏丰富，名迹很多，得能细心临摹，再经他指点，一定大有收获。"①老师的宽厚气度，让学生感动不已。以上事例可见，郑午昌心胸开阔，是一位难得的优秀教育工作者。

二、向世人宣传展示中国绘画

郑午昌对中国传统艺术有精辟的理解并且深切地眷恋。他认为，中国画是所有能体现中国文化精神的艺术门类中最杰出的代表，因此向世人宣传展示中国画应该成为自己的毕生事业。他说：

> 我国画精神之可贵，及画家人格感化之所及，不但可以表示我民族和平淡泊之特性，且足以使纵欲昧理，贪利忘义之万恶人类，有所感觉而改悔。……而中国绘画果得随宗教性的美育，流布于世界，世界人类亦能有

① 潘季华. 忆郑午昌[J]. 朵云，1983(5)

相当之认识，则人类心理将见新建设，而真正的和平，方能实现。（《中国画之认识》）

郑午昌一直尽自己所能地将中国画推向世人。一方面，他策划优秀的传统书画作品展览，撰写剖析中国画独特魅力的文章；另一方面，他大力促成诸多当代中国画家向世人展示作品。当然，他也要求自己深入传统，汲取个中养料并在作品里展示其精华。关于前一方面，我们已有所论述，这里主要介绍郑午昌为宣传和展示当代中国画家作品所做的工作。

首先，郑午昌积极参加各种现代名人书画展览。其中比较重要的有 1929 年，参加艺苑绘画研究所为筹募基金举办现代名家书画展览会，除了郑午昌之外，该展览还有何香凝、张大千、王一亭、汪亚尘、倪贻德等六十余书画家的作品。1931 年 4 月，参加蜜蜂画社举办的汇集海上名家一时佳作的扇面展览。1931 年 12 月，参加现代名家近作展览会，与会者还有贺天健、刘海粟、潘天寿、黄宾虹、钱瘦铁、孙雪泥、许徵白、陆小曼等人共三百余件作品。1932 年 7 月 21 日，参加合众书画展览会。1938 年 5 月，参加朵云轩（静记）笺扇庄举办的名人书画展览会。1940 年 6 月，参加新华艺术专科学校举办名人书画展览会。1941 年 5 月，参加大风画廊举办的现代名家书画展览会，等等。

郑午昌不仅自己参加展览，也希望更多的画家能够将作品拿出来向世人展示，而不是像传统文人画家那样只把绘画创作作为自娱的方式。1929 年 4 月，教育部第一次全国美术展览会在上海开幕并出版《美展汇刊》。郑午昌参与了筹展活动同时提供自己的作品参展，并以《美展汇刊》特约撰稿人的身份，写了《敬告不愿出品者》《希望于落选者》等文章，目的是劝说鼓励更多的画家能向世人展示当代中国画的真正水平和风采。

图 1-15　纽约世界艺术博览会金奖奖章

除了面向国内，郑午昌同样也不遗余力地将当代中国画推向世界。1931 年 4 月 25 日，郑午昌就曾与王一亭、钱瘦铁、吴湖帆、孙雪泥等画家乘“上海丸”轮船前往日本东京，参加 4 月 28 日在日本上野举行的中日第四次绘画展览会。1933 年，

图 1-16　《郑午昌山水十二幅》画册封面

“中国近代绘画展览”在巴黎国立外国美术馆开幕，展出作品三百多幅，郑午昌也是当时中国七十一位出品画家之一。自这次画展后，巴黎国立外国美术馆特辟了一间中国画陈列室，接着比利时、德国、英国、意大利、苏联等国都发出了邀请。“中国近代绘画展览”是“中华民国”美术史上最早走出国门的大型中国美术展览会之一。

1939 年，郑午昌获得了在纽约举行的世界艺术博览会金奖。这一殊荣不仅使郑午昌的画名达到了顶峰，更重要的是给当时从事中国画创作的画家们注射了一剂强心针。因为长期积弱的国家已让相当一部分画家对传统艺术产生了怀疑和不自信，而此刻郑午昌的作品能够得到世界认可，对本土画家尤其是从事中国画创作的画家来说，无疑是巨大的宽慰，也坚定了更多人守护民族艺术的信念。

1942 年，郑午昌自费出版了《郑午昌山水十二幅》的画册。这是一本由中国美术教育出版社出版的彩印珂罗版大型画册，在当时的情况下，要想保证画册的印刷质量，需要投入很大成本，但郑午昌为了使自己的印刷作品能够最大限度地贴近原作，不惜斥重金，采用最先进的印刷技术和设备。因此，此画册面市之后，一时洛阳纸贵。尤其在四川地区，更是被炒到了 1 500 法币一页的惊人价格。① 郑午昌之所以用昂贵的成本来印刷自己的作品，很大程度上正是为了更好地宣传国画，让国画作品能够以最佳面貌呈现在世人面前。

图 1-17　郑午昌像

郑午昌对印刷品的要求都这么严格，在将国画原作展示给世界的时候，他更是十二分地注重质量。郑午昌认为，只有把最能代表中国画整体水平的作品展示给世界，才能真正起到宣传和影响的功效。1933 年，德国柏林举办了中国美术展览会，此展览会的参展作品由主办方与画家通信征集。但不知出于何种原因，此次展览会存在一些不合理之处，尤其是

① 根据 1944 年郑午昌与友人吴一峰通信内容可知。

参展作品不能全面真实地反映出当时中国美术界的真正水平。于是1933年3月23日,郑午昌与王一亭、陈小蝶、贺天健、钱瘦铁、谢公展等人致函柏林中国美术展览会,指出画展的偏颇之处,义正词严地指出,中国画家的作品要代表本国文化去展示给世界时,不能不严格筛选而择其最优。①

郑午昌精力充沛,才华横溢,然而天不假时,正在他处于事业的高峰状态之际,生命却戛然而止。1952年7月的一天晚上,郑午昌画完两把扇面之后突发脑出血。1952年7月15日下午2时半,集画家、学者、教育家、社会活动家于一身的郑午昌与世长辞,是年五十九岁。

---

① 此信函的内容是:"此次画展内定名额仅百余人,但刻苦之士大不乏人,即鄙人等创办之中国画会会员凡一百九十余人,画学精美,皆在未征求之列。本会为会员服务,若无应征,则无以对本会会员。而全国遗才,何止万数,希公开征求,严行审择,无向隅之憾。此乃国际会场,非私家之展览,百余人之左,岂能代表全国之艺术。"11月6日《申报》刊《柏林中国美术展览会筹备经过》对此事有报道。

第二章 《中国画学全史》研究

《中国画学全史》是郑午昌花费六年时间和精力编纂的一部划时代画史著作。郑午昌于1921年开始着手，至1926年基本完成，同年9月请吴昌硕为该书题签，次年黄宾虹为该书作序。1929年7月15日，《中国画学全史》由上海中华书局出版发行，这部多达35万字的著作面世之后，产生了广泛影响，被蔡元培誉为“中国有画学以来集大成之巨著”。在此之前，学术界关于中国绘画史的著作主要是陈师曾的《中国绘画史》(1925年)、余绍宋的《中国画学源流之概观》(1926年)以及日本学者中村不折和小鹿青云合著的《支那绘画史》[①]等。其中，陈师曾的《中国绘画史》基本是日本学者的翻版，余绍宋的《中国画学源流之概观》内容相对简略。比较之下，郑午昌的《中国画学全史》做到了“叙述详明，条理周密，文笔流畅，理论与事实并重”，确实堪称“空前的著作”。[②] 下面我们将主要讨论其体例特征、叙述特征和历史分期等方面的内容。

第一节 《中国画学全史》的体例特征

所谓体例，是指“著作的编写形式”或“文章的组织形式”。[③] 因此，《中国画学全史》的叙述体例，就是指该书对中国画学原始材料的组织以及编写形式。进一步说，《中国画学全史》的叙述体例采取了分类合编形式。此外，该书的图表数据运用也颇具特色。

一、分类合编

在民国时期的中国绘画史著作中，分类合编形式是应用最广泛的编写体例，它

① 该书曾被中国学者郭虚中翻译，1928年正中书局出版，译名为《中国绘画史》。

② 宗白华. 介绍两本关于中国画学的书并论中国的绘画. 载美学散步[M]. 上海：上海人民出版社，1981：151

③ 中国社会科学院语言研究所词典编辑室. 现代汉语词典[G]. 北京：商务印书馆，1982：1118

是“将各种类型的绘画形式分派到各个历史时期中加以介绍，然后按照时代的先后纵向排列，横向叙述，合编成册。”①分类合编体的优点是系统性强，条理清晰，目次分明；缺点则是结构比较死板，对绘画风格的演变脉络不易阐述。② 不过，分类合编体具有较强可操作性，所以基本是研究者的首选体例。除了郑午昌的《中国画学全史》以外，还有诸如陈师曾的《中国绘画史》、潘天寿的《中国绘画史》和俞剑华的《中国绘画史》等著作，均采用了分类合编体。在此我们将郑午昌的《中国画学全史》与其他中国绘画史著作进行对比分析，看一看在同样为分类合编体的基础上，《中国画学全史》的独到之处有哪些。

让我们选取唐宋两代绘画史作为实例。先看陈师曾的《中国绘画史》：陈师曾将唐代的绘画分为九节，分别是：（一）唐朝文化概论、（二）唐朝前期之绘画、（三）唐朝后期之绘画、（四）李思训一家、（五）王维、（六）鞍马画家、（七）中唐及晚唐之绘画、（八）周昉与赵公佑一家、（九）花鸟画与论画。根据以上所列目次，我们可以从纵向和横向两个角度来论述陈师曾的唐代绘画史。纵向看，陈氏的分类逻辑是按照“总述——→分述”以及时间发展来安排材料并加以整合的。陈氏先从唐代的政治文化以及社会风尚说起，继而指出其与绘画之间的关系。同时，陈氏又将唐代的绘画分为前期和后期两个阶段。横向看，陈氏的分类逻辑相对繁杂，其标准有：①类别，如绘画和论画；②时间，如唐朝前期、唐朝后期；③题材，如花鸟；④画家，如李思训一家、周昉与赵公佑一家以及王维；⑤还有既非纯粹题材又非纯粹画家的模糊标准，如鞍马画家。陈氏的分类不仅表面显得比较繁杂——不同层次的论述出现在同一层次，深入分析之后更会发现有些不甚合理之处。比如看起来是画家的分类，实际上却是受到山水画的南北宗观点影响的分类以及山水画和人物画的题材分类。而且，陈氏既将唐代绘画分为了前后两个阶段，却又另列出一个中唐及晚唐绘画，两者的内容也看不出有什么关联。陈师曾对宋朝的绘画则分为四节，分别是：（一）宋朝文化总论、（二）宋朝之画院、（三）宋朝画派之沿革、（四）宋朝之论画。宋代绘画史的分类逻辑与唐代完全不是一回事。首先，四节之间已经没有论述唐代时所体现出的时间上的逻辑特征；其次，第二节和第四节属于静态描述，而第三节却讨论了历史发展，属于动态描述，故而也失去了“总述→分述”的理路。再次，第三节中既有历史分期，也有题材分类，还有画派分类等，但与第四节的画论处于不同逻辑层面，这与讨论唐代时的体例相比显然不同。所以，陈氏对宋代绘画的分类逻辑仍然不够统一。

---

① 段汉武．民国时期中国绘画史叙述模式研究[D]：[博士学位论文]．杭州：浙江大学，2006

② 段汉武．民国时期中国绘画史叙述模式研究[D]：[博士学位论文]．杭州：浙江大学，2006

因此，从总体上说，尽管陈师曾采取的是分类合编体例，但遗憾多多，非但没有发挥出分类合编体例的优势，甚至在某种程度上反而使优势变成了弱项。

陈师曾《中国绘画史》的写作时间先于郑午昌的《中国画学全史》，下面我们再看成书于《中国画学全史》之后，陈师曾弟子俞剑华编写的同名著作《中国绘画史》。该书的分类更为详细周全，我们可以通过图表来审视作者对分类合编体例的运用：

表 1

<table>
<tr><th colspan="3">唐朝之绘画</th></tr>
<tr><td rowspan="5">第一节
唐朝绘画概论</td><td colspan="2">(甲)唐朝之国势及文化</td></tr>
<tr><td colspan="2">(乙)唐朝绘画概论</td></tr>
<tr><td colspan="2">(丙)唐朝绘画之应用</td></tr>
<tr><td colspan="2">(丁)唐朝帝王之好画</td></tr>
<tr><td colspan="2">(戊)唐朝之壁画</td></tr>
<tr><td>第二节
初唐之画家</td><td colspan="2"></td></tr>
<tr><td rowspan="4">第三节
中唐之画家</td><td colspan="2">(甲)道释</td></tr>
<tr><td rowspan="2">(乙)山水</td><td>(一)青绿山水</td></tr>
<tr><td>(二)水墨山水</td></tr>
<tr><td colspan="2">(丙)鞍马</td></tr>
<tr><td>第四节
晚唐之画家</td><td colspan="2"></td></tr>
<tr><td rowspan="5">第五节
唐朝之画论</td><td colspan="2">(甲)画品类</td></tr>
<tr><td colspan="2">(乙)画法类</td></tr>
<tr><td colspan="2">(丙)画迹类</td></tr>
<tr><td colspan="2">(丁)画史类</td></tr>
<tr><td colspan="2">(戊)诗文类</td></tr>
</table>

表 2

<table>
<tr><th colspan="8">宋朝之绘画</th></tr>
<tr><td rowspan="8">上篇
北宋
之绘画</td><td colspan="7">第一节　北宋绘画概论</td></tr>
<tr><td rowspan="2">第二节　北宋之画院</td><td colspan="6">（甲）画院之设立</td></tr>
<tr><td colspan="6">（乙）画院之考试</td></tr>
<tr><td colspan="7">第三节　画院之画家</td></tr>
<tr><td>第四节　北宋之山水画</td><td>（一）
李成</td><td>（二）
董源</td><td>（三）
范宽</td><td>（四）
二米</td><td>（五）
郭忠恕</td><td>（六）
其余</td></tr>
<tr><td colspan="7">第五节　北宋之道释人物画</td></tr>
<tr><td colspan="7">第六节　北宋之花鸟画</td></tr>
<tr><td colspan="7">第七节　北宋之水墨杂画</td></tr>
<tr><td rowspan="6">中篇
南宋及
辽金之
绘画</td><td colspan="7">第一节　南宋绘画概论</td></tr>
<tr><td colspan="7">第二节　南宋之画院</td></tr>
<tr><td colspan="7">第三节　南宋之山水画</td></tr>
<tr><td colspan="7">第四节　南宋之道释人物画</td></tr>
<tr><td colspan="7">第五节　南宋之花鸟画杂画</td></tr>
<tr><td colspan="7">第六节　辽金之绘画</td></tr>
<tr><td rowspan="5">下篇
宋朝
之画论</td><td colspan="7">第一节　画史类</td></tr>
<tr><td colspan="7">第二节　画品类</td></tr>
<tr><td colspan="7">第三节　画法类</td></tr>
<tr><td colspan="7">第四节　画鉴类</td></tr>
<tr><td colspan="7">第五节　伪托类</td></tr>
</table>

从上面的两张表中不难看出，俞剑华分类的逻辑性比较强，而且充分发挥了分类合编体例的优势：系统性突出，条理清晰且目次分明。具体来说，俞剑华的分类逻辑和其师陈师曾有相似之处，基本上还是采用“总述→分述”理路，不过层次上要比其明晰得多。俞剑华首先在时间轴上确定讨论内容，再从政治经济文化层面落实与当时绘画整体风貌的关系，最后分门别类展开详细论述。但不可否认的是，俞氏的分类并非无懈可击。因为就形式层面而言，仍然存在着一些不统一之处。比如唐代的章节一方面按照初唐、中唐和晚唐的时间顺序排列，另一方面又以绘画概论、画家和画论进行分类；而宋代的章节是一方面按照北宋、南宋及辽金的时间顺

序排列，另一方面却以绘画概论、画院、画家还有山水人物花鸟的题材进行分类。其中，“画家”概念与“绘画”概念在很大程度上有混用之嫌。再比如，北宋绘画部分将水墨杂画与道释人物、山水、花鸟并列为一个层次，而南宋及辽金绘画则将花鸟画杂画与道释人物、山水并列为一个层次，特意拈出“水墨”似乎也没有令人信服的理由。

综上所述，陈师曾和俞剑华对分类合编体的运用在整体或细节编排逻辑方面是留下一些遗憾的。但是，郑午昌的《中国画学全史》却基本上克服了这些问题，该书对唐代绘画的章节安排是：（一）概况、（二）画迹、（三）画家、（四）画论，进而又在各节的基础上分别展开讨论。其中，概况部分讨论的内容是：因政教而分三期。1. 初期。（1）继承六朝余绪及其因果；（2）崇古之风特盛；（3）皇室之重画；（4）阎氏兄弟应时并进；（5）道画与佛画并重；（6）尉迟乙僧画及其影响。2. 中期。（1）画风一变及其原因；（2）玄宗创作墨竹；（3）吴道玄之特出与印度日本之关系；（4）山水变化与吴道玄；（5）大小李将军之金碧山水；（6）山水变于吴成于李；（7）山水画有代人物画为中心之趋势；（8）王维崛起山水分南北宗；（9）王画风行之原因；（10）王洽泼墨法；（11）画马极盛；（12）画马之沿革及成功。3. 后期。（1）花鸟画始露头角；（2）官拓渐废；（3）周昉称佛画大家；（4）佛画之挫而复兴；（5）画家多专习一艺；（6）画迹流散于民间爱画之热烈；（7）画家避难入蜀；（8）唐在画学史上为中枢时期。

画迹部分讨论的内容是：1. 有名氏的画迹。（1）宣和画谱所收录唐人名迹；（2）道释画迹之多及其原因；（3）从人物画上考见种种情形；（4）宫室画专家惟尹氏；（5）贵族风俗画影响所及；（6）山水画迹王李二家最多；（7）从多画马牛推知国势民生；（8）花鸟画取材之研究；（9）其余卷轴画迹之考录；（10）壁画所在及其作者；（11）壁画之内容及盛衰。2. 无名氏画迹类举。3. 其他画迹。

画家部分讨论的内容是：1. 唐画家之总人数；2. 帝族方外女史之能画者；3. 士夫画家著者十五家；4. 阎氏；5. 李氏；6. 吴氏；7. 王氏；8. 尉迟乙僧；9. 张氏；10. 薛氏；11. 郑氏；12. 曹氏；13. 韩氏；14. 韦氏；15. 边氏；16. 周氏；17. 王洽；18. 孙位；19. 其他名家；20. 家法相承与师法相传。

画论部分讨论的内容是：1. 绘画有功礼教诸家同意；2. 因爱鉴赏而其评论；3. 关于图画之流传鉴别；4. 李氏画后评；5. 李氏国朝名画录之内容；6. 张彦远论画家师资所自及其指事绘形与时地之研究；7. 以时代辨别趋势；8. 就画迹辨别宗派；9. 品第艺人；10. 论定名价；11. 文人记述题咏影响于鉴赏；12. 关于绘画之学理方面；13. 论神韵气势；14. 论布景位置；15. 山水诀；16. 山水论；17. 论笔法；18. 论六法；19. 论古今名迹；20. 论神韵不关色彩；21. 论画之用物；22. 论摹写；

23. 张彦远评独富;24. 惟山水有专论。

郑午昌对宋代绘画的章节安排仍然是:(一)概况、(二)画迹、(三)、画家、(四)画论,进而在各节的基础上分别展开讨论。概况部分讨论的内容是:1. 置翰林图画院;2. 景德元丰年间累征天下画流徽宗嗜画;3. 以画试士;4. 院内外画家相竞;5. 敕撰宣和画谱;6. 高宗提倡图画及当时名手;7. 绍兴府内之收藏;8. 马夏出院体画分二派;9. 中兴馆阁;10. 辽金绘画受宋影响;11. 北宋山水三大家及其流派;12. 燕郭二家各立门户;13. 北宋盛行南宗南宋盛行北宗;14. 山水与诗文为缘;15. 道释人物画家多宗法吴生;16. 白描与李公麟;17. 非道释人物画之作家;18. 夏珪后人物画大变;19. 多写仕女;20. 黄派与徐派;21. 非黄非徐之画派;22. 徐黄融合;23. 四君子画;24. 宋画与高昌高丽日本印度。

画迹部分讨论的内容是:1. 宣和画谱中宋人之名迹;2. 中兴馆阁储藏宋人之名迹;3. 散见于图画见闻志及画继中宋人之名迹;4. 流传较久广之名迹;5. 董源画;6. 巨然画;7. 郭熙画;8. 李成画;9. 范宽画;10. 李公麟画;11. 燕文贵画;12. 文同画;13. 王诜画;14. 苏轼画;15. 米芾画;16. 米友仁画;17. 马和之画;18. 赵伯驹画;19. 刘松年画;20. 李唐画;21. 江参画;22. 马远画;23. 夏珪画;24. 赵大年画;25. 赵孟坚画;26. 其他画迹;27. 壁画;28. 南北宋壁画之不同;29. 无名氏画迹及其作用。

画家部分讨论的内容是:1. 人数约千人以上;2. 李成;3. 范宽;4. 董源;5. 郭忠恕;6. 黄居寀;7. 高益;8. 高文进;9. 孙知微;10. 赵昌;11. 燕文贵;12. 许道宁;13. 易元吉;14. 高克明;15. 郭熙;16. 崔白;17. 李公麟;18. 文同;19. 苏轼;20. 赵令穰;21. 米芾;22. 赵伯驹;23. 马和之;24. 杨无咎;25. 李唐;26. 江参;27. 刘松年;28. 马远;29. 夏珪;30. 赵孟坚;31. 龚开;32. 巨然;33 郑思肖;34. 完颜璹; 35. 帝王宗室释道妇女倡优厮养及其他只善画者。

画论部分讨论的内容是:1. 论画著作约四十余种;2. 五代名画补遗;3. 宋朝名画评;4. 益州名画录;5. 图画见闻志;6. 林泉高致集;7. 德隅斋画品;8. 画史;9. 山水纯全集;10. 广川画跋;11. 画继; 12. 宣和画谱;13. 其他论画之作;14. 宋人对于画学之主张及方法;15. 绘画重理;16. 忠实描写自然内美之觉悟;17. 于笔墨外更尚神韵;18. 画须严重恪勤神与俱成。

以上我们不惜花费大量笔墨,将郑午昌书中关于唐宋画学的体例和相关内容引用下来,目的是使其分类合编体的特征凸现得更加直观。因为郑午昌在《中国画学全史》中所采用的分类合编体例相当具有特色:郑午昌遵循的也是“总述→分述”的理路,并且在此基础上还固定为一种模式贯彻到全书的各个章节,这就是“概况——画迹·画家·画论”的模式。在概况中，先对画迹、画家和画论的重点进行简略介绍，这样可以为后面的详细分述做出铺垫并指明线索，而画迹、画家和画论的分述则与概论有进一步的呼应和验证。用郑午昌的话说，四者“按其实际，可分为二组：概念为一组；画迹、画家、画论为一组。前者系后者撮要之叙述，后者系前者分股之详解，四者互可质证，互有发明。”①显然，这个模式的内在逻辑十分清晰，某种程度上的确避免了陈师曾和俞剑华运用分类合编体例的不足。而且，在此模式统摄下通过问题的形式串联讨论内容时，郑午昌也遵循着相对统一的分类原则。比如唐代和宋代的画迹部分，均是从有作者名和无作者名的角度来分类。还有恰当的理论分析和总结，体现出叙述和议论结合，原始文献和编写意图并存等众多突出的优点。

当然，郑午昌以“概况——画迹·画家·画论”的模式进行编写章节也存在着缺点。首先，编写形式过于笼统整齐，看不出不同时期绘画的特征，因此某种意义上可以说是形式小于内容或者形式反映不出内容。正如胡适先生所指出的那样：“凡治史学，一切太整齐的系统，都是形迹可疑的，因为人事从来不会如此容易被装进一个太整齐的系统里去。”②其次，如果仅仅从形式层面看，对同一时期乃至不同时期的相关内容进行组织没有出现明显逻辑漏洞。但是，以罗列问题的形式串联起相关材料，则很难形成统一的逻辑关系。比如唐代和宋代的概况部分，讨论内容就没有按照什么特定线索展开。再次，将画迹、画家、画论并列，往往会有些在概况或画迹部分已经论述过的内容，到了画家部分又再次提及，故而重复较多。正如俞剑华所指出的“其书失之过繁，概况画迹画家中文字，重见迭出，不免一事数叙。”③应该说，这是最为突出的不足之处。笔者认为，此不足的原因是以画家为叙述结构主体和“概况——画迹·画家·画论”模式的矛盾造成的。通过对《中国画学全史》的统计可以发现，郑午昌尤其着力于对画家的论述。不仅在概况、画家部分如此，画迹以及画论部分也是以画家为介绍线索展开，所以该书中讨论画家所占的篇幅最大。显然，在郑午昌看来，绘画史最重要的组成部分应该是画家。但也正是由于郑午昌的这个观点，分类合编体例固定为“概况——画迹·画家·画论”模式后，虽然能够最大限度地使不同材料分门别类且保证逻辑一贯性，却不可避免地有内容交叉重复。

综合而言，民国时期像郑午昌这样采用某种固定模式来编撰绘画史是比较罕

---

① 郑午昌.中国画学全史[M].上海：上海古籍出版社，2001:10

② 杜春和等编.胡适论学往来书信选[G].石家庄：河北人民出版社，1998:828

③ 俞剑华.中国绘画史[M].上.北京：商务印书馆，1937:1

见的。它一方面固然可以显示郑午昌运用分类合编体例的独到和过人之处,另一方面也暴露了它的局限性,因此可以启示后来的学者避免某些失误。《中国画学全史》作为一部出版较早且相对完备的绘画通史,其体例的编撰方式对后来的学者产生了广泛深远的影响。比如1936年由商务印书馆出版的朱杰勤编撰的《秦汉美术史》,其中第四章论书学画学就运用了"概况——画迹·画家·画论"的模式,从中可明显看到郑午昌的影响。再如1982年由上海人民美术出版社出版,王伯敏编撰的《中国绘画史》,也采用了概况、画迹和画论的模式来组织材料。不过,王伯敏意识到郑午昌所用模式会带来内容重复的弊端,将画迹和画家统一起来讨论。但我们仍然能够从中看到郑氏模式的痕迹。

二、图表运用

在民国时期诸多以分类合编体编撰的中国绘画史著作中,图表运用是比较常见的。郑午昌的《中国画学全书》亦不例外。但需要指出的是,在郑午昌《中国画学全史》出版发表之前,陈师曾、余绍宋以及滕固等人的相关著作中并没有大量运用图表的先例。因此可以说,郑午昌是最早将图表大规模引入美术史写作的中国学者。在此之后,学术界又陆续出版了一些美术史(绘画史)著作,图表才逐渐得到广泛运用。比如俞剑华《中国绘画史》中就有大量的图表,虽然俞剑华没有明确表示自己受到郑午昌影响,但从他著作中频频提到郑午昌的《中国画学全史》这一点来看,他显然从郑氏著作中吸取了不少营养,其中无疑包括运用图表。① 值得一提的是,此处的图表只能依附在具体叙事中,本身无法成为独立存在形式,它最大的功能是在某种程度上避免文字叙述的繁芜与啰嗦,使叙述意图一目了然。下面我们具体讨论《中国画学全史》中的图表。

《中国画学全史》共十二章,除了第二章和第九章以外,其余各章均附有图表。该书的自序部分就已经出现两个图表,四个附录中三个都以图表形式出现。整体上看,郑午昌在图表运用方面是相当熟悉的。较之于其他相关著作,《中国画学全史》中的图表形式可谓多样,既有圆环图,也有根形图,还有饼状图、折线图等等。根据这些图表所表示的对象功能和各自特点,我们可以将其大致分为以下几种形式:

(一) 结构类

结构类的图表主要是展示讨论对象之间的逻辑关系,对不同讨论对象之间进

① 比如俞剑华1937年版的《中国绘画史·凡例》,还有1948年出版的《国画研究》,书中均有一处或多处提到郑午昌的《中国画学全史》。

行分类以及呈现师法传承的脉络。此类图标将讨论对象之间的结构清晰地展现给读者，在《中国画学全史》中占比例最大。下面我们分别来看：

1. 逻辑关系

通过图标表示讨论对象之间的逻辑关系，在《中国画学全史》的自序部分、第一章和第六章中均有出现。其中，自序部分有两个图表，一是对中国绘画史四个不同历史时期之间相互关系的说明，采用四个圆组成的图形，而每个圆之间形成部分重叠，呈直线排列。图表使“四时期之划分，并非绝对，其间互有出入”的文字内容变得更加直观，逻辑关系非常明晰。(见图 2-1)

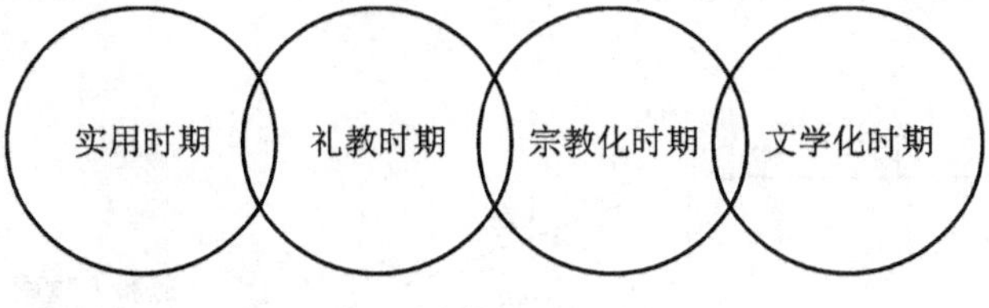

图 2-1

二是对“概况——画迹·画家·画论”模式的逻辑进行说明，采用以一个中心发散出三个分支的图形结构加以表现，使观者对“四者互可质证，互有发明，不能偏废”的文字内容有更真切的领会。(见图 2-2)

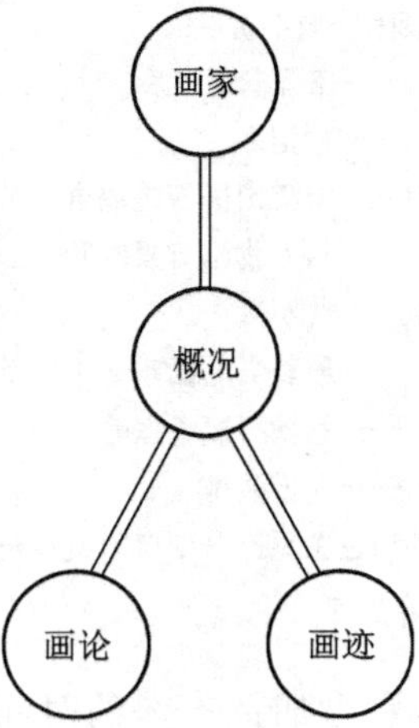

图 2-2

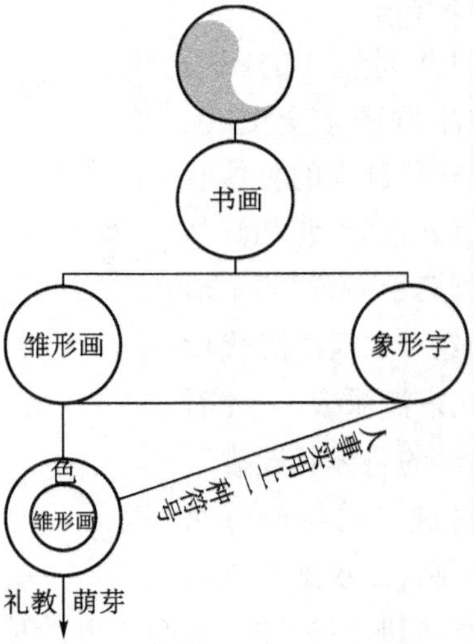

图 2-3

第一章的图表是对绘画起源时期的概况进行说明，但只有本章是以逻辑关系图表说明某一时期的绘画概况。此图表既展示了中国传统画学中的书画同源思想，也展示了绘画从实用功能向礼教功能过渡的趋势，同时还将讨论对象的逻辑关系体现得更加明晰。除此以外，还有一个地方值得一提，它反映了传统画学思想对郑午昌的深刻影响。我们看到，该图表的最上端是一个类似太极的图像，暗示出郑午昌极有可能认为卦象是中国绘画的起源。（见图 2-3）第六章的“隋画大势图”展示了隋朝承继南北朝并调和其画风（实际上是一种题材），通过台阁画的兴起带动山水画和人物画进一步发展，同时也指出台阁画的主体还是道释人物画。（见图 2-4）关于某个时期画学的大势，《中国画学全史》中还运用示意类图表来展示。

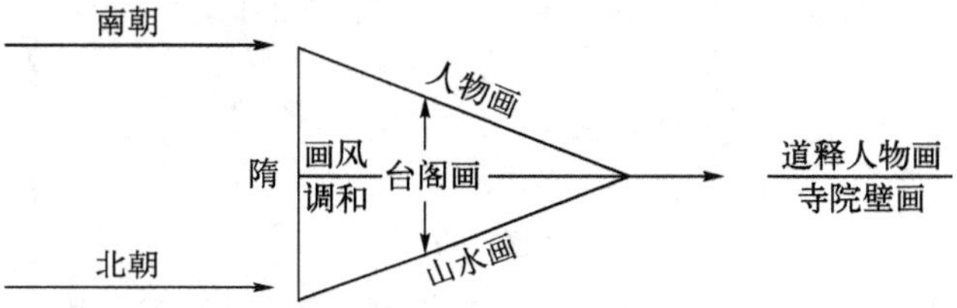

隋画大势图

图 2-4

2. 类型并列

类型并列形式的图表运用于《中国画学全史》的第四章“魏晋画学的整体状况表”、第五章“南北朝画学概况表”、第十一章“明画流派表”和第十二章“清代山水画南北宗流派表”。先看“魏晋画学的整体状况表”。该图表将魏晋的绘画分为经史故事画、山水画和饰画三种类型，同时也标注了它们在魏晋时期的发展态势和形成此态势的时间、原因、代表人物、现状、功能以及影响等。尽管内容较多，但却都统摄在三种绘画类型之下，故而条分缕析，直观简洁。（见图 2-5）“南北朝画学概况表”是一张对比南朝和北朝的画学状况的图表，具体通过画迹、画家和画论种类型展开，同时也特别标注

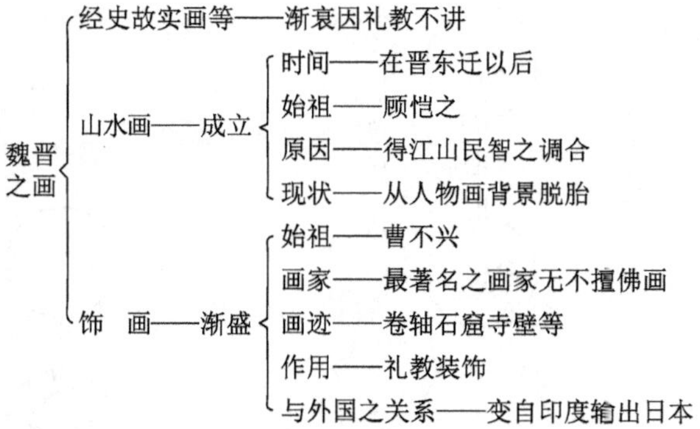

图 2-5

了其鼎盛时期和对外的影响。(见图 2-6)

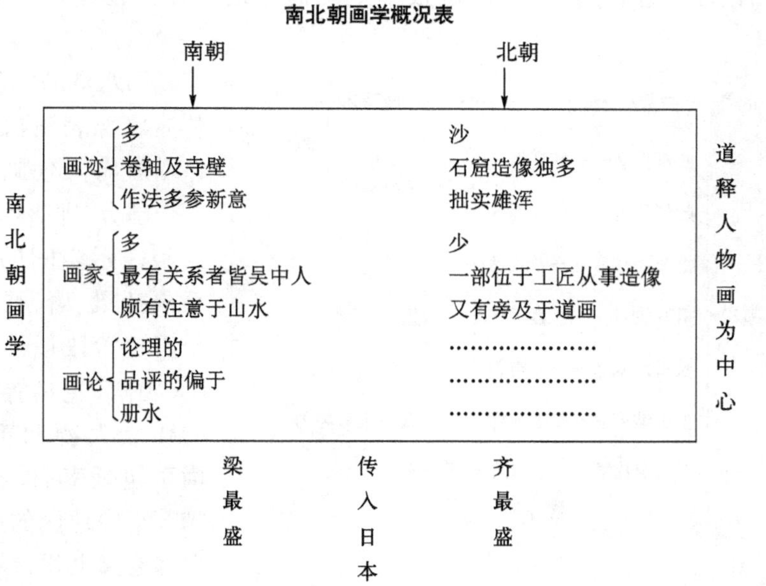

图 2-6

不难看出，把不同的类型并列呈现给读者，很大程度上是因为讨论对象比较繁杂。魏晋和南北朝是中国历史上最为混乱的时代，画学状况也随之显得复杂混乱，用一张图表化繁杂为清晰，很大程度上避免了文字论述可能造成的弊端。

中国的画学发展到明清之际，已经蔚为大观，相当完备了。所以，郑午昌再次选择类型并列式图表来说明自己所要阐述的对象。在“明画流派表”中，山水画和花鸟画成为两大并列类型，而山水画又以绘画派别为标准，花鸟画则以绘画技法为标准，各自划分出更为具体的类型。(见图 2-7)郑午昌对明末清初的画家董其昌提出的山水画南北宗论亦有认同感，他在清代的画学部分制作了一张“清代山水画南北宗流派表”，一方面指出不同宗派的师承关系，另一

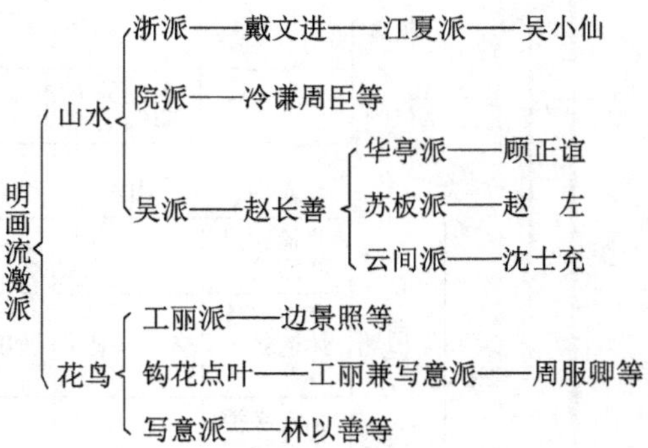

图 2-7

方面也标注了各自的发展趋势。需要注意的是，该图表虽然有师承关系的内容，但因为是将南北宗进行对比，所以从根本上说仍然是一种类型并列的形式。（见图 2-8）

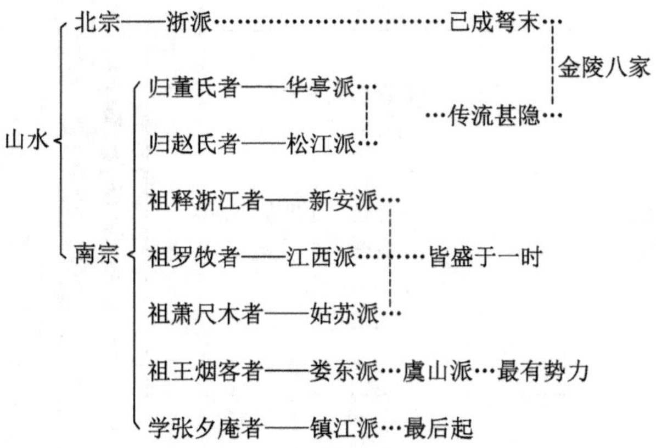

图 2-8

第八章的“五代画学的整体状况表”也比较特殊，该图表将五代画学划分为两个部分，即表示时间的纵系和表示空间的横系。纵系包括梁、唐、晋、汉、周几个历史阶段以及各阶段人物、山水、花鸟等题材绘画的代表人物和重要问题。横系包括南唐、前后蜀、吴越等不同地区的绘画状况。严格意义上说，纵系和横系并不是绘画类型，但从更广义的角度看，两者却是并列概念，所以我们仍然将其归入类型并列形式的图表。（见图 2-9）

五代画

纵系……梁……唐……晋……汉……周

	梁	唐	晋	汉	周
人物	道释画竞争极烈	胡地	仅王胡二人擅道释画		智蕴善佛像
山水	荆关起而再变	景物			
花鸟					
其他		袁氏画鱼李氏墨竹			生竹松柏

横系

	人物	山水	花鸟	其他
南唐	曹仲玄道释画第一		徐氏创没骨法	鱼竹等
前后蜀	高道兴贯休道释著名	李昇等著名	黄氏创钩勒法	楼阁草虫龙水鹰犬等
吴越	画家多擅长道释画			羊鹤犬马墨竹等
……	……			

道释人俄画较多尚摹写

山水花鸟等取材用笔已多文学化

图 2-9

3. 师法传承

展示师法传承的图表只有第十章的“山水师传略表”。(见图 2-10)郑午昌认为,中国山水画师古之风一直延续不绝,至元代已经形成了庞大的师传体系。而元代的山水画家一方面师法前人,另一方面又能自出机杼,成为后世所垂范的对象。所以,郑午昌选择在论述元代绘画时制作这张凸现师法传承结构的图表。

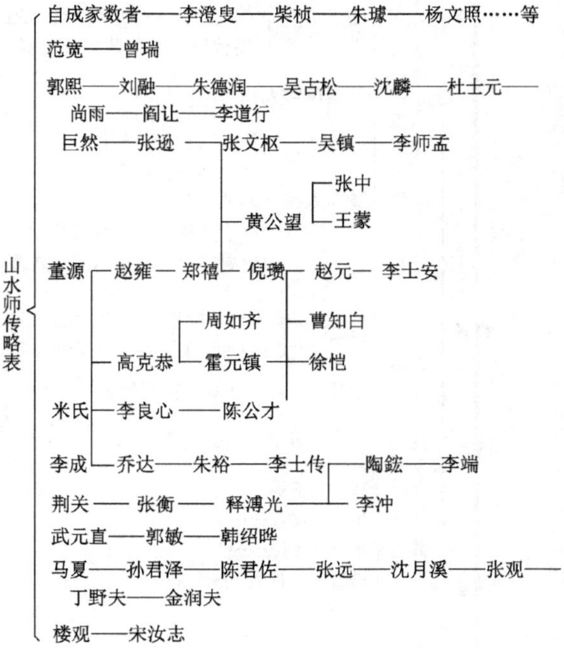

图 2-10

(二)趋势类

趋势类的图表主要是展示中国画学发展的趋势。但如果发展的过程能够呈现出某种倾向,必然需要立足于一个特定角度。这个特定角度就是一种原则或标准。具体来说,《中国画学全史》中关于趋势类图表的标准即以功能发展为标准的画学趋势。所谓以功能发展为标准的画学趋势,是指将中国画学的功能性变化作为标准来展示画学的发展方向。在《中国画学全史》中,第三章的“礼教时期画学趋势表”即为此种图表。该图表把礼教时期的画学分为两个部分:夏、商、周、秦和汉,并标注出前者向后者发展的趋势是由礼教功能向宗教功能的转变。(见图 2-11)需要指出的是,第七章“唐代画学的整体状况表”中也标注了画学从宗教化向文学化转变的趋势,但由于此图表不仅有趋势还有分类,因此属于综合类图表,我们将在后面对该图表进行专门讨论。(见图 2-12)

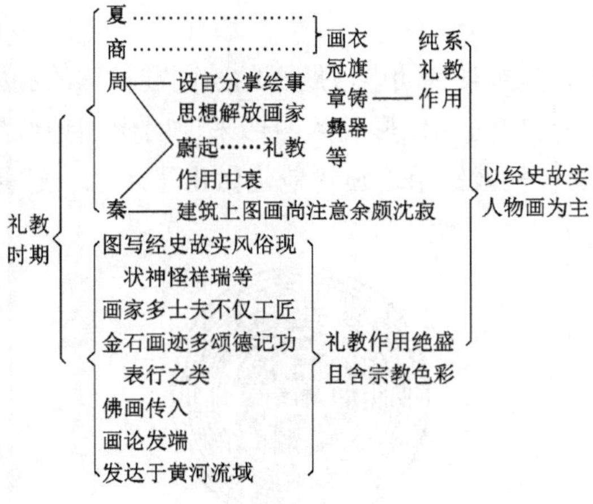

图 2-11

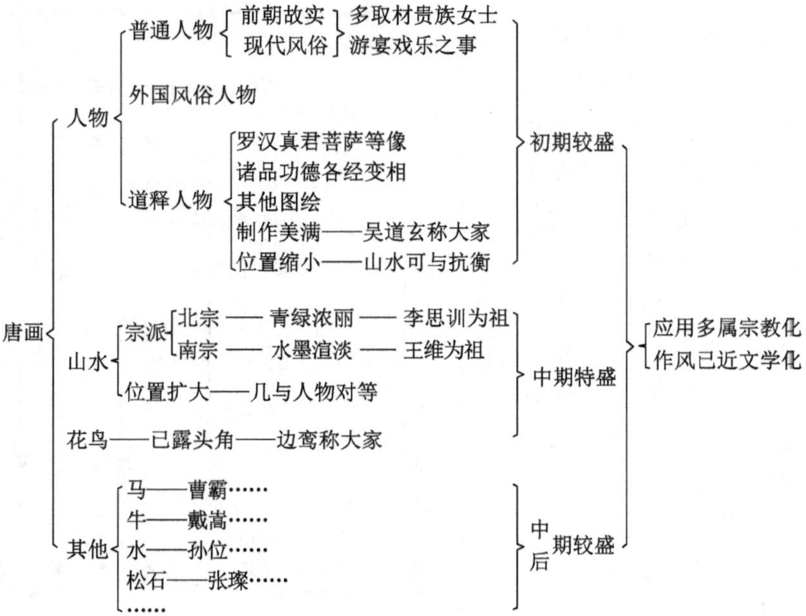

图 2-12

（三）示意类

其实每一种图表形式归根到底都是一种示意图。但我们这里所说的示意类图表，主要指以一种简略直观的方式对所要表达观点进行高度概括而展示出来的图表。《中国画学全史》中的示意类图表分为地位示意和比例示意两种。

1. 地位示意

《中国画学全史》中的地位示意图表是对某种功能或题材的绘画在整体绘画中的地位以及影响力的展示。在此，郑午昌用同一种形式的图形来说明佛画地位演变；第四章“魏晋佛画之位置表”将佛画与礼教作用之画的地位做出了示意。这是

图 2-13

图 2-14

一个圆形的示意图，图中的佛画处于圆的边缘且所占面积较小，而礼教作用之画占据了圆形的绝大部分面积，礼教功能绘画与宗教功能绘画在魏晋时期的地位对比显而易见。（见图 2-13）第五章“南北朝佛画之位置表”采用了圆环图，我们看到此时期的佛画已经处于圆形的中心，反观前一章中的图标，佛画地位的演变凸现无遗。（见图 2-14）

2. 比例示意

比例示意图是指一种通过面积对比体现各个不同题材和功能的绘画在整体绘画局势中所占比重的饼状图表，目的也是展示不同题材和功能的绘画地位。它与地位示意图的不同之处在于，前者旨在同时展示多种绘画题材的地位，而后者旨在突出某种绘画题材的地位。在第六章“隋唐道释人物画之位置表”中，我们依然看到一个圆形的示意图，但佛画变成了道释画。通过该图可以看出，一方面宗教绘画的题材已经有所增加，另一方面人物画与道释画之间具有某种特殊的关系。而且，除了人物画和道释画，台阁人物画和台阁山水画也占据了圆形的一部分。因此，虽然该图被命名为“隋唐道释人物画之位置表”，但实际上是为了说明讨论对象之间比例的饼状图表，所以就本质而言，这是一个比例示意图而非地位示意图。（见图 2-15）第七章的“唐代道释人物画表”也是一个明确的饼状比例示意图，该图把唐代绘画主要分为道释人物、山水和其他三大类，其中道释人物和山水各占 3/8。此图给人的第一直观感受就是有唐一代的绘画主要还是这两者，其他均属于非主流。所以，尽管从图表的名称“唐代道释人物画”来看，似乎应该属于地位示意图，但将其划归比例示意图则更为恰当。（见图 2-16）第八章的“五代画学之大势图表”，从形式到名称已经统一为明确的比例示意图。该图将五代的绘画分为道释人物、山水、花鸟和其他几个部分，各自在一个圆形中占据一块面积。（见图 2-17）我们可以将该图表与第六章的“隋画大势图”进行比较，同样是对某一时期的绘画整体进行概括，前者通过量化说明问题，而后者通过逻辑结构说明问题，两者反映出郑午昌运用图表时的灵活和熟练。从第四章至第八章，连接五个圆形，由地位示意图过

图 2-15

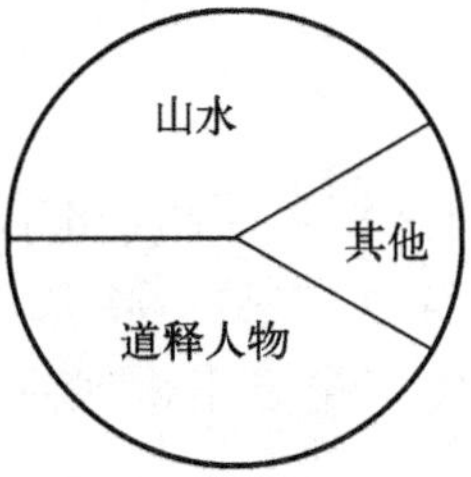

图 2-16

图 2-17

渡到比例示意图，既以直观概括的方式彰显出中国画学史上宗教化时期的宗教绘画地位之演变过程，同时也体现了其他绘画题材的衰落和逐步兴起。

（四）数据类

用统计数据说明问题是现代学术写作的典型形式，《中国画学全史》中有两处数据类的图表。第一处是附录二的“历代各地画家百分比例表”。该表对全国二十几个省历代画家人数进行统计，发现江苏、浙江、四川、安徽等地画家占有比例最多。而这些数据也可以使郑午昌得出地理位置与画学盛衰具有十分密切的关系的结论。在该书第三章的画迹部分，郑午昌还曾专门提出“图画与地理”的问题。事实上，指出绘画中心的转移也是《中国画学全史》一书的叙述角度之一。（见图 2-18）第二处数据类的图表是附录三的“历代各种绘画盛衰比例表”。该表将从周代至清代的绘画分为山水、花鸟、人物、台阁和龙水五个类型，通过不同形式的曲线展示出这五个类型在不同朝代所占绘画整体的百分比例。（见图 2-19）数据类图表的运用在同时期的人文科学类著作中并不多见，而对于相关的同类型著作来说，《中国画学全史》中出现的这些图表更是唯一的例子。它表明郑午昌对历代中国画学的文献材料进行了深入细致的考察和统计，从而也使《中国画学全史》中的结论具有了某种实证意味。

地名	百分比（%）
江　苏	13
浙　江	12
四　川	8
安　徽	7
河　南	6.5
陕　西	6
河　北	5
江　西	5
福　建	4
山　东	3.5

图 2-18　历代各地画家百分比例表

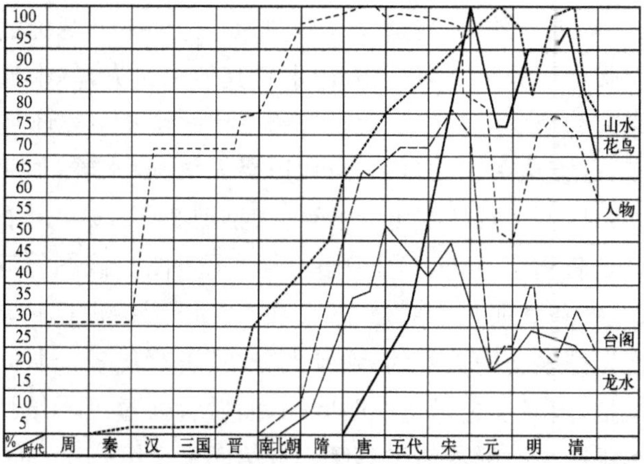

图 2-19 历代各种绘画盛衰比例表

（五）综合类

综合类图表是将讨论对象进行综合而制作的图表。在《中国画学全史》中，综合类图表有两种：一是单一形式综合，二是多形式综合。前者是指将某特定对象根据特定标准集中于一个图表之中；后者是指将多种图表形式集中于一个图表之中。

1. 单一形式综合

《中国画学全史》中的单一对象综合图表就是附录一的“历代画学著述统计

表”。该表把晋代以来的画学著述以及作者罗列出来，成为当时第一张经过系统整理的图表，为有志于中国画学研究的人架设起一座方便津梁。

2. 多形式综合

《中国画学全史》中的多个对象综合图表有两个，即第七章的“唐代画学的整体状况表”(图 2-12)和第八章的“五代画学的整体状况表”(图 2-9)。前者将唐代的绘画划分为人物、山水、花鸟和其他等四大类，进而又：(1)在人物画中具体划分出普通人物、外国风俗人物、道释人物并且进行说明。(2)在山水画中划分出宗派和位置两部分内容。其中，宗派部分划分为南宗、北宗以及各自的风格特征和开创者，位置部分则指出山水画的上升势头以及与人物画的比较。(3)指出花鸟画的发展阶段和地位以及代表画家。(4)标注了其他非主流的具体绘画题材和代表画家。上述内容是该图表的一部分，基本上可以认为属于结构类的类型并列式图表。但该图表还有另一部分，内容是将唐代绘画分为三个阶段和各阶段的发展势头。这一部分无法划归结构类的类型并列形式图表，属于趋势类图表。可见，“唐代画学的整体状况表”是集中了结构类和趋势类两种图表特征的多形式综合图表。

《中国画学全史》中的图表是郑午昌对中国历代以来绘画文献的分析、归纳和总结的结果。与同时期其他中国绘画史的著作相比，运用图表说明问题正是《中国画学全史》的最重要特征之一。虽然其他中国绘画史的著作中也有图表，亦重视图表的功能，比如俞剑华就曾说过：“派别分歧，文字不易描写之处，多用表格以便省览”，①但却没有第二本著作如同该书中的图表形式一样如此丰富，尤其是数据类和示意类的图表，只能在这本《中国画学全史》中看到。这说明郑午昌高度重视图表功能并对其有深刻的理解和出色的运用能力，同时也折射出郑午昌对西方现代学术方法的有效借鉴和采纳。

第二节 《中国画学全史》的叙述特征

叙述特征是作者的一种写作策略，就《中国画学全史》而言，其叙述特征主要表现为叙述线索的明晰性和叙述角度的多样性。

一、叙述线索

郑午昌在收集、归纳、组织和总结中国传统画学文献的基础上，串联起中国数

① 俞剑华. 中国绘画史[M]. 上. 北京：商务印书馆，1937：1

千年的画学历程，呈现给我们的是一条中国画学发展的清晰脉络。《中国画学全史》中的叙述线索，就是将中国的画学看作是从“实用时期→礼教时期→宗教化时期→文学化时期”发展的过程。这条线索是针对中国画学在不同阶段所表现出的特征梳理出来的，正如郑午昌说的那样：

实用、礼教、宗教、文学四者，实各有独占一时期之势力焉。

而且，郑午昌还进一步指出四者间的过渡，使这条显性线索的层次更加丰富完整：

第一期之后半，实际应用中，当然包含礼教化。第二期虽表面仍属实用，实则全然为礼教化，且间呈宗教化之色彩。第三期无论绘画之应用及意义，一受宗教支配，而其作风，且渐启文学化之萌芽。第四期纯为文学化，实用、礼教、宗教之绘画、仅占极小部分而已。

在论述展开的过程中，郑午昌一直围绕着此线索，强调历史流变的绵延性。而且，他还对大时期之内的不同阶段加以区分，这样无疑更增加了线索的可信度。比如他在论述礼教时期的最后一段写道：

春秋战国之世，思想解放，图画之制作与应用，无一致之观。秦极专制，民众艺术，绝无闻之；上之所好，则似偏于建筑方面。——其事虽异于三代之画衣冠舆服，而用意固欲以助政治，固君权，则犹近乎礼教意义也。

此处文字指出，夏商周三代、春秋战国和秦之间绘画特征有很大不同，但最终的功能指向却是一致的，故而意在补充说明礼教时期中绘画功能体现的多样性。再如宗教化时期的唐之画学部分，郑午昌指出：

夫自中期以后，各种图画，在应用上，固多与宗教有关；从其作法上言：则如人物，——即属道释人物，面部多美秀而文，有异前代模样，其设色勾勒，主讲笔墨之神趣；山水经王维、郑虔、王洽辈之变化，笔势墨韵之间，且见书法而含诗趣；如牛马鱼龙花木之属，亦多当时文学家所乐与品题，或所作者，即系图写诗意；盖是时绘画，已渐趋于文学化矣。

显然，郑午昌通过绘画表现对象的形貌，表现技法的审美价值凸显以及表现何种对象本身等具体细节，向读者说明构成这条画学显性线索的四个历史分期并非削足适履地硬性归纳，而是具有自身发展逻辑的有序展开。

二、叙述角度

除了围绕四个不同阶段的画学特征进行论述之外，郑午昌还在梳理整个画学历史的变迁时关注不同叙述角度。事实上，这几个角度本身，也是构成中国画学史的不可或缺部分。下面我们逐一讨论。

1. 画家身份变化的角度

郑午昌在第二章的第四节中写道：

> 周代图画，应用既广，制作渐进，其时从事图画，足称专家者，当不乏人。唯其制作与应用，但求功于实际，合乎礼教，尚不主重图画本身之美否，与作者艺术手段之高下。故虽有专家亦与一般工匠等量齐观，无有特以画名为世所称道者。

郑午昌指出，周秦之际的绘画已经成为一种专业性很强的职业，从事此专业者可称之为“专家”。但画家的社会地位并没有得到普遍认可。显然，这里含有画家身份应该不同于普通工匠的暗示。因此，到了第三章中，郑午昌说：

> 习绘事者，渐有著名之士夫，不如前代之仅限于工匠。
>
> 夫汉代画家……卒以为士大夫故而名，其非士大夫而能画者，则如所谓工匠者流，其姓名不著于记载，卒无从考见之。

于是，画家身份的独特性已经凸显出来了。不过，郑午昌并没有将此作为历史发展的一种必然趋势，他希望各种身份的画家都能进入自己视野，但有稽可查的历史记载却不免带着某种选择性。所以，郑午昌又解释了这种现象的形成原因，是由于作画者必须明了自己的创作题材，而当时绘画又多重视历史故事的理解，需要创作者具备博闻洽识之功。如此一来，一般的工匠画师自然会被工绘事的士大夫所替代。不过，就历史本身的发展逻辑而言，从魏晋时士大夫画家的资料已出现了不少记载。郑午昌说：

> 自汉以来，能绘事者已不尽为工匠，魏晋士夫之以画名者，据可考而言，不下数十人。虽不及后世之盛，以比秦汉，则已有空前之观。
>
> 自是以还，士夫画日以昌明，几视工匠画为不足齿；工匠画日以隐匿，至不以绘事自居，仅以为工艺上一种点缀品而已。
>
> 因审美之风启，世多以能画博好名，于是画家与画迹相系，不难就画迹考见画家，与汉代情形迥异。又以侧重士夫画迹故，如金石上类似之工匠画迹，亦绝少记录矣。工匠画迹在当时处“有用而不贵”之地位。

可见，郑午昌认为之所以形成画家身份的变化，主要原因是出现了审美的自觉性，同时绘画水平与影响力也与个人社会地位挂钩，而且文献记载偏重于士夫。所以，尽管留存于世的画迹远远不限于士夫画家，但考察画史发展时，论述重点必然

会向此倾斜。不过,郑午昌显然认为根据史载画家身份变化而贯穿起来的历史脉络存在着很大的片面性。他说:

> 按上诸画迹而观之,知魏晋图画,有为工匠所作者,有为士夫所作者。
>
> 我国画以艺称,古时固无“工”“非工”之阶级;自汉以来,士夫习画者日多,遂称非士夫而专艺者为画工;士夫画家,甚至羞与为伍。于是工、非工之阶级乃分。士夫画家,既力自鸣高,而视殊类者,为不足齿,在我国画史上,若名为画家者,自汉以来,唯有士夫而已,其为画工,名概不得而著焉,是实艺术史上最不平等事。观颜之推之论画,兢兢以与诸工巧杂处,为三贤晓画之大耻,致垂训其子孙,是即可见南北朝人对于阶级观念之深,真无所不及也。

郑午昌自论述魏晋画学之后,偶尔也强调画工在画史上的作用以及作品遗留,但主要的笔墨还是用在了士夫画家的介绍上。虽然郑午昌深知,作为完整的画史研究,若缺失了职业画家包括早期的画工部分实在不啻为重要遗憾,但无奈相关文献资料的记载就是如此,所以通过展示中国画学史上画家身份变化这一角度并指出其中的片面性,其实也是一种提醒和补缺的形式。

2. 中国画与域外绘画交流影响的角度

郑午昌认为,东方画系是与西方画系并肩而立的,其中中国画是东方画系的发源与正宗。同时,中国画的形成与发展又和外来艺术发生着不同的联系,其基本逻辑是先受到印度艺术影响进而影响东亚和东南亚诸国。在论述这一角度时,郑午昌并不是直接从汉代佛教传入中土开始,而是在周秦时就着手铺垫。他说:

> 始皇以余威大扩版图,西南与印度为陆上之贸易,当时所谓西南夷者,无不与中国通商往来;西域诸国,亦多归附,交换文明;以事实推论,域外画士,先后来我国者,必当有人,骞霄国人烈裔,其一也。(《拾遗记》:“烈裔,骞霄国人,善画来献。”)烈裔以始皇元年献画来中国,驻中国久暂不可考,其艺术虽足称道,(按烈裔能含丹漱地,即成魑魅诡怪癖物之象,殆若泼墨法。又能以指画地,长百丈,直如绳墨,殆为指头画。又能于方寸之间,画以四海五岳列国之图画,为龙凤骞翥若飞,则若山水写生法。)于中国绘画若不受如何之影响。

由于不能明确烈裔对中国绘画发展是否存在影响或影响的程度,所以郑午昌只是将此事实暂列出来。但这样暗示了中国画家对外来绘画形式所抱有的心态至少不是排斥的,而正是这样的心态才会有后来大规模吸纳外来绘画的事实,所以我们不妨可以看作是中外绘画交流影响的逻辑起点。郑午昌真正确定中国绘画受到外来影响的时间是汉代。他说：

> 我国绘画之受域外艺术之影响，实以汉之始有佛教画为最显著。

可见，郑午昌采取的仍然是学界比较公认的观点，只是他在此基础上还保持了一定的独立见解。

除了指出中国绘画受到影响之外，郑午昌也同样关注中国绘画对其他国家和地区所产生的影响。他在魏晋之画学一章中说：

> 至于魏晋之世，则又以种种关系，我国绘画，乃颇有传播于域外者。

郑午昌指出，魏晋时期，中国绘画开始对周边国家和地区产生影响，最早包括高丽和云贵地区。高丽属于域外本无异议，但郑午昌将三国时期诸葛亮为夷民作画以助教化也看作是一种中外交流。当时的夷民，即云贵间之居民。郑午昌认为当时的夷也应该属于域外，这实际上是一种历史地理学的意识。应该承认，此观点更加说明了郑午昌治史的严谨性。

郑午昌对隋唐部分的中外绘画交流与影响，稍微涉及了日本对中国绘画的吸收。而在论述宋代绘画与域外绘画的交流与影响时，郑午昌用了较大篇幅。他一方面通过佛画演变，指出佛相经过六朝以及唐五代的发展，由早期对印度的沿袭逐渐形成与本土文化相统一的自身特色；另一方面，他又将高昌、日本等国与中国绘画交流的情况纷纷进行阐述，分析中国作为东方绘画之源头的缘由。也就是说，郑午昌认为，中国画学与域外绘画交流影响至此是一关键节点——既是同化外来绘画的完成又是全面影响周边地区的开始。

直到介绍清代画学之前，郑午昌一直围绕着中国绘画对周边如何产生影响这一焦点来阐述中外绘画交流影响的状况，其中中国绘画对日本的影响着墨尤甚。我们看到，郑午昌在谈论明清两代中外绘画交流时，大量介绍中国绘画如何影响日本的内容。显然，这与当时中国从事画史研究的学者看待日本后来者居上的某种纠结心态有关。事实上，除了郑午昌以外，傅抱石、俞剑华等人写作中国绘画史时也抱有相似的心态。在清代中外绘画交流的内容中，郑午昌亦涉及了西洋美术对中国的影响，但仍然是某种民族主义心态的延续，他说：

> 光绪间，海禁开放，与东西诸国交通频繁，西洋美术，渐被中土；国人之喜新迁异者，多趋习之。当康熙、乾隆中，焦秉贞、郎世宁，皆擅西洋画法，为当时所重；吴渔山画法，亦尝参以西法；然亦不过一二人。至是，西洋画之人中国者，其势渐盛，一般赏鉴家，则极藐视之，以为不雅，庚子之役，内府名画，多被搜攫流出海外；世界各国，亦颇识我国画之有价值矣。

郑午昌并没有过分凸显西洋美术对中国画产生的影响，但他特别强调了经由西方人掠夺去的中国画对它们所产生的积极意义。至此可见，郑午昌阐述中国画与域外绘画交流影响之角度的内在目的，在于凸显中国画的优越性、包容性和渗透力。

3. 绘画本体逐步凸显的角度

应该说，郑午昌对中国画学史所划分的四个时期，本身即对绘画本体自觉过程的描述，即使郑午昌分述四个时期的论述重点不是这个过程，但它无疑说明郑午昌的确有此认识，所以在《中国画学全史》中，他注意到了绘画本体逐步凸显的角度。

所谓绘画本体逐步凸显，实际上就是指一段摆脱具体实用目的最终留存纯粹审美功能的经历。郑午昌在阐述此角度时，还认为中国画的发展史可以看作是绘画创作挣脱羁绊走向自由的过程，如进一步细化，又表现为两个角度：一、从重视绘画创作结果的具体实用功能到重视绘画的审美抒情功能的过程，其中笔墨形式成为主要审美对象体现了绘画向审美抒情功能的侧重。二、从重形到重理到重意直至兼重三者的过程。下面我们不妨来看郑午昌具体说了什么：

所谓画家，如卫协、顾恺之等，虽为士夫，要皆不受帝王之豢养；其自由制作，亦非独供帝王之玩赏；前代为贵族独占之艺术界，遂被打破。

绘画之进步，要在民众文艺思想之自由。

这是从创作者的身份角度说明绘画艺术从受制于帝王贵胄开始独立，绘画创作由此成为画家个人的行为。同时，郑午昌也明确指出，绘画艺术的进步或者说本体自觉的凸显，基础就是思想的自由。郑午昌还说：

唐代绘画，已讲用笔墨，尚气韵；王维画中有诗，艺林播为美谈。自是而五代、而宋、而元，益加讲研，写生写意，主神主妙，逸笔草草，名曰文人画，争相传摹；澹墨楚楚，谓有书卷气，皆致赞美；甚至谓不读万卷书，不能作画，不入篆籀法，不为擅画；论画法者，亦每引诗文书法相证印。盖全为文学化矣。明清之际，此风尤盛。

这段文字一方面指出了笔墨形式逐渐成为画家关注的重点，另一方面，强调绘画应该彰显其抒情性能而非记录功能，此外，绘画还应该可以折射画家的人文底蕴：这些观点均反映了绘画本体的审美价值。郑午昌在元代画学部分，进一步写到了笔墨形式的演变：

元以前之画山水，多用湿笔，谓之水晕墨晕，滥觞于唐，宋复尔尔。至元季四家，始用干笔。其中倪瓒、吴镇二家，尚重墨法，余多以浅绛烘染矣。

郑午昌特意拈出技法形式层面的变化，其目的正是为了突出绘画本体的进一步自觉。

郑午昌还梳理出中国画学史从重形、重理、重意直至兼重三者的脉络。他在隋之画学中说：

> 当时图画之偏重于真实描写可知。古之图画，宫阙衣冠车马……各与其时其地之制度风俗有关，真实描写，不稍假借。故读其画，不难推知作者生何时，居何地，及其当时当地之制度风俗焉。隋唐犹然。

至于宋元之际画学的特征，郑午昌则说：

> 宋人论作画，注重物理，而神韵气趣副焉。元人则一讲神韵气趣，其合物理与否，若不屑顾及之。

郑午昌还在明代画学部分做出总结和评论：

> 我国图画，大概唐以前，多注重形象之酷肖，宋则于理中求神；元于形理之外力主写意。至于明，总承先代之遗风，有主重形者，有主重理者，有主重意者。然主重理者极少，而主重形者又多为未尝习画以古道自泥者流；主重意者，则多为深于画学之士大夫。盖明承元后，受元画之影响，自较切近，且因艺术思想程序上之蜕变，重规则者多重形，主放任者多重意。至于理，则须于形意之中，复宜加以极精之体会，而明人实少此细心也。我国图画上所谓法与意，经前贤挥发殆尽，明人仅承其教而演习之，有所作，必以得古人之法与意为上，于是临摹一道，几为明人习画者之不二法门。虽思想极解放，艺术极高明者，亦以追踵古人为能事；其泥古者，多学唐以前法则，重在得形，否则多近法元人，以写意鸣高；其宗宋人者，亦往往失之过于形似，或失之过于写意。总之，明人图画之思想杂，学术浑，美言之，可谓集前代之大成；毁言之，则为杂法前人，极无新建树之可言。

毋庸赘言，以上所引的大量文字已经让我们可以清晰地看到中国画审美本体凸显的过程，同时，我们也能感受到作者对中国画学发展历程中这一角度的深刻理解与体会。

4. 绘画兴衰随文化重心转移的角度

自明末董其昌提出南北分宗的观点以来，影响的广度和深度不容回避，某种意义上甚至成为大多数画家和学者的惯性认识。但在《中国画学全史》中，郑午昌尽量让自己保持客观立场，以避免被个人审美价值取向左右。所以，他在讨论绘画兴衰跟随文化重心转移这一角度时，没有沿袭传统画史叙事中比较南北画风之优劣的常见说法，而是从一种客观的角度指出南中国尤其是长江中下游地区逐渐成为中国绘画艺术之中心的历史发展态势。但由于南北分宗观点的影响的确已深入人心，所以郑午昌的字里行间仍然不自觉地带有重南轻北的倾向。

郑午昌主要是从魏晋南北朝的画学入手，阐述绘画兴衰跟随文化重心转移的。他说：

> 自晋室南渡后，因地理学术之关系，绘画思想，益以革新。
>
> 自三国以来，我国文明逐渐南下，晋室东迁后，文明俱南之迹，益可显见。前代图画之都会，在黄河流域，时则转移于长江流域。而画家之赫赫享大名者，亦皆产生于长江流域。……绘画都会随时代文明而移其区域，是亦一极可研究之问题也。

在此，郑午昌首先提出了绘画水平与区域文化之间存在着互动，本身就是值得研究的问题。接着，他又为中国绘画南北之分进行溯源：

> 南北两朝，划然分立，南朝以长江流域为地盘，北朝以黄河流域为地盘。黄河流域地势荒寒，长江流域山水秀媚，地理上之占有既殊；而南朝人民，以汉族为主，北朝人民，以鲜卑族为主，汉族人之文艺思想，自较鲜卑族为优秀，则以民族上之支配而论，南北朝亦大异趣。故当时绘画，因地理民族之不同，亦隐然各驰其道。或谓我国图画，厥后卒有南北之分者，是殆其远因也。
>
> 南朝画家，多于北朝，——是虽因南人好画过于北人之故，亦以北朝注重石刻，一部分能画之士，多费心力经营于石窟之造像，日与石工为伍，而其名亦遂不著故也。且北朝诸家，皆长于道释人物画之一门。南朝则更时有以山水画名者，即其人物画中，亦带山水之背景。至北朝画家，多尚摹仿，从旧法中精益求精；南朝画家多尚创作，于旧法中参新意，或竟能另辟蹊径，为后人法。是则南朝诸帝提倡之功，亦其地理与人民美术思想较长于北人故也。南北朝画家之最有关于我国画史者，如陆探微、张僧繇等，皆吴中人。

这里的南北绘画之分野，既属于地理位置和民族差异的范畴，也有一些其他缘由所致。虽然郑午昌区别了审美价值的高低优劣，却是史实的反映。

除了因文化中心南移形成了绘画兴衰之外，郑午昌还注意到画家所处之地的诸多特点与绘画创作之间的关系。如五代画学一章中，他说：

> 南唐地据江南，山水佳丽，风尚文美，典午流风，时未全堕。其君主多

好绘事，恩宠画士，故名家辈出，其在他方者，亦多相继来归。

蜀为西僻之国，立于五代兵乱范围之外，自为政教，颇称平治。其主又往往奖励绘画，设官分职，以礼画士，于是一时名家，多充供奉祇候。其未被礼致者，则亦高鸣野间。绘事之盛，较之南唐实有过之。

上述所言，是谈论特定地域的习惯性文化政策以及因地域特点而形成的社会文化大环境与绘画之间的关系。

总的来说，《中国画学全史》中对绘画兴衰随文化重心转移这一角度并的论述不是十分清晰，但我们还是能够感受到蕴于其中的端倪。因此，将其梳理出来，也是必要的。

5. 绘画题材的变化角度

在《中国画学全史》中，郑午昌还注意到，绘画题材的变化贯穿了整个中国画学的发展历程。关于这一角度，郑午昌的写作方式和写作内容均有体现。写作方式，是指从宋代画学开始，分山水、人物、花鸟、梅兰竹菊等表现题材分而论之。写作内容，则是注意到了这几种题材之间的相互关系以及在历史演变过程中的发展逻辑。前者通过阅读文本即可具眼识之，我们主要讨论后者——绘画题材之间的相互关系以及在历史演变过程中的发展逻辑。

郑午昌首先提到的是山水画的出现：

秦烈裔画四渎、五岳之图，汉刘褒画云汉、北风之图，吴之赵夫人绣山河形势于军服，虽已见山水画之端倪；然以体用兼备论，可称为山水画之成功者，实在晋室东迁以后。

他进而指出山水画与人物画的关系以及与人物画相比较的整体情势：

唯当时所谓山水画者，多为人物画之背景，独恺之所作，乃能从人物画之背景，更进一步，故有我国山水画祖之称焉。然山水画虽已成立，而作者寥寥，其在社会之势，远不及道释人物画之盛。

在隋代画学部分，郑午昌用了很大的篇幅论述了绘画题材发展的逻辑关系：

隋画之特色者，则更有人物与山水两者间之台阁画。盖隋代名家……作人物也，多精意于台阁；作山水也，多精意于台阁；至若贵游宴乐等人物山水画，更无不精意于台阁。

此种绘画，盖新从人物背景脱胎而来，而又刻意求山水画之成功，故有以间于人物山水特尚工巧之作风。

可知隋人趋重山水画之研究；亦即可觇唐代将以山水画代人物画而

兴之趋势。然是时纯粹之山水画,作者殊少,台阁画擅长者虽多名家,亦皆与人物或山水等合图。

作者在此注意到了隋代兴起的独特描绘题材——台阁画,并且发现台阁画与人物画和山水画之间存在着某种逻辑上的承接关系,而且在视觉上,又可以将三者进行拼合而不显突兀。由此,郑午昌推论,这正是介于从人物画兴盛阶段向山水画兴盛阶段过渡的特定题材。且不论郑午昌这一观点的合理性,但其中包含的清晰的逻辑关系是不难看出的。顺着这条理路,郑午昌在唐代画学部分明确地指出山水画的逐步兴盛:

我国山水画,至唐之中期,不但与人物画分庭抗礼;且能自分宗派,互相耀映,是实为人物画得未曾有之现象。

一方面,山水画发展到中唐,已经成为和人物画同样受到画家重视的题材,另一方面,山水画还在内部出现的宗派之分,指出这一点,是为指出其将要超越人物画作铺垫。

同样在唐代画学部分,郑午昌还谈到花鸟画题材:

殆我国画如人物山水花鸟诸大画门,至唐中期或发达已极,其头角崭露后起诸画家,欲兼习之自难独出,而又不甘无所表见,故多择一而专习之。

虽然内容十分简略,但已相当明确地指出花鸟画的发展情况,也暗示了花鸟题材与山水人物之间的相互关系。郑午昌进而通过总结的形式,点明绘画题材的逻辑发展线索:

综有唐一代之绘画而言:前期之绘画,犹承六朝余绪,多以细致艳润为工;道释人物,可谓臻盛,山水虽已成功,而未受重视。开元、天宝间,是为中期:笔姿一变而为雄浑超逸,山水画且并人物画而大兴;花鸟画亦渐露头角。德宗以还,则为后期:人物山水花鸟,虽无特殊之进步,惟诸家多能各专一长,以相夸美;人民知绘画之可宝,大开鉴赏之风;亦有足多者。唐代图画,无论人物山水花鸟及其他杂画,往往图之寺院,与宗教有关。

若论唐代在我国绘画史之位置,实可称为中枢。盖言人物画,则能承先代之长而变化之;言山水画,则能应当代之运而光大之;言花鸟画,则能萌发孵化,为后代培其元气;凡我国各种重要之画门,于唐代已皆褒然有集大成之势,其后如五代如宋诸朝之绘画,要无不以此为昆仑而分脉焉。

从文字中可以看出，郑午昌所梳理的这条逻辑发展线索与四个历史分期相互印证，进一步完善和丰富了整部书的叙事结构。

其后宋元明清各阶段的绘画题材，郑午昌分门别类地进行了考察，其中当然也不乏独到发现。我们在此不再详细讨论，只作大致介绍：宋代绘画人物、山水、花鸟并盛。山水、花鸟，各分宗派，大家蔚起。而花鸟，至宋实为最盛之时代，亦可为宋代绘画之中心。人物画至于元代，亦已告衰退之状，花鸟画，亦不及宋代之盛。元代山水画则能变宋格而为元格，且启发明清二代南宗画之大辂。应该说，截止到元代，已经基本可以反映出整个中国古代画学史的绘画题材发展逻辑了。事实上，郑午昌在明清画学的部分，的确也没有更多地讨论这一问题。

第三节 《中国画学全史》的历史分期

《中国画学全史》中对中国画学的历史分期是值得一提的。这种历史分期在当时的学术圈可谓独树一帜，我们可以通过与其他同类著作进行简单的比较，来认识此分期的特色。

一、对国内外学者相关历史分期的考察

我们首先来看国内学者的相关结论。陈师曾《中国绘画史》的历史分期是：

一	上古史　三代至隋朝
二	中世自 714 年至 1320 年
三	近世自 1321 年至今代

余绍宋《中国画学源流之概观》的历史分期是：

<table>
<tr><td rowspan="2">上古时代
（太古—264 年）</td><td colspan="2">第一期</td><td colspan="2">第二期</td></tr>
<tr><td colspan="2">太古到战国
（太古—纪元前 247 年）</td><td colspan="2">秦汉三国
（纪元前 246 年—纪元 264 年）</td></tr>
<tr><td rowspan="2">中古时代
（265—1367 年）</td><td>第一期</td><td>第二期</td><td>第三期</td><td>第四期</td></tr>
<tr><td>南北朝（265 年—617 年）</td><td>唐及五代（618 年—959 年）</td><td>两宋（960 年—1276 年）</td><td>元（1277 年—1367 年）</td></tr>
<tr><td rowspan="2">近古时代
（1368—1911 年）</td><td colspan="2">第一期</td><td colspan="2">第二期</td></tr>
<tr><td colspan="2">明（1368 年—1634 年）</td><td colspan="2">清（1644 年—1911 年）</td></tr>
</table>

潘天寿《中国绘画史》的历史分期是：

第一阶段	古代史（从画之起源到秦代）
第二阶段	上世史（从汉代到隋代）
第三阶段	中世史（从唐代到元代）
第四阶段	近世史（从明代到清代）

陈师曾将整个绘画史分为三段，其中第一时期从绘画起源直至隋朝灭亡，将此阶段看作做是中国绘画的萌芽与发展；第二时期则是从唐代至元代；第三时期是明代至当下，陈氏历史分期的思路应该是将中国画自身发展看成一个相对封闭的完整过程。显然，他忽略了异质文化的影响与推动作用。不过，陈师曾把中国绘画起源到隋代结束视为第一时期，说明他已经注意到中国绘画已经基本将外来艺术内化为自身的有机部分，迈开了大发展的步伐。第二时期从唐到元，则是注意到这是一段以山水画为主体的绘画大发展时期，同时重抒情写意的文人画理论与画法也在这一时期粉墨登场并逐渐增强自身的"戏份"。第三时期明清至今，说明作者认同董其昌的南北分宗观点，确定南宗绘画在这一时期成了中国绘画历史发展的主流与代表。陈师曾的历史分期突破朝代藩篱和注重风格的分期标准原则，但与日本学者伊势专一郎的观点如出一辙，事实上，陈师曾的绘画史内容本身，也是对日本学者中村不折、小鹿青云《支那绘画史》的一种复述。因此，陈师曾的观点就等于是当时日本相关学者的主要观点。余绍宋的历史分期与陈师曾相仿，不同之处在于：第一，余氏的第一阶段截止在南北朝而不是隋，这可能是他把中国绘画开始出现审美自觉作为一个分界标志。第二，余氏在三个大阶段内部又划分了若干时期，看上去比陈师曾的分期要详细些。潘天寿的历史分期是将整个中国绘画史划分为四个阶段，他所划分的第一阶段和第二阶段既考虑到了中国绘画的萌芽以及发展，同时注意到了宗教因素与外来影响；第三阶段和第四阶段是各个画科走向独立的阶段，也是文人画的昌盛和衰微时期。显然，较之陈师曾和余绍宋，潘天寿的观点更加全面，不过潘天寿的观点，主要也来自中村不折和小鹿青云，故而仍然应该看作是日本学者观点的某种变通性说法。①

① 阮璞先生曾经指出，潘天寿之所以在三阶段中加入一个"上世"，是因为中国的中世时期过于漫长，才不得已略变日本学者的三分为四分。阮璞．画学丛证[M]．上海：上海书画出版社，1998：3

另据段汉武博士的学位论文《民国时期中国绘画史叙述模式研究》中的说法，中国学者陈庆年在1904年完成的《中国历史》一书中，将中国历史划分为了上古、中古、近古和近世四个时期。生活在这一学术文化语境下的潘天寿，极有可能接受了陈庆年观点的影响。段汉武．民国时期中国绘画史叙述模式研究[D]：[博士学位论文]．杭州：浙江大学，2006

以上所列举的不同历史分期，主要是借用政治通史的分期方法，更具体地说即借用了近代中国著名史学家梁启超、夏曾佑等人的观点。梁启超在1901年发表的《中国史叙论》中认为，中国历史可以分为“上世史，自黄帝以迄秦之统一；中世史，自秦统一至清代乾隆末年；近世史，自乾隆末年以至于今日。”夏曾佑在1903年出版的《中国历史教科书》（后改名为《中国古代史》）中，也把中国历史分为了上古史（传疑时代至周朝末年）、中古史（秦朝至唐朝）和近古史（宋朝至今）。可以看出，梁启超和夏曾佑正是尝试用三段论的方法与观点来对中国历史进行划分，以他们在当时的影响力必然会对这些美术史学者有所触动。

俞剑华《中国绘画史》的历史分期法也具有某种代表性。俞剑华的历史分期与陈师曾、余绍宋、潘天寿不同，他是直接用中国朝代更迭作为划分标准。他说：

> 该书时代之划分，仍以朝代为标准，三代以前，史缺难微，仅有传说，故列为首章，三代虽有记载，苦于无多，故并列一章。秦虽简略，以无所附录，亦只得列为第三章。两汉而后，事迹虽繁，仍以每朝纳于一章之中．以期利用中国历史之固有观念。

俞剑华采取固有的历史分期法，可能是因为对当时绘画史著作的历史分期观点都不甚满意——与其根据某些特定理由进行划分而造成偏颇，不如据实反映历史的发展过程。因此，他在比较了一些相关著述的基础上，“采诸家之所长，去诸家之瑕疵”，采用中国历代“正史”的编撰体例，以朝代起讫终始为叙述单元，在着眼于“大文化”和“大绘画”的前提下考证细节，描述事件。①

此外，李朴园、胡蛮等学者根据社会形态转换与文化思想变革为依据来划分历史的观点也值得一提。如李朴园《中国艺术史概论》中的历史分期是：

原始社会	上迄黄帝下至帝尧
宗法社会	从帝尧到周武王十三年
封建社会	周武王终结至秦始皇即位
第一过渡社会	秦始皇即位至汉高帝即位
混合社会	从汉高帝开始直至清道光十九年
第二过渡社会	道光十九年至“中华民国”八年
社会主义社会	从民国八年至1930年

李朴园分期和论述的依据主要是马克思主义唯物史观并辅以文化传播理论，强调社会背景对绘画艺术发展的影响。原始社会和宗法社会侧重写社会发展为绘

① 段汉武．民国时期中国绘画史叙述模式研究［D］：［博士学位论文］．杭州：浙江大学，2006

画艺术发展提供了条件；封建社会则围绕封建主利用艺术维持阶级社会组织心理与绘画艺术渐具教化功能这一观点阐述；过渡社会第一时期阐述人类审美心理的转变导致绘画作品的色彩也开始转变；混合社会时期则关注画家的社会地位、经济条件、宗教观念以及审美趣味等因素对艺术表现形式的影响；过渡社会第二时期中，模古画家、古法与西法并重的画家以及纯粹以西洋绘画的技巧自立的画家等三类画家的出现与社会经济进步以及西方文化影响之间的关系则是写作的理路；社会主义社会从“民国”八年至1930年，强调时代精神与文化传播双重因素合力造成“模古、模西及调和”这一必然结果。

不可否认，李朴园的分期有诸多不成熟之处，对唯物史观理论的运月比较呆板和生硬，艺术本体没有得到突出，但强调艺术发展背后的动力和源泉即经济基础与文化思想等社会背景因素的思路，却可以给人以启发。

除了中日两国的学者之外，还有一些西方学者关注中国的绘画史，他们也根据自己的研究思路，对中国绘画史做出历史分期。① 我们可以从民国著名美术史学者滕固的介绍中，了解一下法国、德国以及英国等国家的学者的观点②。

首先是法国学者巴辽洛的历史分期：

一	自绘画起源至佛教输入时代	
二	自佛教输入时代至晚唐	
三	自晚唐至宋初	
四	宋代 960—1279	
五	元代 1280—1367	
六	明代 1368—1643	明初至成化 1368—1487
		弘治至明亡
七	清代 1644 至今代	

其次是德国学者希尔德的历史分期：

一	自遂古至纪元前 115 年。不受外来影响，独自发展
二	自纪元前 115 年至纪元后 67 年。西域画风侵入时代
三	自纪元后 67 年以后。佛教输入时代

① 1887年，法国学者巴辽洛(M. Paleologue)在《中国美术》中率先进行了分期尝试，大概可以看作西方学者关于中国绘画史分期问题的滥觞。

② 滕固. 滕固艺术文集[M]. 沈宁编. 上海：上海人民美术出版社，2003：114-116

由以上诸表可见，巴辽洛和希尔德的共同之处在于，两者均将域外美术对中国绘画的影响作为划分中国绘画史不同时期的标准和原则，但巴辽洛与希尔德相比，其划分的第一时期中没有“西域的影响”，即张骞出使西域（公元前 138 年至公元前 126 年）这一事件对中国绘画风格的影响。通常情况下，学者们的确比较容易忽略这一点，而当时涉及此事的相关著作也十分罕见。从某种意义上说，这也是因为西域画风影响本身就缺乏足够的力度和深度。巴辽洛还将在佛教影响之后的中国绘画史分成了五个阶段，其中唐宋元各为一阶段，其理由应该是此三个时代的创作理念和绘画风格存在着较大差异，但明、清分为两个阶段，便不明就里了。因此，巴辽洛的分期观点逻辑不够清晰，分期原则和标准亦不甚了了。希尔德的绘画史分期则失之简单，将佛教输入之后的中国绘画史仅为一个阶段，显然遗漏了中国绘画史发展的复杂性与差异性。

最后，我们再来看英国学者波西尔的历史分期：

一	胚胎时期　自上古至纪元后 264 年
二	古典时期　纪元后 265 年至 960 年
三	发展及衰微时期　纪元后 960 年至 1643 年

波西尔一方面对巴辽洛和希尔德的分期观点与方法进行了分析，另一方面又按照自己对中国绘画史的理解与研究对之实施分期。他所划分的第一时期是从绘画的起源到三国蜀汉灭亡，事实上就是将中国绘画本体的审美自觉作为第一阶段的标志，但我们前面曾说过，此观点的不足是无法显示出域外美术输入中原之后对中国绘画的影响。第二时期是从西晋建立到五代结束，这是中国绘画迅速发展的时期，也是基本上完成融合域外美术影响的时期，但如果按此思路理解波希尔的划分，似乎又与第一时期的划分原则不统一。第三时期把北宋到清初视为一个独立阶段则太过笼统。此外，波西尔的历史分期还带有明显的进化论色彩，将中国绘画史的发展看作一个有机体的生长发展衰落的过程。

整体上看，西方学者为中国绘画史进行分期主要是站在比较的立场，即重视中国与其他国家之间的交流与影响，对中国绘画自身发展逻辑似乎不够重视。

综上所言，基于绘画史学家研究兴趣的不同以及在对绘画史进行叙述时所关注的角度与中心不同，导致民国时期绘画史著作中的历史分期呈现出多样化和多元化的态势。在此，我们不妨对国内外学者的中国绘画史分期再做一个简单的总结：第一、分期形式借鉴政治史的分期方法，主要有“三段论”“四段论”分期法和朝代分期法；第二，分期原则主要是以域外美术影响、绘画本体的发展和社会制度、意识形态等影响为标准。

二、《中国画学全史》历史分期的特点

通过以上介绍，我们可以大致了解 19 世纪末至 20 世纪 30 年代这段时间里中外学者所持有的中国绘画史的分期观点。郑午昌《中国画学全史》的历史分期与其相比较，又具有哪些独到之处呢？笔者认为，《中国画学全史》的历史分期，存在三个特点。

第一，立足“大美术”和“大文化”的高度进行中国绘画史研究。根据《中国画学全史》中“实用时期、礼教时期、宗教化时期、文学化时期”四个阶段的划分，我们不难看出郑午昌突破了就画论画的窠臼，注重绘画自身与政治经济、思想文化之间的互动关系。郑午昌指出将绘画起源至成立划分为实用时期的理由并举例文字与画之间存在着功能层面的同源关系：

> 取对象于日月星辰山龙水草火焰米粉斧钺，则当时人之宇宙观念，生活状况，皆可推想知之。盖其制作之动机，系人生的，而非艺术的。
>
> 名为文字，实则因形结体，已成单简之画。
>
> 由八卦进而为此被号象形文字之雏形画，在形式上似大进步；但其实用，亦不过做一种较为有组织而明显之纪事符号而已，实无书画显著之分别。

可见，郑午昌没有就绘画论绘画，而是从更为宽广的现实生存层面来认识和理解绘画。事实上，郑午昌还根据近代人类学研究的成果，认为所有人类的初民都没有审美意义上的绘画，更加说明了郑午昌所具有的“大文化”视野。在阐述中国画学礼教时期的缘由时，郑午昌尤其关注绘画与政教之关系，他说：

> 唐虞三代秦汉之世，往往利用绘画以藻饰礼制，宏协教化；论者谓为与六籍同功，四时并运。五色文采，草诸衣冠车旗；万方事物，昭诸钟鼎尊彝；古昔圣贤，象诸垣户殿堂；至图功、表行、颂德诸类，亦无不以画。

郑午昌的具体考察对象相当广泛。包括壁画、画像砖、画像石以及各类金属器上的画饰等等，其绘画概念的内涵也非常丰富。郑午昌还在礼教时期提出了绘画风格中的时代精神：

> 汉代图画，用笔描线极古拙雄浑，实为其作风之特点。或谓金石上之画迹，已经刻铸，面目非真，诚何足据，然加以细审，虽画经刻铸，有阴阳精

粗之各异，而其古拙成风，盖前比诸三代而不如，后比诸唐宋而不类，确乎其有时代精神。

联系时代精神与绘画风格，正是绘画与思想文化之间互动关系的体现。郑午昌还在宗教化时期的讨论中指出政治对绘画产生影响，即绘画风气因帝王好恶而随之出现的上行下效：

自三国鼎分，海内骚然，魏武提倡恶风，吴蜀亦奖励权术，于是礼教之防破，人情风俗为之大变，绘画思想亦随之解放。帝王士夫，往往以画寄兴。

进而，郑午昌总结说："盖绘画之风习，往往以时事为背景"，充分彰显了写作时所贯彻的"大美术"和"大文化"立场。

在文学化时期部分，郑午昌的宏大视野再次得到体现。尤其是宋代绘画风格与理学之间的关系，他有高度精练的概括：

宋人善画，要以一"理"字为主。是殆受理学之暗示。唯其讲理，故尚真；唯其尚真，故重活；而气韵生动，机趣活泼之说，遂视为图画之玉律。卒以形成宋代讲神趣而仍不失物理之画风。

他还将士大夫应注重理学中强调的心性修养功夫与画学相联系：

郭氏家法之"主敬"，其得为一代宗匠者，有以也。

夫士夫画家，思想既高逸，又以定神一精，穷理得性为养，所作自异众工。

宋人之论画，以讲理为主；欲从理以求神趣，故主运用心灵之描写；运用心灵，未必能穷理，即穷理，未必能得神趣；于是有精一神定之说，曰敬。宋画家虽不能人人有此观念与学养，然号为先觉者，固以如是之论调相倡也。

在当时学术界能如此注重理学思想对绘画的影响并得出精辟结论的研究者中，郑午昌是当之无愧的翘楚。比较同时期的中国绘画史著作，提到理学与绘画之关系的原本就寥寥无几，而进行深入研究的更是凤毛麟角。直至现在，研究理学与宋代绘画之关系的人，也无法绕开郑午昌。所以，郑午昌从大文化的视角研究绘画史，使一般的绘画史研究具备了哲学深度，确有过人之处。

正是因为郑午昌总是强调绘画史的"大美术"和"大文化"立场，所以《中国画学全史》中还涉及很多一般绘画史著作不考察的绘画作品。如汉代贵族在私人聚会中放置的色情图画；功用为帮助学术之发明的学术之绘画；还有应用于劝功、礼制、灾祥、军事、地貌记录等多方面的绘画等等。虽然上述绘画被纳入绘画史中讨论,某种程度上会给整个历史分期带来了不必要的枝蔓感,但不可否认这也使郑午昌的画史著作更加丰满全面。

第二、关注不同地域和文化艺术之间的横向比较。郑午昌的历史分期也关注到了中国绘画受域外因素的重大影响,他说:

> 自汉末佛教普光震旦以后,历六朝而迄唐宋,印度绘画,时随佛教以俱来,国画受其影响及陶熔,顿放异彩。天龙宝迹,地狱变相,凡寺壁塔院,遍绘庄严灿烂之印度艺术化之佛画。

沿着这个逻辑,郑午昌又指出由于域外因素的作用,本土绘画与之产生了互动:

> 其时道教、儒教对于佛教,或起反抗,或被同化,亦发生相当而异趣之画风于其间。

可见,郑氏的历史分期从某种程度上也以不同的文化比较作为基础。他一方面把中国绘画史看成独立发展和受域外美术影响后再发展的两部分,另一方面又对中国本土的道教、儒教和印度佛教之间的关系进行分析,认识到道家思想从宋代开始全面取代佛教思想而成为影响中国绘画的主因,以此得出历史分期的标准和原则。如此划分突破了朝代藩篱,将绘画风格作为重要的参照系,相当具有见地。不过,郑午昌仅仅是注意了佛教的影响,他还没有注意到西域画风和南蛮画风对中原绘画风格的影响,虽然他已经考虑到了班超、张骞出使西域在绘画史上的重要作用,但认为他们的作用还是局限在宗教艺术影响的范围之内。

郑午昌没有把眼光始终聚焦于不同地域和文化艺术之间的横向比较,因为他还考虑到艺术的本体发展也应该是进行绘画史分期的必要因素,而这就是我们将要讨论的《中国画学全史》历史分期的最后一个特点。

第三、在凸显绘画艺术本体发展脉络的框架下,运用多重划分标准。我们必须认识到,绘画史分期理论,应该是多重因素综合的架构体系,既要考虑到以绘画艺术本体为主干,同时也要考虑包括政治或朝代、文化或思想、经济或物质等因素的影响,因为任何单一的标准都会造成分期的简单化和片面化。如果仅仅注重绘画史分期与政治历史分期相一致,便将绘画史等同于社会发展史,从而丧失了绘画史自身的特殊性和独立性,正如郑午昌所说:“绘画之事,固亦有其他文艺为国民思想之反映,恒随当时政教风尚之递嬗以为转移,但绘画承先代之余,亦非新政教所能骤变。”反之,如果仅仅强调绘画艺术自身规律作为分期的标准,虽然突出了绘画本体系统的特殊性和独立性,但绘画发展的整体趋势则显得不甚明朗,而且诸多绘画现象也无法得到合理而深刻的解释。因此，把社会历史标准和绘画自律标准综合起来加以考虑，方可成为绘画史分期的标准，但这种综合并非二者的简单叠加，而是一种整体的绘画史意识。具体而言，就是应该把绘画本体的发展轨迹作为历史分期的内在依据，而社会发展、思想文化和政治经济等则是服务于“内在依据”的参照系。至于如何运用这个社会的综合标准来划分绘画史，更不能简单地生搬硬套，而是要充分尊重绘画本身的历史特点和具体实际情况的灵活运用，亦即自律和他律的有机结合。①

郑午昌的历史分期观点充分体现出上述标准的特点。他借鉴了中国传统史学的分期法，同时注重绘画本体的功能目的与表现形式。换言之，郑午昌在进行中国画学史分期时，关注的角度与中心既有绘画艺术本体，也有其他诸如思想文化的发展、民族之间的关系、国势的强弱变化、外来因素的影响等因素。特别是《中国画学全史》中涉及了不少画史上画风变化的内容，使得绘画本身的风格演变也成为关注的焦点之一。②

由此我们说，郑午昌进行画学史分期的原则标准是：划分“实用时期”和“礼教时期”的原则标准是绘画的功能，划分“宗教化时期”的原则标准是宗教对绘画的影响及其画风的演变，划分“文学化时期”的原则标准则为绘画的主题内容与风格技法，由此可见，《中国画学全史》的历史时期划分原则标准不是单一的，而是多重的，但是尽管标准多重，却始终凸显着绘画艺术本体发展的特征。

如果与上一节中我们所介绍的相关历史分期进行比较，郑午昌的历史分期是相当出色的。首先，它同时兼有叙述策略上的操作性与抽象概括的理论性，依照一定的观念体系把连续发展的中国画学史划分为若干阶段，使中国画学的发展历程获得一种更加简单、更加有说服力的表述。其次，郑午昌的历史分期观点也基本将绘画史发展过程中呈现出的既有联系又有区别的不同阶段区分开来，使读者能够比较清晰地认识和把握到中国绘画艺术的发展规律。最后，郑午昌的历史分期还关注绘画史发展中以因果互动形式呈现出来的连续性，同时也不忽略某些并不能很恰当地体现绘画分期特征的偶然或者突发现象，所运用的概念中亦不乏哲学范畴和史学范畴的关键词，具备一定的理论高度和深度，反映了作者在艺术哲学与历史哲学方面的理论素养。

---

① 段汉武. 民国时期中国绘画史叙述模式研究[D]:[博士学位论文]. 杭州:浙江大学,2006

② 事实上，郑午昌还专门就“画体”这一风格范畴的概念，在明清部分展开详细的论述。

第三章 郑午昌其他美术史著述及美学思想研究

除了《中国画学全史》以外，郑午昌还有一部比较重要的研究性著作，即 1935 年由上海中华书局出版的《中国美术史》。遗憾的是，由于《中国画学全史》的声名过于显赫，致使此书长期处于被忽略的状态。然而，作为一部成书晚于《中国画学全史》的著作，其中体现了一些郑午昌对美术史研究的新思考，因此也值得我们重视和研究。

第一节 《中国美术史》中的历史观

在郑午昌的学术生涯中，史学研究占据了最重要的位置，他留给我们最重要的学术著述，都集中在美术史领域。因此，研究郑午昌，应该充分重视他的历史观。就这一点而言，虽然《中国画学全史》最富声誉，但《中国美术史》要比其反映得更加全面、完整。

一、进化历史观的影响

郑午昌的主要学术与艺术活动是在民国，这是一个中国传统思想、学术和艺术都高度活跃的时间段，古老的中华帝国也正处于千年未有的重大转折期。在西方列强坚船利炮的打击下，知识分子一方面痛感本国政府的腐朽与颓败，另一方面则对西方的政治、经济、思想、艺术等文化、制度产生浓厚兴趣。通过对西方文化的大量引进和系统学习，延续了几千年的传统知识和价值体系发生了翻天覆地的变化。

与中国数千年来的传统历史观相比，民国时期的主流历史观可谓是一种本质转换，主要表现为西方进化史观在中国知识分子中产生了深远影响。我们知道，中国自古就有重视史学的传统，史学观也迥异于西方的进化史观。中国传统史学观的基本特征是：(一)历史循环论。历史循环论是中国传统史观的最重要特征。由于深受《周易》观点的影响，“历史不会终结”是传统史学家们的不可动摇的“绝对前提”。[①] 而线形史观所催生的“历史的终结”，对他们来说更是根本不敢想象的。[②] 他们认为，历史虽然在不断变化，但总体上却遵循着循环法则。如汉代大儒董仲舒有“三统”与“三世”之说，清代思想家王夫之也有“天下之生，一治一乱，以治相继”之说。而《三国演义》开头的“天下大势，分久必合，合久必分”，更是耳熟能详，妇孺皆知。[③] （二）历史发展没有既定目标。传统史学家们以效法孔子不语怪、力、乱、神为榜样，通常情况下不指涉超自然现象。尽管他们也能感受到历史变迁中的非人为因素，[④]但我们却几乎找不到传统历史学家眼中的历史有往预定方向发展的迹象。（三）是古非今。在经学思想的影响下，中国绝大多数传统史学家认为，社会历史越古越好，传说中的三皇五帝时期是人类历史上的黄金时代，三皇行王道而后世行霸道，故越往后大道便越衰微，社会也越退化。

然而，中国传统史学观的以上三点特征与 19 世纪末传入中国的进化历史观是相互扞格的，因为进化论影响下的历史观源于犹太教-基督教关于命运或天意的观点，而犹太教一基督教命运或天意观的最重要特征就是：历史服从于某种法则，即非随意的连续，也非事件的无意义集合，而是按照上帝或者某种超自然力量设定的可理解的过程。形象地说，历史为一种线性运动，仿佛一支从过去射向未来直至射向终结的箭。换言之，世界历史发展是具有内在目的的，人类的一切事件皆是某种客观理性的呈现。在公元 5 世纪时，进化历史观就在希腊人的思想中初露端倪。近代以后，进化历史观更是大行其道，最显著的例子是拉马克的生物学思想以及卢梭对人类文明进程的解释。但直至英国达尔文的进化理论提出以后，上述观点才成为一种重要理论出现在思想史上。经过赫胥黎、斯宾塞等学者的阐发，进化历史观的影响广泛渗入到伦理学、社会学等诸多领域。中国著名学者严复在英国留学时，深受进化历史观影响。回国后，他便着手翻译了赫胥黎的《进化论与伦理学》，即著名的《天演论》。在《天演论》中，严复将“物竞天择”“适者生存”等生物进化理论贯彻到社会历史领域，指出“世道必进，后胜于今”。（《天演论・导论》）《天演论》揭示了我们这个民族的真实生活条件与处境，因此该书一面世便风靡中国，以至于

① “绝对前提”是英国历史学家柯林伍德提出的历史哲学概念。

② 《周易》中的最后一卦为“未济”，意思是：“物不可穷也，故受之以未济。”“终焉”。

③ 不过中国传统的史学家们也在一定程度上持有进步观，比如唐代的制度史家杜预，认为中国很早以前就从野蛮人进化为文明人。明末黄宗羲也说明代哲学要比以前各代都进步得多。但这种进步并不是非不可逆转，所以总体来说，循环才是历史的最终呈现形式。

④ 如唐代柳宗元在论述公元前 221 年中国由“封建”变为“郡县”时，采用了“势”这一概念。一直到清代的王夫之和章学诚，也仍然在沿用它。

《民报》发表评论说："自严氏之书出，而物竞天择之理，厘然当于人心，中国民气为之一变"。此后，不少欧美和日本学者的社会进化论著作，也被陆续译成中文出版。如马君五译《斯宾塞社会学原理》(1903 年)、赵兰生译《斯宾塞干涉论》(1903 年)、麦仲华译有贺长雄的《社会进化论》，以及欧阳钧译远藤隆吉《社会学》(1911 年)等等。

进化历史观猛烈地冲击着数千年的传统历史观，日益深入人心，成为广大爱国知识分子解放思想、变法图强的利器。当时中国思想界的重量级人物梁启超也为《天演论》推波助澜。他不但接受进化论，而且还对进化论的基本信条做出概括和表述，以一种简单、清楚、明确乃至决绝的方式，建立了一个更加符合当时中国人需要的新世界观。梁启超认为，对中国传统史学进行革命的意义之重大，远远超出学术本身，直接关系到国家和民族的前途。他还发出"史界革命不起，则吾国遂不可救"的言论。而"史界革命"的重中之重，就是转换历史观。具体而言，即由原来的循环历史观转为进化历史观。梁启超说："数千年之历史，进化之历史，数万里之世界，进化之世界也。""天下进化之理，无有穷也，进一级更有一级。"①梁启超还将"进化"与"进步"等同起来，使得进化这种原本价值中立的自然科学理论变为一种具有明显价值倾向的意识形态。② 梁启超此举的影响之大，某种意义上甚至使进化历史观成为中国主流思想的基本预设，在政治、经济、思想、文化以及艺术等各方面都发挥着鞭辟入里的影响。

二、郑午昌的进化史观

进化历史观也对郑午昌产生了巨大影响。事实上，民国时期的美术史家们都或多或少地在自己的著述中，将中国美术史发展看成一种进化或进步的趋势。陈师曾在《中国画是进步的》一文中，把中国绘画史视为一个"由简单进于复杂，由混合进于区分"的"进步"过程。而陈氏所言的"进步"，和动植物包括人类的"进化"，含义是一致的。滕固在 1925 年完稿，被誉为"百年来具有发轫之功的"《中国美术小史》中，把中国美术的发展历程分为生长时代、混交时代、昌盛时代和停滞时代。他指出，"人类心思才力，不绝地增加，不绝地进展，这源于智识道德艺术的素养之丰富；一旦圆熟了后，又有新的素养之要求"。可见，滕固将人类文化的不断积淀作

① 梁启超：《论学术之势力左右世界》，载《饮冰室合集 · 文集之六十》；《自由书 · 成败》，载《饮冰室合集 · 专集之二》。

② 张汝伦. 现代中国思想研究[M]. 上海：上海人民出版社，2001：37

为美术进步的原因，而这显然也基本符合进化论的内涵。[①] 1933 年，秦仲文的《中国绘画学史》由立达书局出版。该书也把中国的美术史分为萌芽时期、发展时期、成立时期、变化时期和衰微时期五个阶段，与滕固的分期大同小异，反映出两者所持历史观也是相似的。

郑午昌在《中国美术史》中，也表明自己信奉进化历史观。不过他并没有根据进化历史观划分出自己眼中的各个历史阶段，而是沿用了滕固的历史分期法，只是措辞方面略有不同：滕固的生长时代、混交时代、昌盛时代和停滞时代被他称之为滋长时代、混交时代、繁荣时代和沉滞时代。我们从郑午昌的具体行文中，还不时可以看到"进步""进化""进展"这样的概念。如："现在再从中国建筑的进化方面，做一综合的简约叙述。""汉代绘画比前代大有进展。""以笔墨而论，元代绘画的简逸之韵，实不亚于前代工丽的作品。这却是绘画史上一次进步的现象"等等。

郑午昌还进一步用优生学观点来解释进化的原因。他说：

> 魏、晋、南北朝时候是中国艺术的混交时期，此时域外文化侵入，整个的民族受了外来思想和外来式样的诱惑以后，艺术上便得了一种极健全、极充实的伸展力，生出一种异样光辉的变态。所以这是这时期中国艺术史上最光荣的时代。这其中的道理，说来有些和优生学上的理由相同。外来文化与中国特殊的民族精神，互相作微妙的结合而调和之后，必然能生出新异的气息来的，正如优生学上说甲国人与乙国人结婚，所生的混血儿最为优秀一样。本来文化的生命，其组织至为复杂，成长的条件，果为自发的，内面发达的，不过往往要趋于单调，于是要求外来的营养与刺激，文化生命的成长，便毫不迟滞的向上了。

优生学是由英国博物学家 F·高尔顿于 1883 年首创的概念，意思是"研究在社会控制下能改善或削弱后代种族（遗传）素质的动因。这种遗传素质既包括体格也包括智力"。而优生学的诞生，和进化论密切相关。达尔文提出"物竞天择，适者生存"的进化论学说之后，人们很快意识到，人类本身作为生物之一，也同样经过长期的自然选择而逐步进化成现代人。20 世纪 20 年代，优生学开始传入中国，当时译为"善种学"。专攻优生学的学者潘光旦曾在上海的大学任教，并发表了《画家的分布、移植与遗传》《中国伶人血缘之研究》等研究艺术与优生学关系的论文，而时在上海的郑午昌很可能受其影响，上述引文中所说的"文化的生命""组织""外来的

① 虽然滕固也说："没有新的素养，（艺术）便陷于沉滞的状态了"，但他同时又声明，"沉滞时代绝不是退化时代"。因此，和中国传统一盛一衰的循环史观有本质差异。

营养与刺激”“文化生命的成长”，无不显示出将历史看作一个生物体的观点。事实上，用优生学解释中国美术史的发展，并据此评价中国美术史各个时期的地位，直至现在仍是一些学者的立论基础。比如美国著名中国艺术史家高居翰在他的重要代表作《气势撼人：十七世纪中国绘画中的自然与风格》中就曾经说，晚明清初的画家们通过吸收西方绘画的质素，使自己的绘画生出不同于传统的新风格，“就好比是异族通婚，跨文化的结合，势必会繁衍出特别健壮且迷人的后裔”。[①] 由此可见，郑午昌运用优生学的观点来解释绘画史上的进步现象，不啻为一种理论上的先觉。

三、郑午昌的英雄史观

除了进化历史观以外，郑午昌对历史的看法还有一个重要的方面，这就是他的英雄史观。所谓英雄史观，是指把历史的发展看作是由少数英雄人物和帝王将相的意志、品格、才能决定的历史观。郑午昌的英雄史观主要反映在他的美术史著作中。他在《中国美术史》中说：

> 智者创物，能者述焉，非一人而成也。君子之于学，百工之于技，自三代历汉至唐而备矣。故诗至于杜子美，文至于韩退之，书至于颜平原，画至于吴道子，而古今之变天下之能事毕矣！这是苏轼跋吴道子的画语。宋人以这种眼光看定中国文化到了唐代已臻极盛，这确是一种英雄史观的见地，是合理的。

绘画本身就是一个注重和强调天才的领域。正如德国哲学家康德所认为的那样，天才为艺术提供规则，具有独创性和典范性，是引导他人进入艺术领域的示范者。郑午昌作为一位长期从事艺术创作的人，必然深明此理。所以，郑午昌认为天才是创造艺术典范的载体，而天才们改变了既有的历史，创造出新的规范，某种意义上正是一种英雄。综观《中国美术史》，体现郑午昌英雄史观的还有：

> 自禹以后，约六百年间，建筑上毫无进步，毫无变化。不料他的末代子孙桀，天不怕，地不怕，竟为建筑史上的大革命家。桀，在政治上，是万人唾骂的，然在艺术史上，尤其在建筑史上，实有永不磨灭的大功！……自从桀打破了第一次难关以后，上等建筑物的榜样已立，况至商朝的末代，又出了个无独有偶的纣，再来踵事增华的努力一下，于是建筑改进的观念，成为上下普遍的心理。所以到了周朝，自宗庙朝堂以及市里的建筑，都规模宏大，形式整齐了。

---

① 高居翰.气势撼人：十七世纪中国绘画中的自然与风格：中文版序[M].上海：上海书画出版社，2003

郑午昌认为，桀、纣虽然声名狼藉，但他们是改变中国建筑史的英雄。尽管桀、纣本身并不是推动建筑史进步的建筑天才，然而他们以个人强权让建筑天才得以充分实现。值得注意的是，郑午昌在此没有强调英雄式的天才，所以我们才更加肯定，他眼中的英雄，绝不仅仅是美术范畴中的人物，而是所有能够以一己之力来推动历史发展的关键人物。

此外，如果翻开《中国画学全史》，我们发现郑午昌还将中国绘画史的起源确定为某一个人：

> 中国画祖，实为敤首者。是殆敤首之前，虽有图画，究属为极幼稚之线描，即有见用于事物，无非为似文字非文字之雏形画。或有形廓粗具，色彩杂傅，（如黄帝之染衣裳）要亦不足当美术之称。及敤首出，则似有大贡献于绘画，使绘画之事，自成为我国美术之一体，虽非始作画者，亦足当画祖之称。

虽然郑午昌的这种观点在当时并不是孤例，①但若联系郑午昌的英雄史观来看他的这一观点，似乎也向我们暗示出两者之间可能具有的某种映涵关系。

应该说，郑午昌产生英雄史观是顺理成章的。因为他适逢一个呼唤英雄的乱世，中国面临着西方列强武力、经济、文化等各方面的侵略。郑午昌尤其重视文化侵略的危害：

> 近世帝国主义之侵略人国，厥有三种政策：曰武力侵略，曰经济侵略，曰文化侵略。……至于因文化侵略而尽丧其固有之文化者，则不但国亡而永劫不复，而其民族亦将无噍类矣。（《中国画之认识》）
>
> 艺术无国界一语，实为彼帝国主义者所以行施文化侵略之口号，凡我陷于文化侵略的重围中的中国人，决不可信以为真言。（《中国画之认识》）

郑午昌对中国当时文化艺术所面临的困窘之境深感焦灼，虽然他号召艺术家群体要意识到这种困境并努力摆脱，但从根本上，他还是希望有一位能对改变现状起决定性作用的英雄到来。

而且，郑午昌也会受到当时学术环境和思想潮流的影响。如梁启超就是一位在当时影响力极大的持英雄史观的学者，他曾说："历史者英雄之舞台也，舍英雄几无历史"。在梁启超看来，大人物"心理之动进稍易其轨，而全部历史可以改观"。梁启超还说："若今日之中国，则其思想发达，文物开化之度，不过与四百年前之欧洲相等，不有非常人起，横大刀阔斧，以辟榛莽而开新天地，吾恐其终古

① 如俞剑华也曾提到敤首乃中国绘画之祖。俞剑华．中国绘画史[M]．南京：东南大学出版社，2009

如长夜也。英雄乎,英雄乎,吾夙昔梦之,吾顶礼祝之!”梁启超的思想在很长一段时间里深刻影响着中国的知识分子。而且郑午昌又身在上海,受到这些思想的影响更是在所难免。所以我们说,郑午昌认为英雄是历史发展的关键力量是完全可能的。

第二节 《中国美术史》的体例特征

《中国美术史》所采用的体例依然是分类合编,但与《中国画学全史》的分类合编体有很大不同。下面我们来探讨它的独特之处。

《中国画学全史》中采用的分类合编是以历史发展过程为纲,然后在不同历史阶段之中讨论相同的各种“类”(如果该“类”已经出现)。具体来说,就是将从古至今不同历史时期内的画学分为画迹、画家、画论,进而又按题材把画迹分为山水、花鸟、人物,按载体分为卷轴和壁画等;按阶级身份把画家分为帝王、士大夫、画工,按国别分为本土画家和外国在华画家,按影响力分为名家和非名家等;按内容将画论分为画理、鉴赏、技法等。不过相对来说,《中国画学全史》的这种分类合编体例形式还没有完全彰显其特点,倒是俞剑华《中国绘画史》的目录,比较直观地体现了上述分类合编形式的特征(参看本书第二章第一节)。再如 1936 年商务印书馆出版的朱杰勤的《秦汉美术史》,也是分别对秦代和汉代两个历史阶段中的建筑、雕塑、书法、绘画以及汉代取得很高成就的陶器与漆器进行讨论。而《中国美术史》所采用的分类合编,却是以“类”为纲,然后在不同的“类”中贯穿同一个历史过程。在本书中,郑午昌首先将中国美术分出雕塑、建筑、绘画、书法、陶瓷五个类别,然后分别这五个类别从古至今的发展历程进行论述。

如果我们考察一下郑午昌《中国美术史》出版之前的同类著作,就会发现郑午昌运用的这种分类合编形式并非首例,但也不常见。即使纵观整个民国时期的同类著作,也只有唯一一部体例与之相似的著作,即 1917 年商务印书馆出版,由姜丹书编撰的《美术史》。该书分为上篇中国美术史和下篇西洋美术史两部分,中国美术史部分由四章组成,分别是建筑、雕刻、书画以及工艺美术,每一章的结构基本都是先历史概况再分类细述。以第一章建筑为例,该章分为三节,前两节为历代建筑概况,第三节为建筑装饰。但由于姜丹书的这本《美术史》是民国时期第一部美术史著作,全书只有两万字,却要涵盖古今中外的美术发展过程,所以内容十分简略。而且,写法上基本还是传统美术史形式,即史料的罗列堆砌,不能凸显出美术史的内在逻辑。

还有一部与郑午昌《中国美术史》体例有些相似的著作——1941年汇中印书馆出版的由冯贯一撰写的《中国艺术史各论》。该书将中国艺术分为绘画、铜器、陶瓷、玉器、漆器、丝绣、明器、碑碣、砖瓦等多个种类，并分别阐述了它们的历史。但值得注意的是，《中国艺术史各论》充分体现了"各"的含义，在论述不同艺术类别的时候，没有从整体上把握它们相互之间的关系。这就意味着，冯贯一的《中国艺术史各论》本质上其实只是一部论文集，并没有专门搭建一个相对完整的体系。因此，严格意义上我们不能将它归属于分类合编体例的范畴。

而郑午昌的《中国美术史》与上述两部著作相比，却有着很大的不同。首先较之于姜丹书的《美术史》，不仅字数上远远超越，达到了18万5千字。更重要的是，郑午昌在《中国美术史》中，明确将美术史分为滋长时代、混交时代、繁荣时代和沉滞时代四个时期，并指出中国艺术（美术）在与外来艺术样式接触以后，补充交融，开拓出"中国艺术的新局势"。显然，这就是郑午昌写作《中国美术史》时所贯彻的历史逻辑。虽然此历史分期是郑午昌对滕固观点的借鉴，但并不妨碍《中国美术史》成为超越姜丹书《美术史》的重要因素。

再看与《中国艺术史各论》的比较。郑午昌在《中国美术史》的绪论部分，阐述了中国美术的整体架构，并特别强调中国不同美术形式的整体关系，即不同美术形式审美风格的一致性，说明郑午昌已经注意到编写中国美术史的体系性。现在我们不妨将郑午昌的论述引用如下：

> 中国艺术的全潮流，自然是整齐而有系统的；但因搜集材料的不完备，在发展的诸阶段中不容易看出建筑、雕刻、绘画等中间的连锁状态。……不过说中国建筑和雕刻绘画不相称，则忘记了这三者的连锁性了。中国的宫廷寺宇与所有的时刻雕塑有什么不相称？中国的园亭别墅和山水画，有什么不相称？在雕刻绘画上的变化而不可捉摸的Phantasie，同样在建筑上存在着。

但遗憾的是，郑午昌在具体写作时，并没有完全表达出不同美术形式之间审美风格的"连锁状态"。那么，《中国美术史》是否还可以认为是分类合编体例吗？答案是肯定的。因为《中国美术史》与《中国艺术史各论》相比，最大不同之处是郑午昌的著作中贯彻了一个鲜明的进化历史观，并以此为依据做出使不同美术形式趋于统一的历史分期。可以说，在进化历史观指导下，郑午昌的《中国美术史》在某种程度上已经具备了体系性。我们看到，在《中国美术史》中，除了书法和陶瓷部分没有体现出这个历史分期之外，雕塑、建筑和绘画的写作基本上都遵循了它所提供的线索展开。

较之于《中国画学全史》，还有陈师曾、俞剑华、潘天寿、朱杰勤等人编撰的同类著作，《中国美术史》所采用的分类合编体把写作重点放在了建立某种结构方面。换言之，历史的时间性特征不是写作焦点，表达重心是突出不同类别本身之间的关联。前者是强调动态的历时性，而后者则强调静态的共时性。就《中国美术史》而言，历史的时间性特征反而成为不同美术形式的连接者，也就是说，从形式上看，时间的动态和变化成为静态和不变结构的一部分。事实上，由于各种美术形式的产生时间不可能一致，所以不同时期的美术形式也不可能完全相同。如果坚持用类似《中国画学全史》采用的分类合编体例，分类逻辑必然无法统一。而从此意义上说，《中国美术史》所采用的分类合编体，避免了这个分类逻辑的困难。

虽然《中国美术史》并没有实现郑午昌将不同美术形式之间审美风格的"连锁状态"表达出来的初衷，但是它作为民国第一部强调结构的分类合编体美术史著作，对后来相关同类型著作编撰的影响却是不容忽视的。

第三节　《中国美术史》选择的美术形式

任何一部中国美术史著作都不可能对所有美术形式进行论述，因为美术形式的外延其实在学术界一直都没有得以确定，此外有些美术形式也并不具有代表性。这就是说，编撰《中国美术史》首先必须对所写的美术形式进行选择。郑午昌在《中国美术史》中，选择了五种不同的美术形式，即前面所说的雕塑、建筑、绘画、书法和陶瓷。那么，郑午昌选择了这五种美术形式的理由是什么？他在对这五种不同美术形式的考察中，有什么值得我们重视的观点吗？下面我们来具体讨论这些问题。

我们可以通过与当时其他同类著作的比较，来发现郑午昌眼中的"美术"。先来看早于郑午昌《中国美术史》出版的日本学者大村西崖和中国学者滕固著作中所选的美术形式。大村西崖的《中国美术史》目录很长，我们还是择取唐宋两朝为例进行讨论：①

> 唐：初唐之绘画、盛唐之绘画、中唐之绘画、晚唐之绘画、壁画、功德帧及移动壁画、屏风、掩障、鉴藏、印记、装褫、画估、画品、画史、论画、书、论书、书品、刻书、拓摹、文房、佛教像、道教像、庙祠像、陵墓之仪饰及碑碣、明器及俑、金工、漆工、窑工、织染、螺钿、木画镂牙、雕石。
>
> 宋：北宋之院人、专家及佛教画、轩冕岩穴之绘画、翰林图画院、南宋

① 转引自陈振濂．近代中日绘画交流史比较研究[M]．合肥：安徽美术出版社，2000：271

之院画、南宋之佛教画、书、法帖、图章、鉴藏、装褫、印记、挂轴与壁画之兴废、扇画及小帧、画史、论画、画品、刻书、文房、古玩、佛教像、杂雕刻、漆工、窑工、锦绫、缂丝。

大村西崖著作中涉及的美术形式相当多，但分类也很混乱。比如绘画，就包括了功德帧、壁画、屏风、掩障、佛教画、轩冕岩穴之绘画、院画、挂轴、扇画及小帧等等。其中既有通过绘画载体进行分类，也有通过创作者身份进行分类，还有通过绘画题材进行分类。这些不同类别的形式糅杂在一起，尽管作者是为了凸显不同的时代特征，但由于缺乏形式上的整合，总给人破碎凌乱之感。应该说，大村西崖所选择的美术形式，已经将实用性美术和非实用性美术都考虑到了，然而作为一项重要美术形式的建筑却没有出现，这不能不说是一个很大的遗憾。与大村西崖相比，滕固的《中国美术小史》对美术形式的选择就精炼得多。滕固将建筑、绘画和雕刻作为中国美术的代表展开论述，从而勾勒出中国美术的发展脉络。

我们不妨再比较一下冯贯一《中国艺术史各论》中所涉及的美术形式——文字和书法、绘画、铜器、陶瓷、玉器、漆器、丝绣、地毯、文房四宝、建筑、圆明园、帝陵、明器、碑碣、砖瓦、佛塔、汉画像石、壁画、云冈石佛、龙门及其他。显而易见，冯贯一考察的美术形式虽然比较全面，但没有进行归类，逻辑比较混乱，而且一些美术形式不具有代表性，无法体现中国特色。如漆器是日本艺术的代表，地毯是波斯艺术的代表。冯贯一考察这么多的美术形式，其实体现了当时国内美术史学者普遍持有的一种民族主义心态，即国外有的美术形式中国也存在且历史悠久。因此从这个角度看，冯贯一的著作反而带有偏颇性。

现在让我们把讨论重点转移到郑午昌《中国美术史》中的美术形式中来。郑午昌对“美术”概念的理解是，美术可以分为实用性美术和非实用性美术两大类，其中实用性美术包括工艺美术和建筑，非实用性美术包括绘画、书法和雕塑。郑午昌进一步认为，雕塑、建筑、绘画、书法和陶瓷可以称为中国美术的代表，要想了解中国美术史，就应该从具有代表性的美术形式入手。他说：

美术范围极广，而讲中国的美术，尤觉繁富，例如“篆刻”“书法”，在世界美术中为中国所独有。此外如“雕塑”“陶瓷”等，中国亦别树一帜。兹择其最重要者而叙述之。（《中国美术史·编辑大意》）

在上述这段文字中，郑午昌陈述了选择美术形式的两个标准：一、中国独有的美术形式；二、它们是富有中国特色的美术形式。所谓中国独有，确切地说应该是指中国发源。比如篆刻和书法不仅中国有，后来也流传到了周边的日本、朝鲜等国家，但它们的诞生地是中国则毫无疑问。其中，篆刻艺术和中国的文人画一样，明清之际有大量文人参与创作，使之高雅脱俗，蕴含了中国美术之精髓。所谓富有中国特色，应该是指能够体现出中国文化精神。比如雕塑和陶瓷不仅产于中国，在其他文明中它们也有悠久的历史，只不过在中国文化的浸淫中发展出极高的工艺水平，和世界其他同类艺术相比毫不逊色，而且蕴藉深厚，特点鲜明，足以成为中国文化的代言者。郑午昌在评价北朝雕刻时，便表示了这样的观点：

自从元魏平定之后所产生的作品，简直不仅是中国美术史上的巨制，简直也是世界美术史上的代表作。

这句话说明郑午昌选择的富有中国特色的美术形式应该能达到最高艺术水准，且其本身也是人类的杰作，在审美价值上具有普适性。郑午昌还比较中国和西方艺术发达国家的同类型艺术，以彰显本土作品的世界级高度：

古代人的崇高美观，是很普遍的。埃及人和巴比伦人的高塔，中国人的高台，可以说是一例。

统观大同云冈的石刻，在历史上的位置，不在意大利的佛罗伦萨和威尼斯的雕塑之下。其丰富奇丽，真是千载一时的聚精会神的作品。在艺术评价上说，此种石刻，实包含两种素质：一是装饰意境的显露，一是造像意境的显露。

值得注意的是，郑午昌还运用了“意境”这个概念，而此概念正是中国美学特有的，极富民族审美旨趣。

郑午昌在具体阐述中国美术的形式时，表面上看只有雕塑、建筑、绘画、书法、陶瓷五种，但实际上他是在逻辑上将一些美术形式进行了整合，比如雕塑中除了石雕和泥塑以外，还有铜器、玉器、碑碣、陶俑、金器、木器、竹器、角器、牙器、石器、漆器以及篆刻等。虽然对象繁多，但重点论述富于中国特色的艺术种类，其余只选择最具代表性的作品进行简单介绍，因此主次分明，写作主旨也能得到充分展示。

通过以上比较分析可见，郑午昌在选择考察中国美术史的美术形式时，并未持有当时其他一些美术史著作中的民族主义倾向。他有目的、有逻辑地客观阐述，尽量使文章的结构清晰，论点突出，旨在以精简的形式彰显中国美术史精义。

总的来说，《中国美术史》算得上是一部论述平实概括且不失精辟的著作。除了我们前文所讨论的内容，此书还反映了郑午昌在治史的方法和理念方面发生了一些变化。比如他不再完全依靠对相关文字文献的融通和整合，而是对客观实物材料如当时的考古材料有所采纳。① 但毋庸讳言，该书也存在着明显不足。首先

① 廖方容，胡春涛.郑昶美术史研究思想阐析[J].艺术探索，2009，23(4)

是缺乏理论深度，绝大部分内容都是浅显的介绍性文字，虽然这是一本中学教材，但中学教材并不意味着就无须理论深度，事实上，面向中小学生的教材，更需要深厚的理论支撑；其次是创新性不够。比如该书绪论原本应该是作者表达自己独到观点的部分，但郑午昌大段引用英国学者 Herbert Read 的论述，同时也借鉴了滕固先生《中国美术小史》中的若干内容，故而独创性的文字和观点便显得有些欠缺了。①

第四节　《中国壁画历史的研究》研究

1930 年，郑午昌一篇研究性长文《中国壁画历史的研究》刊于《东方杂志》的第二十七卷第一号上。此文也属于他美术史研究的一部分。

《中国壁画历史的研究》与《中国画学全史》有着十分明显的渊源关系，如叙事模式就延续了《中国画学全史》"总述→分述"理路，在全景式的观照中，力图将壁画发展脉络清晰地展现出来。具体地讲，即在大的分期下又进行更为细致地分期，并且将分期和分类结合起来。如论述唐代壁画时，一方面将唐代的壁画发展过程划分为二期，另一方面又按照题材分为道释人物者、画山水者，画松竹者，画其他者几类进行论述，两种划分方式有机地结合在一起，叙述更加清晰。本文也利用了图表的方法，将汉代和魏晋南北朝时期的寺院壁画加以列举。总之，这种试图在观照对象中寻找出发展规律的目的，《中国壁画历史的研究》和《中国画学全史》一样，均有充分的体现。② 但是，这篇论文的学术含金量以及影响力是不可与《中国画学全史》同日而语的。下面，我们主要讨论它与《中国画学全史》不同且具有研究价值的问题。

首先，中国壁画史历史分期与中国画学史历史分期之差异。我们来看郑午昌对中国壁画史的分期：

> 综观中国壁画而论其盛衰之数，可分三时期：两汉以前，绘画受"礼治"之支配，多写风俗现状及经诗故实……是可谓壁画"礼治化"时期。自魏晋而迄宋，因佛教与道教之并盛，印度绘画随佛教而传入，大施于寺塔……道教徒又从而仿之，以绘道像于院观……是为壁画"宗教化"时期。

① 陈平. 从传统画史到现代画史的转变——张彦远、郑午昌与滕固的绘画史写作方法之比较[J]. 新美术，2001，(3)

② 廖方容，胡春涛. 郑昶美术史研究思想阐析[J]. 艺术探索，2009，23(4)

自是以后，迄于清末。释道教之风已过……而于不已占为私产的壁画……不为人所注意，遂见衰退。有时士夫一时兴到，作山水竹石等有含文学意味之绘画，间亦有之。是为壁画“文学时期”。

郑午昌将中国壁画史划分为礼治时期、宗教时期和文学时期，这显然源于他对中国画学史的历史分期，只是由原来的四阶段减少为三阶段，即将公元前225年之前的实用时期排除。应该说，壁画作为绘画形式的一部分，其发展逻辑和整个画学的发展逻辑应该是一致的，因此郑午昌的壁画史分期实际上并没有独特之处。但郑午昌为何没有将中国壁画的历史中划分出实用时期呢？纵观全文可以发现，郑午昌在该文的引文部分，也谈到了原始时期的壁画：

而入农耕时代，衣食居处。渐以完备，美术思想，亦随进步，于是推用文身之术于种种器物、冠服旗章、类有绘饰，而壁画之风，亦于是启。故壁画之起源，虽未能确断在何时日，要在农耕时代则似可信。

显然，郑午昌认为壁画的出现并非纯粹出于实用，而是带有某种审美或礼仪方面的要求，因为它是在衣食住行等基本生存需要得到满足后，随着美术思想进步而出现的事物。但郑午昌讨论农耕时代的早期壁画时，并没有明确说是中国的农耕时代，而是用人类、初民等泛称概念笼统地指代。这可能是他认为农耕时期的壁画特征，对所有文明的历史具有普适性，那么在研究中国壁画史这一国别性质的艺术专史时，如果历史分期无法凸显其特殊性，就不宜纳入同一个发展逻辑之中。

此外，郑午昌将宋以后的壁画称之为“文学化”时期，但他的划分理由是“士夫一时兴到，作山水竹石等有含文学意味之绘画，间亦有之。”事实上，元、明、清三代的壁画，仍然是以宗教题材为主，而且杰出者也并非文人士夫。这就是说，郑午昌将元、明、清一些非主流的壁画用来做历史阶段的界定，某种意义上可以视为一种理念预设或者说观念先行，而这对历史著述而言，无疑有削足适履之弊。

《中国壁画历史的研究》第二个值得研究的问题是，中国壁画史的发展逻辑与进化史观是否矛盾。郑午昌曾说：

美术在处理人生的指麾之下，或以显章伦理，或以宣示教义，或以点缀社会之种种，秉承于一切道德与知识以尽其用，其本性之丧失，盖以尽矣。

可见，郑午昌认为当美术成为实现道德或认知等其他方面功能的工具时，从某种意义上属于一种倒退。然而如前所说，郑午昌的历史观是深受进化论影响的，如果壁画最初是以审美功能出现，随后却成为某种功能的载体，本质上说到底是进步还是倒退？而郑午昌对此的观点又是什么呢？我们先来看他说的一段话：

> 壁画之作，原为粉饰点缀，用增美观。旋因社会进化，生活繁复，利用之处益多；其取象寓意，常随各时代政教风俗之变迁而异，盖即所谓秉承于一切道德知识以尽其用也。唯其与政教风俗有密切关系，遂为社会——无论贵族平民——所重视。

我们发现，郑午昌首先强调的是社会进化，然后才提到壁画发展。尽管壁画的艺术本体价值在随后的发展过程中一定程度上反而被遮掩了，但也不是全面倒退，其整体规模、创作者群体以及视觉形式等方面的水准还是得到了大幅提升。对此郑午昌已有所认识，他说：

> 中国自汉以还，胡元以前，壁画之盛实凌卷轴；其制作多系当时名家手笔，奇伟富丽，真足表示泱泱大国之画风。

这样看来，郑午昌在认识壁画史时依然贯彻着自己的进化史观，其发展逻辑与进化史观也并没有矛盾。值得一提的是，中国的壁画在宋代以后走向衰落，并不是真正的退步。由于郑午昌将宋代以后的壁画概括为文学化时期，那么它们本质上必然更加强调自由与抒情，所以仍然可以看成一种进步——尽管他将元、明、清壁画划归文学化时期似乎有些不妥。

《中国壁画历史的研究》还有一些需要略做说明的问题。一、壁画应包括哪些形式。郑午昌除了考察通常各类建筑物墙壁上的壁画作品之外，还特别提到了唐代时出现的一种代替墙壁功能的屏障，其上多绘山水画，在当时极为盛行。郑午昌认为，此屏障虽不是严格意义上的墙壁，但功能相似，所以绘于其上的作品也应该看作是壁画的别态。对比同时期的相关著述，如冯贯一《中国艺术史各论》中的壁画部分，就仅仅局限于建筑物墙壁上的作品，所以，郑午昌的观点具有更强的包容性，而这样也会使著述愈加丰满。二、《中国壁画历史的研究》的史料来源特点。应该说，要进行中国壁画史的研究，研究者必须掌握大量田野考察的材料并且关注风格学层面的因素。但遗憾的是，郑午昌写作此文时，忽视了来自考古方面的新材料，文中只有一处提到当时的发现"敦煌兴化寺"，实际上"兴化寺"并不属于敦煌，而是位于山西省稷山县。此文的史料来源主要还是依靠大量文献资料，虽然数量丰富，但由于缺乏考古成果的证实，得出的结论不免偏颇。比如，他对中国壁画的起源只是大概地界定为农耕时期，也没有列举具体作品作为结论依托，仅仅以一种猜测口吻来表达，就史学著述而言无疑稍显随意。当然，这并不能说明郑午昌的学术研究不够严肃，也不应该对其有过多的苛求。因为当时的考古成果过于贫瘠，以至于从事美术史研究的学者在一定程度上容易忽视这一方面的重要性。事实上，在民国时期的相关著述中，关于中国壁画史的研究都是以文字文献为主要史料来源。①

总的来说，《中国壁画历史的研究》是一篇材料翔实丰富，论述清晰流畅的研究性文章。但它既没有将历史上升到哲学的高度，也没有得出新鲜或者相对深刻的结论，无论是体例特征还是考察内容，整体上并没有超出《中国画学全史》中的壁画部分。然而，我们也应该看到，这是中国学者对中国壁画历史进行较为深入研究的第一篇著述，在中国艺术专史的研究历程中，它具开风气之先的作用。

第五节　郑午昌论中西绘画发展的比较和中西绘画的调和

郑午昌熟谙中国画是众所周知的事实。但早在1928年，他还加入过一个西洋美术团体——艺苑绘画研究所。同时，他也主持编辑过《欧洲名画大观》《世界名画集》等专门介绍西方绘画艺术的书籍，因此，郑午昌对西方绘画也应该比较了解。

一、中西绘画的发展规律

郑午昌认为，绘画艺术具有普世发展规律。换言之，无论是何种文化背景中的绘画艺术，其发展都会遵循着某些特定规律。郑午昌将这一规律总结如下：

> 综观中西绘画，而寻其演进之次序，可分为四程：第一程漫涂，第二程形似，第三程工巧，第四程神化。此四个程序，无论综合中西绘画全史的进程，或个人绘画一生的进程而言，虽迟速有别，而皆不能逾此。西画之古典派、写实派、自然派等，皆属由第一程进于第二程，力求形似者也。印象派、新印象派、后期印象派，即由第二程而进于第三程，力求技巧精工者也。立体派、新浪漫派、象征派、未来派、表现派等，皆由第三程而进于第

① 王伯敏曾对关于20世纪中国美术史的撰述有一个概括："本世纪中国画学史的进展，分两个大阶段：一、本世纪的上半叶为上阶段。美术史家继承古代治史传统，重视文献资料，以画家作为画史的主人公，以卷轴画作为绘画发展的实例，着重笔墨分析，寻求流派的渊源；本世纪下半叶，亦即新中国建立之后为下阶段。多数美术史家重视文献之外，把视线转移向田野考古领域，新发现的岩画、帛画，现存寺院、石窟壁画及民间绘画等等，都因此而被充实到史册中。"参见王伯敏. 中国绘画通史[M]. 北京：生活·读书·新知三联书店，2000

四程，力求脱略行迹，出神入化而尚未成功者也。(《中国画之认识》)

郑午昌所总结的绘画艺术发展规律，很大程度上得自他对中国绘画本体发展规律的认识。比如绘画向形似、工巧阶段发展的趋势，《中国画学全史》中曾不止一次地涉及。再如所谓“力求脱略行迹，出神入化”这样的标准，更是与中国画中的逸品极为相似。又如漫涂、形似、工巧、神似四程发展阶段，明显是从技法层面来说的，可见此四程实际上正是按无法——有法——无法的逻辑设定的，而这也是来自中国传统画学的认识。

有趣的是，郑午昌却以西方绘画的发展作为例证，其实这是当时中国学者著述中相当普遍的一种现象。虽然郑午昌一再强调本土艺术的优越性，但他也清楚地看到了西方艺术的强势地位，所以有意或无意地将西方绘画当成了验证标准。

尽管中西绘画的发展存在着共同的规律，但是两者的发展轨迹却有所不同。郑午昌认为，就中国绘画的发展来说，南齐时谢赫提出六法，其中就已经包含了绘画艺术发展的普遍规律。经营位置和传模移写属于绘画演进次序的第一程以及向第二程过渡，随类赋彩和应物象形属于第二程，应物象形和骨法用笔属于第三程，气韵生动属于第四程。谢赫提出此六法，不仅成为中国绘画长期不变的审美标准，而且远远早于西方，他说：

唯西画之进于第四程，纯求精神的表现自我者，不过是19世纪事，较我国画，约后一千四百余年。(《中国画之认识》)

具体而言，郑午昌将中国绘画的发展轨迹大概归纳为：魏晋南北朝时期，山水画的发明，标志着绘画本土开始自觉，也催生了谢赫的六法。隋唐之际，已经有少数画家开始从第三程迈向第四程，而且这一时期中国绘画之工巧也达到了独步世界的水平。宋元之后，中国画力求神韵，由灿烂而归于平淡，全面进入了绘画发展的第四程。

反观西方绘画的发展，以文艺复兴为界，之前受宗教拘束其后又受科学支配，总是在临摹自然，反映视网膜上的现实影像。直到19世纪末野兽派出现，均徘徊于第二程与第三程之间。而后以康廷斯基(现译康定斯基)为首的表现派崛起，才使得西方绘画的意识进入了第四程。由此，郑午昌认为，中国绘画的自觉是领先于世界艺坛的，仅此而言便足以建立国人对民族绘画的自信心。同时亦可见郑午昌强调中国绘画的优越性，并非一厢情愿或者夜郎自大，而是建立在学术论证基础之上。

其实当时也有一些学者与郑午昌相仿，认为中国绘画的发展领先于西方，而且西方绘画的发展趋势正在趋同于中国绘画。如婴行①就从技法、题材甚至内在精神等方面指出西方的印象派和后印象派与中国画已经相当接近。②

但这里要特别指出，郑午昌用中国传统画学中的“六法”来衡量中、西方绘画的发展，是一个值得玩味的问题。当时不少学者，大多采用“六法”的命题来看待中西方的绘画艺术。比如婴行说：

> “气韵生动”一说，不问时之古今，洋之东西，永为艺术创作的重要的条件。（《二十世纪中国美术文选》）③

蒋锡曾④也说：

> 中国画有所谓六法者，盖昔人研究画理之心得、画法之结晶，而吾绘画界上之大宪章也。此等万世有效亘古不磨之宪法，非特中国画家所宜遵守；抑彼西洋画家亦未可升鼍之也。（《中国画之解剖》）⑤

蒋锡曾还通过“六法”阐释内容将中西绘画各自的侧重点、两者相同之重点以及均不注重之处划分出来，即：中国画偏重“气韵生动”和“骨法用笔”，西洋画则偏重“应物象形”和“随类赋彩”，两者同注重“经营位置”、皆不注重“传模移写”。⑥ 我们姑且不论上述这些观点的合理性程度，但至少可以肯定，它们基本上还是将“六法”作为一个静态的标准和规则来理解的。而郑午昌却与之不同，他将“六法”看成是一个具有递进关系的系统。也就是说，郑午昌不仅认为“六法”是一个评价标准，也是一个动态的发展过程，因此“六法”同时具备历时性和共时性的特征。这种对“六法”的理解，无疑富有创造性和启发性。

二、中西绘画的调和

虽然郑午昌认为中西绘画的发展规律一致，但两者之间进行调和却并非易事。

---

① 婴行，即丰子恺法号。1928年9月，丰子恺在上海江湾寓中伺奉其师弘一，并于其师寿辰皈依佛门，取法号婴行。丰子恺曾用名丰润、丰仁，号子恺，字仁。浙江崇德人。我国现代画家、散文家、美术教育家、音乐教育家、漫画家和翻译家。

② 水天中，郎绍君编. 二十世纪中国美术文选[G]. 上，上海：上海书画出版社，1999：240-269

③ 水天中，郎绍君编. 二十世纪中国美术文选[G]. 上，上海：上海书画出版社，1999：265

④ 蒋锡曾，字普生。河北丰润人。北京优级师范毕业。曾任“财政部”“内政部”秘书，京兆尹公署谘议，河北省民政厅科长、河南省第十战区专署科长，河北省政府参议及主任秘书。1949年1月随傅作义将军起义。新中国成立后，曾任工厂绘图师、文化部副科长等。擅长书画，著有《违己斋题画诗》《中国画之解剖》等。1960年被聘为北京市文史研究馆馆员。

⑤ 水天中，郎绍君编. 二十世纪中国美术文选[G]. 上. 上海：上海书画出版社，1999：295

⑥ 水天中，郎绍君编. 二十世纪中国美术文选[G]. 上. 上海：上海书画出版社，1999：295-296

而且从表面上看，郑午昌是反对两者调和的。他说：

> 至于成大家必待调和中西，是殆当时一种皮毛维新之见，更属荒谬。（《中国画之认识》）

当时中国画界对西方绘画的态度主要有三种：一是调和中西，二是全盘西化，三是完全排斥。画界有识之士大多主张中西调和，这是当时的主流思想。郑午昌作为学养深厚的学者型画家，为何会反对中西绘画的调和呢？事实上，这并非郑午昌的本意。郑午昌所发之言，主要是针对一些肤浅、势利的盲从者和投机分子。他说：

> 贪于悦目，昧于怡情，心赏止乎匠艺，妙悟弗及士气，故有是言，且力非守旧，而又贵有古意，死宗院体，起其矛盾为何如？（《中国画之认识》）
>
> 国人对于现代西化派，或能存势利心理，人云亦云，致声赞美；独于祖国久已发明而演化成熟之简淡高逸的作风，反不能有相当之认识。甚至倡中西调和之说，举西画而中化之，或中画而西化之，卒至东施效颦，丑态百出。（《中国画之认识》）

可见，郑午昌反对的是没有真正理解绘画艺术发展规律的中西绘画调和。

郑午昌对康有为这样影响巨大却发表完全背离中国画精髓言论的人物尤其反感。他认为，康有为持有的以西画之写实法改造国画的"忘形"之弊的观点，是不负责任的说法，因为康有为没有中国画创作的经验，所以不可能懂得其中的奥妙。郑午昌还反诘道："唐、宋院体画家，谁是调和中西画法者哉？"不过，郑午昌似乎并没有注意到康有为的观点，原本就将唐画和宋代院体画作为中国画之正宗，其认为中国画应该借鉴西方的写实路线某种意义上也可以理解为一种向古典复归的思路。① 但毋庸置疑的是，康有为发表这种具有极端色彩的观点，对一些不求甚解的画家来说影响是十分消极的。他所呼吁的"合中西而为画学新纪元者"的画家，如果只听取其片面之词，极易偏离正道。因此，郑午昌针对康有为提出相左意见，虽有矫枉过正之嫌，但现实意义显而易见。

事实上，郑午昌在很多发表的著述中，都表明了自己对中西绘画调和的肯定态度。比如他在《中国画学全史》中说：

> 盖我国图画，因域外艺术之传入，而别开生面者，殊多先例，是固我国

---

① 康有为在《万木草堂藏画目》中说："鄙人藏画之意'以复古为更新'"。见水天中，郎绍君编. 二十世纪中国美术文选[G]. 上. 上海：上海书画出版社，1999：22。

> 民同化外来文化之特能,而可为我国绘画之前途贺也。光宣之际,青年画家之敏慧者,往往兼习中西画法;而国画家之橐笔上海及北平以画自给者,亦仍受一般社会之欢迎,是殆中西画派之势将融合欤?

郑午昌还对画学史上的一些评论西画或中西融合作品的不实之词进行纠正:

> 西画而中化之郎世宁,虽被斥于英人马戛尔尼,中画而西画之焦秉贞等虽亦见讥于张蒲山、邹一桂,然审其所作,确具功力,非骛新而漫涂者可比。(《中国画之认识》)
>
> 其实国画有国画之优点,洋画有洋画之长处,两者既相逢,必有互相融化自成风习之一日。(《中国画学全史》)

所以,郑午昌完全同意中西绘画调和这一发展方向,只不过他所认同的中西绘画调和,应该是深刻的、内在的相互影响和吸收。郑午昌有一段论述,透露了其眼中的调和标准或者说调和的效果:

> 所谓佛画者,已经中风之陶冶调和,非复如六朝人之原样摹写,盖颇能见东方艺术之精神也。(《中国画学全史》)

不难看出,郑午昌认为,只有不失本土艺术精神的中西融合才是成功的。① 我们可以借用郑午昌对中国民族文化特性的概括作为中西绘画调和的标准:"不肯弃己所长,亦不肯蔑人之美。"②

郑午昌是一位倾向自身传统的学者和画家。用当时的话说,是"国粹派"。但这绝不意味着郑午昌的思想抱残守缺,不顾现实情势而固执己见。综上所述,郑午昌其实拥有十分开阔的学术视野,我们可以认为他是站在世界角度,以世界的眼光反观传统和民族的文化艺术。在全盘西化思想潮流大行其道的民国时期,郑午昌坚守了一份冷静和客观,他关于中西绘画方面的认识,非常需要我们引起重视。

---

① 郑午昌这样的观点在当时的美术界也是有呼应的。如周鼎培说:"(东西方绘画)两方面都有相同之点和互相调剂之点,不过我把这种特殊界别说出,就是要使人们知道世界艺术上的绘画,在现代是两方对峙,将来的结晶,就是两方的融合。但我相信所谓融合,并不是东牵西拉,像什么执其两端,用其中的滥调,冒充那新派的衔头。自然要经过历史上的递进,融成了一种超越的艺术,开了一个绘画学的新纪元,才算得作世界艺术结晶的代表。"(《世界艺术和国画》)载水天中,郎绍君编. 二十世纪中国美术文选[G]. 上,上海:上海书画出版社,1999:151

② 郑午昌. 中国画之认识[J]. 东方杂志. 1932,卷 28 第 1 号(111)

第六节　郑午昌论绘画的起源

郑午昌不仅对美术史有深刻见解，也具有一定的美学素养。也许由于时代的局限性以及郑午昌个人经历的特殊性，这些思想并不十分深刻、完善，原创性也有所欠缺。但如果我们能够以同情的眼光去审视、考察它们，就可以感受到其中的学术价值，并为它们找到一个合适的历史定位。下面我们来讨论郑午昌对绘画起源的认识。

郑午昌在多处提到绘画的起源，如在《中国画学全史》《中国美术史》《中国壁画史研究》以及《中国画之认识》等著作和论文中，郑午昌均阐述了自己对绘画起源的看法。这说明，郑午昌对绘画起源的认识是相当重视的。

我们先来看郑午昌的一段论述：

> 人类艺术之一体——画，初为个人感觉想象美之表现，而用以自娱；一切形象色彩，惟随各个人感觉想象美之程度而为相当的表现，以达可以自娱之目的，固无定相，无定法，亦不容又如何之鉴别也。及人类既渐繁殖，其生活状况，随自然或人为的环境而复杂，遂以形成社会；各个人之所感觉想象一切精神的活动，顺应其生活环境而演进，卒以形成文化的社会。某地方某时代的文化社会，自由各个人精神活动所形成；然形成之后，便生地方性、时代性、或民族性，其权利亦能衡量各个人精神活动之结果而是非之。其所谓"是"，即为多数人所"是"，奉行之，提倡之，遂成为文化的产物；其所谓"非"，必为多数人所"非"，鄙弃之，漠视之，遂成为文化的遗蜕。(《中国画之认识》)

郑午昌将绘画作为一种天性来看待，而发挥这种天性的目的，则是为了获得一种审美愉悦，即所谓的"娱"。这就是说，审美乃绘画的最初目的。而且，此目的是天性使然，并不遵循某种人为标准或曰不先于人类的文化标准。因此，绘画完全是一种自发、自由的审美活动。

郑午昌的这一观点是和他把绘画放到整个艺术史发展过程中进行考察的思路分不开的。在他看来，绘画可以分为两种，一是纯粹个人感觉的宣泄结果，没有任何共性特征可言。二是在一定社会文化基础上形成的精神结果呈现，具有地方性、时代性和民族性等共性特征。此两种绘画，前者是后者的基础，后者是前者的发展。这就意味着，郑午昌所谓的绘画，其内涵非常宽泛。笔者认为，根据郑午昌的说法，只要是对自身美感进行表达的任何视觉痕迹，都可以称之为原初绘画。而那种强调通过图形、构图及其他美学方法去表现希望表达意思的绘画，只不过是原初绘画的发展结果而已。

具体来讲，郑午昌思想中的原初绘画，是原始初民的游戏结果。郑午昌说：

> 初民……生活或有剩余，溢为游戏，于无意中始有美术之表现。（《中国画之认识》）

绘画之所以能够产生，是因为初民从生活的压力中略有解脱，不再一味疲于生存，有多余精力进行游戏。通过游戏，不经意地催生出绘画。可见，郑午昌的绘画起源思想深受"游戏说"的影响。"游戏说"是西方学术界一个非常重要的艺术起源思想，其代表人物是德国美学家席勒。席勒"游戏说"的主要意思是，艺术的产生动力源于一种游戏冲动，而这种游戏冲动则体现了自由表现的创造力。英国学者斯宾塞发挥了席勒的思想，认为艺术产生是发泄过剩精力的结果，即一种超越实用功能性的无目的行为。席勒和斯宾塞的艺术起源思想被称之为"席勒—斯宾塞理论"。郑午昌的绘画起源思想与"席勒—斯宾塞理论"其实有某种相似之处。比如郑午昌认为原初绘画是为了自由地表达出自己的审美感受，再比如原初绘画的目的是没有任何直接功利性色彩的自娱，因此也可以看作一种无目的的行为。而且，"生活的剩余"导致游戏产生，其含义就是指精力过剩需要发泄。在此，我们可以为郑午昌认为美感的出现先于绘画（即绘画起源于审美需要）的观点找到理论根据。

但郑午昌似乎对绘画起源于游戏的看法又有所保留。他指出，虽然原始绘画是对自身审美感受的表达，原始初民却没有掌握表达出自身审美感受的方法。郑午昌说：

> 初民茹毛饮血，惟食是图，纵有爱美之性，尚无表美之术。（《中国壁画历史的研究》）

联系上下文我们发现，郑午昌所言"表美之术"的"术"，是指主体有意识地运用某种技能来表达自己的审美感受。但如果没有这个"术"，我们应该如何判断原始初民所留下的视觉痕迹是否具备某种有意识的目的性？进而，我们可以推理，如果无法判断视觉痕迹是否具备有意识的目的性，又应该如何确定什么才是原初绘画？事实上，将审美作为绘画的最初目的，会使我们无法界定哪些才是对审美感受缺乏表达方法的原始初民留下的绘画。而且，郑午昌自己也说，原初绘画是："无定相，无定法，亦不容又如何之鉴别也。"那么，如果我们连什么才是原始初民的绘画都无法界定，绘画的起源又从何说起呢？

也许是郑午昌意识到了矛盾，他同时又认为，绘画起源于某种实用功能。郑午昌明确指出：

初民作画，全为实用，不在审美。（《中国画之认识》）

野蛮民族之艺术，着眼在实用而不在美；如我初民，亦何能外此。（《中国画之认识》）

画之起源，根据于实用主义，则可确立无疑也。（《中国画之认识》）

其实，郑午昌将审美和实用同时作为绘画起源的矛盾观点并不仅仅体现在他一个人身上，西方一些学者同样也被审美和实用孰先孰后的问题困扰着。比如德国美学家马克斯·德索也把审美和实用都看作是艺术的起源。①

不过，郑午昌有两句话体现出他试图将绘画起源思想的矛盾统一起来：

初民……至能文身，则已不仅爱美，兼含其他生活作用矣。（《中国壁画历史的研究》）

顾美术与生活作用，有同一之倾向即美术与实用，有不可分离之关系。（《中国壁画历史的研究》）

从这两句话中我们可以看出，郑午昌把文身的实用功能放在了审美目的之后。因此我们可以确定，郑午昌的绘画起源观就是：绘画源于对自身审美感受的表达。换言之，初民绘画是为了表现自身的审美经验。但根据我们前面的分析以及郑午昌自己所言，把绘画的起源看作是对自身审美感受的表达，只能是一种无法得到证实的理论假设。如果从实证的角度来说，艺术的起源不可能建立在审美经验基础上，也不会建立在胡画乱涂的无意识动作和图像之中，而是建立在为了实现某种直接实用功能的基础之上。事实上，西方学术界诸如巫术说、情感交流需要说、符号说、劳动说等影响极为深远的艺术起源论虽然结论各异，但却都有一个相同点，那就是艺术起源于实用。

至此可见，虽然郑午昌博采众家所说，并试图能够建立起逻辑统一的绘画起源观，但他的目标并没有实现。然而，我们绝不能因此否定郑午昌的绘画起源论，他能够在当时的学术背景下，提出一个相对完整且某种意义上具有统一性的绘画起源论，难能可贵。

---

① 马克斯·德索. 美学与艺术理论[M]. 北京：中国社会科学出版社，1987：255

第七节 郑午昌论绘画的功能

在讨论郑午昌的绘画功能思想之前,我们先来看他写过的一段话:

> 人类本性,以求美为至高之目的。人知人之爱美,即利用美术以为生活竞争之一种方法。美术在处理人生的指麾之下,或以显章伦理,或以宣示教义,或以点缀社会之种种,秉承于一切道德与知识以尽其用,其本性之丧失,盖以尽矣。(《中国画之认识》)

以上这段引述的意思是,美术本性应该是满足人"求美"的内在要求,也就是我们前面说的表达自身审美感受。但在现实生活中,美术的主要功能却是"秉承于一切道德与知识以尽其用",而其本性则被这些实用功能遮蔽了。其实,这段话中蕴含着郑午昌的美术功能思想,包括实用和非实用两大类。而绘画属于美术的一种特定形式,因此基本上也具备美术的两大类功能。

关于绘画的非实用功能包括两种,一是纯粹审美,即郑午昌所说的"自娱"。这个问题,我们在上一节中已经涉及过了,现在讨论第二种。在《中国画学全史》中的第三章,郑午昌提到有一种描绘内容与后世"春画"相似的绘画。虽然郑午昌并没有明确说出这种绘画的功能是什么,但他却指出这是一种外在于教化功能的绘画,因此我们可以推知,他必然认为这也是绘画所具有的某种功能。如果我们据此说郑午昌认为绘画有可以升华本能的功能,似乎也在情理之中。这就意味着,绘画的非实用功能还应包括使本能升华。

再来看郑午昌眼中绘画的实用功能。他说:

> 至若其他关于学术之绘画,其用在助学术之发明,亦学者之别艺,于士夫画工匠画外,别有极大之价值。(《中国画学全史》)

具体而言,郑午昌认为绘画的实用功能主要包括:礼制教化、事实记录和学术图解。他在《中国画学全史》中,对绘画的这些实用功能有多处发现总结。郑午昌甚至认为,所有人类的活动中都能体现出艺术(绘画)的实用性功能。他说:

> 盖艺术是向创造之路不断地进行,顺应人类一切活动而创造,政治、宗教、教育以及其他种种,皆不能不借助或利赖艺术之功用,以圆满其活动,装饰其历史也。(《中国画之认识》)

绘画除了实用和非实用的功能之外,郑午昌认为其还具有一种无法被纳入上述范畴的功能。但在我们进一步讨论此功能之前，必须先把讨论的重点放在一个特殊的理论背景之下，即蔡元培先生曾提出的“以美育代宗教”的思想背景之下。

蔡元培通过考察艺术史发现，中西艺术的发展都有一种脱离宗教的趋势，艺术对象无不是从神转向自然与人生。进而他认为，美育若附属于宗教，就会时时受到宗教掣肘而丧失其陶养作用。宗教与美育相比，局限性非常明显，具体表现为：“一、美育是自由的，而宗教是强制的；二、美育是进步的，而宗教是保守的；三、美育是普及的，而宗教是有界的”，因此，社会之发展“不能以宗教充美育，而只能以美育代宗教”。① 蔡元培还认为，美育的作用是“陶养昔人之情感”，其最终目的是“使有高尚纯洁之习惯，而使人我之见，利己损人之思念，以渐消汨者也，盖以美为共遍性，绝无人我差别之见能参入其中。……美以普遍性之故，不复有人我之关系，遂亦不能有利害之关系。”②可见，蔡元培提倡美育的根本宗旨，是想通过美感教育的特殊机制来培养一种破除人我之见、忘却一己之利害的理想道德人格。而且，他还在《孔子之精神生活》中，以孔子为例明确指出美术具有的陶养情感以代宗教的功能。③

1924年，刘海粟在《上海美专十三周年纪念感言》中，也发表过一种要通过艺术塑造本真人格与自由氛围的以艺术代宗教之言论：“以艺术之真理代兴一切信仰，使吾人借其生命之勇气而自振，由其纯洁之心灵而自慰；必使人人具美的意识，然后人人有真的人格。呼吸自由之空气，以伟大之精神创造伟大的时代，此亦所谓艺术革命也。”④

郑午昌正是在他们的基础上，认识到作为艺术的重要形式——绘画，应该具备更为高级的功能。他说：

> 我国画精神之可贵，及画家人格感化之所及，不但可以表示我民族和平淡泊之特性，且足以使纵欲昧理，贪利忘义之万恶人类，有所感觉而改悔。余尝感怀时事，发为侈语曰：使美育果足以代宗教，而中国绘画果得随宗教性的美育，流布于世界。世界人类亦能有相当之认识，则人类心理将见新建设，而真正的和平，方能实现。(《中国画之认识》)
>
> 倘吾人擅自传播其具有和平淡泊精神的国画，则世界厌乱惧祸之人类，必能认识我国之精神之伟大而尊奉之。是实吾人对于世界人类精神

① 蔡元培．蔡元培美育论集［M］．长沙：湖南教育出版社，1987：207

② 蔡元培．蔡元培美育论集［M］．长沙：湖南教育出版社，1987：46

③ 蔡元培认为，孔子的精神生活有两个特点：“一是毫无宗教的迷信；二是美术的陶养。”蔡元培．蔡元培哲学论著［M］．石家庄：河北人民出版社，1985：430

④ 朱金楼等编．刘海粟艺术文选［G］．上海：上海人民美术出版社，1987：100

上之救济所当负责者也。(《中国的绘画》)①

从以上文字中不难发现,郑午昌也认为美育有可能成为宗教的替代者。只不过“宗教性的美育”这一概念,似乎又隐含着郑午昌对两者之关系的某种个人看法。因为就语法结构来说,此处的“宗教性”与“美育”是偏正结构而非并列结构,所以是否郑午昌认为有一种介于宗教与美育之间的状态?综观郑午昌的著述,未发现他对此进一步的解释,故笔者不能妄下结论。但郑午昌毕竟也认可“美育果足以代宗教”这句话,因此他必定理解了两者之间的互通性。

郑午昌还进一步指出了绘画代宗教的结果,即绘画所能发挥出的更大更积极的功能——对民族和全人类的前途的积极意义:首先,绘画可以体现民族特性。就中国画而言,绘画能够体现中华民族的和平淡泊特性,而这一特性尤其具有正面的意义与价值。其次,通过了解蕴涵着中国文化精髓的绘画,可以使人类对自身的“纵欲昧理、贪利忘义”的恶习有所反思并改正。最后,由于中国绘画蕴藏着和平淡泊的特性,一旦流传全世界并为全人类所理解,就可以实现世界和平。实际上,此处郑午昌眼中的绘画,又具有了救亡乃至救赎的功能。因为当时的中国正在遭受战乱之苦,而且国运趋向并不明朗,郑午昌提出绘画能够赋予世界和平的观点,从深层意义上看,正是他对民族危亡之际的中国绘画功能所寄予的深切希望。②

---

① 郑午昌.中国的绘画[J].文化建设月刊.1934(创刊号)。转引水天中、郎绍君编.二十世纪中国美术文选[G].上.上海:上海书画出版社,1999:353

② 郑午昌关于代替宗教之绘画功能的认识,主要是针对中国画这一特定画种得出的结论,因此从某种意义上说并不适用于所有的绘画,但这并不妨碍我们将其作为郑午昌的绘画功能观。

第四章　郑午昌的书画艺术

从对中国美术史的影响来说，郑午昌作为一个学者的地位似乎更加突出。但直到去世之前，郑午昌主要都是以画家身份出现。因为在各艺术院校任教时，他教授的都是中国画。而且，他是蜜蜂画社和中国画会的主要发起人，曾对海上画派的发展起到过积极推动作用。其实，郑午昌的绘画以及书法艺术，立足传统，博采众家所长同时又强调个人风格，无论审美价值还是历史价值，都值得关注与研究。

图 4-1　郑午昌在作画

第一节　郑午昌画风的演变

郑午昌对山水、人物、花鸟等创作题材皆有涉及，尤擅长山水画。他的山水画最为成熟且成就最高。因此，我们讨论郑午昌画风的演变，主要是指他的山水画画风的变化。

根据资料记载，郑午昌自幼便开始创作山水画，比如他七岁时所做的《剡溪秋泛图》，显然就是山水题材。但郑氏早期的山水画作品，保留至今的并不多。目前我们能够看到的最早作品，是 1926 年郑午昌担任中华书局编辑期间创作的《千山云烟图》。从

图 4-2　千山云烟图

这幅作品中的山形、皴法以及黑白层次关系，我们可以清晰地看出作者受到清代画家梅清画风的影响。此外，画面中的树形，比较接近恽南田的风格，而运笔方法，则有石涛作品的意味。郑午昌曾说，自己早期主要受到清代虞山派领袖王翚的影响。[①] 但《千山云烟图》这幅作品似乎并不能特别明确地体现这一点。也许画面中恽南田画风的痕迹，可以从侧面佐证。然而，如果我们先撇开郑氏早期画风的具体来路问题，便不难得出结论，郑午昌山水画风格的形成从一开始，就是综合了多家面貌。事实上，梅清、王翚（包括恽南田）、石涛等人的影响，一直贯穿在郑午昌的创作生涯中，也为他后期画风逐渐趋于成熟埋下伏笔。同时，我们还可以从《千山云烟图》中看到，画面以渴笔为主，在渴笔基础上略加渲染，以衬托出烟云的效果。而另一幅 1928 年创作的《婴哲图》，也是渴笔为主并辅以适当渲染。这说明，郑午昌对渴笔具有的蓬松视觉效果情有独钟，这也应该是他后来之所以会追随王蒙画风的主要理由之一。

还有一幅郑午昌 1924 年创作的山水扇面《夏山雨霁》，描绘夏秋之际暴雨过后的山景。此作品气息与《千山云烟图》相仿，但风格上略有不同，即主要不是通过线条而是墨点尤其是落茄点来结构画面。此画实际上反映了郑午昌早期山水画面貌的不确定性。郑午昌有一

图 4-3　婴哲图

图 4-4　《夏山雨霁》

① 沈揆一. 羡君一动生花笔 万水千山列画堂——郑午昌的绘画艺术[J]. 二十世纪中国画家丛集：郑午昌[Z]. 上海：上海书画出版社，2003

幅创作于1927年的小品《雅居山舍》，描绘的是一幅寻常人家窗外的小景：画面上有三株树，树脚下卧有两块青石，石上生草数丛，石后生竹数棵。作品采用了没骨法，干湿浓淡的结合、点线面的穿插耐人回味。这两幅作品，反映了郑午昌早期进行山水画创作时的多方面尝试。

图4-5　雅居山舍

在画面山水的经营位置方面，郑午昌早期更多地追随四王的“正统”构图。大幅作品创作基本上符合传统山水画留天留地、注重山脉走势的连续性等特征。山石的形貌则比较圆滑而少圭角，笔法相对单调且不够松动，与后来画风有所区别。1930年郑午昌创作的《仿石涛南山翠屏图》，可让我们找到山石形貌将要发生改变的契机。这幅作品中的山石形貌十分方硬，组合也翻转扭曲，颇为怪异。而且，此作品中的树木的形貌特征也基本上可以看成郑午昌后来创作杂树画法的原型。郑午昌之所以能够跳出传统山水画的陈旧气息，在不少作品中透现出新鲜的现实意味，很大程度上要归功于他笔下那些生动的杂树，但这些杂树实际上又是由石涛树法变化而来。

图4-6　仿石涛南山翠屏图

郑午昌的画风从1931年的作品《寒林策杖图》中可以看到比较明显的变化。这是一幅借用明代沈周改造倪瓒图式的山水小品。山石形状与组合显然与沈周的名作《策杖图》有着某种渊源，面貌已经与先前的画风拉开了距离。郑午昌曾经说：“十年前尝客杭州，居停复以沈石田册页见示，并极道其高逸。时余方好摹石谷子，以为笔墨如此草率，直顽童涂鸦耳！以后学稍进，始悟沈氏所作，趣味却远出石谷子上。”①可见，郑午昌已经领悟到了一幅山水画作品中笔墨本身透发出的审美价值要远远高于再现对象形貌。然而，郑午昌对沈周只维持了短时间的兴趣，除了1932年的《松荫高士图》在构图上有

① 郑午昌．中国画之认识[J]．东方杂志．1932，卷28第1号(111)

比较明显的沈周印迹之外,我们看不到其他来自沈周的影响。虽然沈周可能是郑午昌超越“四王”画法窠臼的钥匙,但是郑午昌只在短暂地关注和学习以后,立刻将眼光投向了历史更为久远的画风。

图 4-7 寒林策杖图

图 4-8 策杖图

图 4-9 松荫高士图

同为 1931 年的作品《欧湘馆图》,是一幅重要的作品。它首先可以佐证郑午昌对笔墨情趣的重视:此画墨色节奏多变,用笔也松灵活络,虽然在山石结构上还有“四王”的影子,但笔墨酣畅,其水准已经达到了一个新的高度。值得注意的是,由于山石的排列和松针的摆布有平面化倾向且外形轮廓相近,《欧湘馆图》还呈现出一种装饰性的意味。此画法可能是郑午昌进行的一种探索和试验,直到 1934 年,我们还可以从《溪山探幽图》中看到相似的面貌,但此后就很少看到这种装饰意味的作品了。此外,《欧湘馆图》还向我们透露出一个讯息,即郑午昌的作品中出现了明显的王蒙影响,但这种影响主要还局限在松树的造型上,王蒙最著名的牛毛皴却没有被采纳,此时郑午昌还在运用着石涛山水的某种皴法,而且多为湿笔,与王蒙迥然有别。不过,当我们看到他的《溪山探幽图》时,便发现牛毛皴已经充斥了画面,而且皴擦的运笔水分很

图 4-10 欧湘馆图

图 4-11 溪山探幽图

少，一股苍茫之气跃然眼前。《欧湘馆图》是一幅郑午昌处于画风转折点上的代表作品，自此以后，郑午昌的作品中不仅淡化了王翚的影响，也越过了沈周画风，他开始把着眼点放到了元代画家身上，尤其是元代画家王蒙的画风，一直伴随在郑午昌随后的绘画创作之中。

还有一幅比较重要的作品《万山一草亭图》，也创作于1931年。之所以认为这幅画比较重要，是因为它的构图不同于先前作品，同时也有异于传统山水画构图：山石由下至上铺满画面，既没有近景也没有远山而且没有烟云留白的隔断，空间的纵深感被最大程度地压缩着，我们熟悉的“三远”也几乎无法适用于此画，反而倒是有些平面构成的意味。不过，关键问题不在于此，而是此画中山石之间一种隐约盘旋向上的结构奠定了郑午昌中后期山水画主要山石结构的形态。笔者认为，这一山石结构形态应该还是源自王蒙，只是也掺杂了明代山水画风的影子而已。事实上，在郑午昌随后的作品中，我们就很难看到这样的空间处理方式了。此外需要指出的是，这幅画多用干擦笔法，比先前作品更具苍茫之色，显然也是王蒙影响逐渐增加的体现。

图4-12　万山一草亭图

图4-13　柳溪泛舟图

图4-14　柳荫小舟图

应该说，1940年之前，郑午昌一直处于学习借鉴王蒙画风的阶段，而这种学习借鉴又是渐进式的，先是具体物象的画法，然后是笔墨的特点，最后是画面的经营位置。这一时期里，郑午昌的画风还有粗笔与细笔之分。我们以同作于1936年的两幅作品《柳溪泛舟图》和《柳荫小舟图》为例，由于两者的题材相同且构图类似，所以更能够看出这种笔法上的差异。两幅画前者为粗笔后者为细笔，粗笔的作品墨色浓重,线条粗细对比强烈,画面上的点厾一气呵成,且不受具体性形貌束缚。细笔作品则墨色淡雅、线条瘦劲,注重物象轮廓的严谨性,强调整体笔、墨、色之间的温和效果。这一时期郑午昌可能还关注过董其昌的画风,如《绿树垂荫图》仅从构图上看就与董其昌作品有明显的渊源,事实上郑午昌 1935 年之后的树形吸收了不少董氏树法的特点,而且山石形貌上也有一定程度的相似。比如 1939 年创作的《秋林澄空图》,除了山石结构的动荡扭曲之势是模仿王蒙之外,树形和石形皆类董其昌画风。1939 年,郑午昌还创作了一幅开启后期造境特点的作品《层崖飞瀑图》,此画不同于画家以往作品的最大之处,就是在造境时出现了一些无理的视觉效果。此处所谓的无理,是指从物理的角度无法理解其空间关系。在这幅作品中,画面中部左侧向上翻翘的巨石与上方下探的山头之间,横贯着一道云气,正是此云气造成了原本可能是一座山体上的石头无法呈现出合理的空间秩序,从而使整幅画面具有一种奇崛的效果。在此之前,郑午昌的作品基本上还能符合“可居可游”的标准,但此画之后,出现了大量这种以无理之法造境的作品。比如 1940 年的《溪山钓鱼图》、1941 年的《溪山幽居》(见图4-43)、《桃源迷津图》,1942 年的《晴崖竹树图》、1946 年的《溪山清夏图》等等。在这些作品中,山石之间的反转重叠显得十分怪异,某

图 4-15　秋林澄空图

图 4-16　层崖飞瀑图

图 4-17　溪山钓鱼图

图 4-18　桃源迷津图

种程度上甚至为了营造出奇崛的效果而忽视外形的美感。总的来讲，这一时期郑午昌的堆山叠石之法，可追至王蒙的《青卞隐居图》，董其昌、四王的影响也隐约可见。而造境之奇，则可能是得自梅清的影响。

图 4-19 晴崖竹树图

图 4-20 溪山清夏图

图 4-21 元 王蒙 青卞隐居图

大约在 1940 年左右，郑午昌的画风中出现了一个显著的特点，即某些山头或石块用浓墨罩染，突出画面的墨色对比。其实这种画法是中国南宋时期山水的主要特点之一，只不过元代之后直到明清，这种画法逐渐被挤出主流，除了少数力追南宋画风的画家之外，重要的画家几乎都不再涉及。郑午昌似乎正是从这种来自南宋的画风中得到启发，改变了自己作品的视觉效果。代表性的作品有《西岩夜泊图》《溪山钓鱼图》《晴崖竹树

图 4-22 西岩夜泊图

图 4-23 登山观瀑图

图 4-24 冰溪千丈图

图》《桃源迷津图》《登山观瀑图》《冰溪千丈图》等等。特别值得注意的是，郑午昌还在这批作品中参考了一些西方水彩画的技法，《西岩夜泊》和《桃源迷津》表现得尤为明显：水法、树法（特别是《桃源迷津》中的树法）以及天空的画法，都是传统中国画中不曾有过的。可见这一阶段，郑午昌也在尝试着进行中西画法的调和。不过，他对西画技法的借鉴很快就中止了，当他再次回归中国的传统绘画之后基本上就没有再做中西调和的尝试，这其实也可以佐证他为何对中西调和保持着谨慎的态度。

还是在1940年左右，郑午昌也开始描绘一种诸峰并立的山水形态，这些作品中的山峰大多尖削耸峙，原型明显来自黄山。这一类作品主要有《黄山峻秀图》《万壑松云图》《黄岳松云图》《松翠云影图》等。虽然郑午昌在题跋中声称采用了梅清、石涛等画家的画法，然而就实际的画面来说，好像并不能验证他自己的话。笔者倒是认为，这很可能是源自写生的作品，或者说至少比较忠实于眼前之所见，所以作品气息清新且有一定的现场感。黄山是郑午昌师法造化的

图 4-25　黄山峻秀图

图 4-26　万壑松云图

图 4-27　黄岳松云图

图 4-28　松翠云影图

重要对象，对他产生的影响也很深远。笔者发现，与这一批描绘黄山的作品的同时或者其后，郑午昌的创作在构图上出现了新的东西。如《溪山高逸》《溪山归棹》《遥峰招鹤》和《西樵山居》《碧岩云泉》《云路待逢采药客》等作品，不仅山石形貌摆脱了概念化，构图也新鲜多变，而且尖削并列的山峰也是在这一时期才开始出现在郑午昌所营构的山水世界中。某种意义上说，这一时期标志着郑午昌的画风开始逐渐形成自己的面貌并走向成熟。

图 4-29　溪山高逸

图 4-30　遥峰招鹤

图 4-31　西樵山居

图 4-32　溪山归棹

图 4-33　碧岩云泉

图 4-34　云路待逢采药客

郑午昌在师造化的同时并没有放弃师法前贤。1942 至 1943 年期间,他开始重点关注清代画家吴历。其实郑午昌之所以关注吴历的画风,渊源也在王蒙,因为吴历原本就是师法王蒙的画家。郑午昌曾说:“写山水浑厚难,清厚更难。渔山笔笔见笔,而一种苍茫之色盎然纸上,可谓得清厚之趣矣。以视麓台厚而不清,石谷清而不厚自是出一头地也。”可见,郑午昌意识到笔法对画面整体效果的决定性作用,他心仪苍茫的画境,而苍茫画境的关键是笔法,即用笔的明确性。所以这一时期,郑午昌的用笔清晰明朗,尤其是与用墨结合时始终以笔法为主导,很少再运用大面积的墨色晕染,层层线条亦多为渴笔、涩笔,画面呈现出了苍茫之色。也正是从此开始,郑午昌的画风由早前的淡雅过渡到了清厚,而这种画面气息则基本延续到了最后。这一时期最接近吴历画风的作品,是郑午昌创作于 1944 年的《云山秋爽图》,短促的线条和满密的构图都十分接近吴历,但山石形貌则不及吴历浑朴。

图 4-35 云山秋爽图

虽然从吴历那里郑午昌悟出“清厚”的高妙,并且在一段时期内也努力去实践自己的感悟。但是从 1947 年以后,郑午昌的清厚画风中又出现了一路浑厚的作品。不过这时候的浑厚依然保持着笔法的明晰性以及在画面中的主导地位,只是清厚画风中明确的线条变得模糊起来,具体来说有两个原因造成。一是用笔更为干涩,过少的水分使得一些用笔界限朦胧,没有了明确的形貌;二是用笔层层交织,浓淡相叠,也逐渐使物象更加深重。为什么郑午昌会再次青睐浑厚呢?笔者认为可能与他欣赏清代画家石溪的画风有关。他曾在 1948 年作的《茫涛深秀图》中题道:“石溪画有法无法,无法有法,最难着笔。其浑茫深秀处,实远过石涛。”石溪的画风老辣苍健,其干枯松毛的笔

图 4-36 茫涛深秀图

法也来自王蒙。石溪有很多作品粗服乱头，不强调物象的形貌，但细细品味却乱而不乱，井然有序。正是由于石溪的画风一方面是王蒙一系的传承，另一方面他那种率性苍浑的画风显然又与郑午昌潇洒不羁的性格很对路子，所以郑午昌学习石溪的浑厚也是顺理成章的。由此可见，郑午昌后期实际上一直保持着两种面貌的画风，我们前面曾经说过他有粗体和细体的阶段，但那时都笼罩在清秀的格调之中，而此时的两种面貌，则都属于苍浑的范畴，具体又可分为苍而枯厚和苍而秀润。

我们再专门谈一谈郑午昌树法的演变。郑午昌早期的树法主要来自王翚和石

图 4-37　王翚柳法

图 4-38　吴历柳法

涛，后又借鉴了沈周，并从沈周上追倪瓒、王蒙和黄公望。郑午昌的柳树画法最富特色，并因此获得“郑杨柳”之美誉。大多人认为，郑午昌的柳树画法源于吴历，但笔者认为此观点并不全面。根据笔者的对比，郑午昌的柳法大致分为枝叶皆画与画枝不画叶两类，前者之根基在吴历，而后者则源于王翚。事实上，郑午昌画风成熟之后的柳树，吸收了二者之长并熔铸出明显的个人风格，而且富有现实气息。再来看郑午昌的松树画法。就树形而言，郑午昌一直没有固定某种特征，基本上是近景松树多用黄公望、董其昌以及王蒙的树法，远景的松树多用沈周和王蒙的树法。值得一提的是，郑午昌画松针的独特表现手法。1942 年之前，郑午昌的松针画法并无特别之处。然而在 1942 年他创作的《苍松叠翠》中，他一反此前先画松针再上色的顺序，而是反其道行之，先上色再画松针。这样就出现了一种类似木刻版画的视觉效果。此法画出的松针更加厚重有力，既区别于前人也有异于时贤，形成了自

家面貌。不过,郑午昌对这种松针的画法似乎并不十分得意,所以出现的频率不高,但他生命中的最后一张山水巨制《叠嶂清秋》则全用此法。

图 4-39 《叠嶂清秋》中的松树

以上我们大概梳理了郑午昌绘画风格的演变过程。事实上,由于郑午昌始终在师法自然和前人,所以他的画风也始终保持着开放的状态。应该承认,郑午昌的画风并没有达到高度成熟的境界,但这主要是因为他去世过早,如果再加以数十年的积累,以其才情与勤奋,必然会带给我们更大的惊喜,遗憾的是这永远只能成为我们的假设了。

第二节 郑午昌绘画作品赏析

上一节中,我们涉及大量的山水画作品,而此节我们鉴赏分析的郑午昌作品将不再局限于山水画,还包括花鸟画和人物画。它们与郑氏山水画一样,值得玩味。

图 4-40 溪山春暖

《溪山春暖》绘于 1936 年,色调以浅绛为主,配以淡淡的青绿,设色古雅细腻,充分显示了郑午昌在设色上的过人才艺。巍峨雄伟的崇山大岭下溪水潺潺,湖面平旷。岸上柳树成林,柳枝掩映下的草舍则柴门禁闭,水面上横卧一叶孤舟,舟人神态悠闲,意出尘外。图右上作者自题:“青绿画法二曰没骨、曰勾皴,唐以前多没骨,以墨彩胜,宋以还多勾皴,以笔墨胜,今兼同之,欲求笔彩俱胜耳。午昌。溪山春暖,丙子夏六月为楚湘先生写,剡中郑午昌时客海上。”从题跋中可见郑氏对青绿山水的独到见解。

此画以石绿、赭石敷色,山石形貌取法清代画僧渐江,不同之处是对山石进行了少许皴擦,远树则借鉴了沈周的画法。《溪山春暖》这幅作品的面貌在郑午昌存世作品中比较罕见:比如它的构图不像绝大多数郑氏山水画作中呈对角线或“S”状,换言之即没有明显开合趋势，而是采用了接近中轴式的构图法。再如山石形貌表现得如此瘦硬方折，赋予整个画面一种冷峻之气。但此画的笔墨以及设色又比较润泽，因此一定程度上中和了由山石轮廓带来的清冷。从整个画面上看，近景中大量柳树的枝条，繁密活泼，与树林之后的敦实高大之山体形成了线与面、虚与实的有趣对比，而山间的一道云气则从外形上又与前面的溪流产生视觉呼应，因此画面极富趣味性。如果我们再回味作者表现出来的这种乍暖还寒的初春之际，就会发现他所采用的对象之形貌、设色均是十分恰当的。

此外，此幅山水中的柳林也展示了郑氏山水的绝技。而郑午昌极擅画柳，甚至可视为其山水作品的特色之一。郑氏山水多爱表现柳树，画家画柳先画干，后写枝，柳丝由最上头画起，自上而下，疏密有致，春夏秋冬，风雨晴雪，无不传神。此可从郑午昌曾送给其国立杭州艺专时期的学生罗赤子一幅现场的写生杨柳图见出。他曾说："画树难画柳，艺苑悬为警语。其实画柳时不作画柳想，自干生枝，自枝生叶，随意写去，便无挂碍，至若千丝万线，细而不弱，密而不乱，丽而不俗，是在天分，非独人功。"①

图 4-41 孤舟荷影

郑午昌配以柳树的山水杰作还有《采莲扇面小品》(1933)、《孤舟荷影》(1938)、《溪山读书图》(1940)、《翠野放牧》(1941)、《柳压一溪绿》(1944)、《雅舍幽居》(1947)、《烟柳照月》(1948)、《文莺写照图》②(1948)、《江乡初夏》(1950)、《柳塘垂钓》(1950)等，可以说贯穿了其画风演变的全过程。不管是写意还是工笔，郑午昌均能传杨柳之神趣，其"郑杨柳"之雅号可谓名副其实。

---

① 郑逸梅曾说："画树难画柳，画得不好，像一把乱头发。午昌画柳，特为擅长。这次展出之遗作，余最爱其画柳诸幅。其山水画重峦叠嶂，层次分明，飞瀑流泉，自然成趣，使人观而悠然物外。"

② 文莺，又名朱颜，号鹿胎仙侍、如是楼主，嘉定钱门塘人，郑午昌之妻。因该图乃郑午昌与好友胡亚光的合璧之作，因而显得弥足珍贵。图写文莺立于堤岸边，其身后为郑午昌擅长的杨柳。图右上题跋："如是楼主三十五岁造像。文莺既得由杭郡胡亚光先生写照，乃谓予曰，应置我于湖山泉石间，爰为补品如此。戊子郑午昌并记。"由此可见，图中人物肖像为胡亚光所绘，其他景物则出自郑午昌的手笔。

《西风野桥图》绘于1940年，纵98厘米，横46厘米，笔意工致，色彩清新明丽，却能丽而不俗，工而不板，笔墨精微，自有一种澹宕温婉、幽倩秀润之致，可谓郑午昌工笔山水中的杰作。该画采用全景式构图，近前处水流成河，木桥平卧，一位高士站立桥上，似为眼前美景所动，身侧的桥面上则为一童子右手抱琴，左手牵着毛驴，缓缓前行。远处山高瀑急，屋舍俨然，江面波平如镜，帆影片片，与近处急速的流水形成鲜明对比。从丘壑的经营看，该图主要借鉴了宋代山水画的特点，比如山上的树木画法，明显源自李唐画法的路数。不过在笔墨上，似乎又带有明代院体画风。某种程度上看，此画还留有王翚的印迹。事实上，王翚山水画中的山石结构也是秉承于宋人山水，所以从根本上说，郑午昌这幅画还是通过明清画风来回溯前人的。郑午昌加入绘画社团以来，社中诸友大多为力求革除“四王”流弊的画家，受这些同仁的影响，他很快便渐离“四王”而上溯宋元诸家，下逮石涛、石溪，博采众长而成自家面目。但他在很长一段时期内，作品中仍然会透露出“四王”的痕迹。

图4-42　西风野桥图

图4-43　晴岚暖翠图

1939年，郑午昌所画的《晴岚暖翠图》也为上述这一类工笔山水中的杰作。该图纵98厘米，横46厘米，在整体气息上与《西风野桥图》有异曲同工之妙，但丘壑更加浑朴，位置经营方面则有明代山水画的特征。尤其近景山石结构，完全源自董其昌画风。《晴岚暖翠图》同样为全景式构图，近前处杂树繁茂，生机勃发，林木掩映下，茅舍洞开，溪水奔流，木桥横卧，桥上一高士正悠闲地策杖而行。远处山峰耸峙，雄伟壮丽，作者以短披麻勾皴出山石的形貌，间以米点，描绘出云雾、树丛、瀑布。整个画面近景墨色浓重，而远景则墨色较淡，整体的墨色效果似乎还有清代画家龚贤画风的意味。

《江乡初夏》绘于 1950 年，纵 90.5 厘米，横 35 厘米。作者虽在表现景物和人物着装上仍保留着旧式山水形貌，从中却透露出新社会吹拂出的审美新风，尤其右上题跋“江乡初夏。靠山吃山，靠水吃水，水家无一人，闲地无一寸荒，才能足食全衣，免除灾难”，更是表明作者要拥抱新社会的心境。画面左下旁逸出作者擅长的杨柳，连绵不绝的山乡农田则自右下向上延伸。田间溪流淙淙，点缀着农人忙碌的身影；山下则水流成湖，舟人拉罾捕鱼，一派盛世祥和的景象。其实面对新社会的新气象，郑午昌等“国粹派”画家并没有因为觉得国画革新步履跨得太大而消极应对，他们也在努力地进行画风转型以适应时代，而且他们自身具备了转型的技法基础。就从这幅画中体现出的新鲜气息来看，像后来的新金陵画派、长安画派等取得的成就，郑午昌若顺势发展下去，应该也可以达到。

图 4-44　江乡初夏

《溪山幽居》绘于 1941 年，纵 138 厘米，横 68 厘米。该图设色以墨青为主，间以淡赭，为郑午昌设色山水的又一种代表画风。画面可见，山势从右下向左上蜿蜒上升。近前处几株苍松生于岩石之间，笔意飞动，苍润华姿。苍松竹影间屋舍俨然，溪水潺潺。远处绝壁之下则水阔江淼，静泊一叶孤舟。图左上作者题跋：“飞流百丈银河倒，群松如龙龙悬号。临岸结茅蟿藏舟，成败利钝付逆料。山回路转江送青，青山一发带夕照。孤帆去去归顺风，顺风几时回头早。辛巳郑午昌写。”该画构图与松树画法明显源自董其昌画风，悬崖上的杂树画法则来自石涛。但茅亭屋舍描绘细

图 4-45　溪山幽居

腻,没有成法约束,给作品增添了不少鲜活之气。

《群贤大半是无家》纵 102 厘米,横 50 厘米,绘于 1942 年。该图表现了崇山峻岭间群贤小聚的风雅文人生活。画面为全景式的高远构图,背景是溶洞峭壁,飞瀑直下,各种草木顺势而生。而在山间溪岸的一处开阔地,雅集的文人高士或对坐交谈,或欣赏风景,或策杖过桥。画面远观可游,近观有趣,真实地再现了文人贤士雅集的场面。尤其是此画选择的场景十分雅致,画中景物安排也是别具匠心,石崖杂树以及人物的安排乍看之下似乎有些散碎,但是一条仿佛从天而降的湍急瀑布,贯穿了整幅作品。虽然它时隐时现,但几经周折之后还是与画面下方的水潭接续起来,从而把零散的布局牢牢聚拢在一起,为画面的和谐整肃起到重要作用。该画的笔法近似吴历,但山石形态和构图有仇英《桃源仙境图》的影子。此作品的墨青墨赭色调也很协调,用笔工而不刻,风采动人。

图 4-46　群贤大半是无家

郑午昌喜画白菜,其笔下的白菜如同杨柳一样,声名远播,所以又有"郑白菜"之誉。世人甚至将其所画白菜与张大千的荷花相提并论,谓之"张荷郑菜"。该幅作品画四棵白菜,墨色纯正,笔致疏朗娴熟,一气呵成。上端题跋:"处士梅花微士菊,千秋人物卓高风;一年荒熟关民食,劳苦何如种菜翁。甲午元宵为人写菜数幅,此系废弃者,如是楼主惜之,嘱为收拾,题而存之。郑午昌记。"由其题跋可知,郑午昌画白菜的一大缘由乃出自对诸如"种菜翁"等下层人民的同情和尊重。《清白家风》绘于 1947 年,图写由右向左倾斜的五棵白菜,墨色淋漓,生意勃发。图

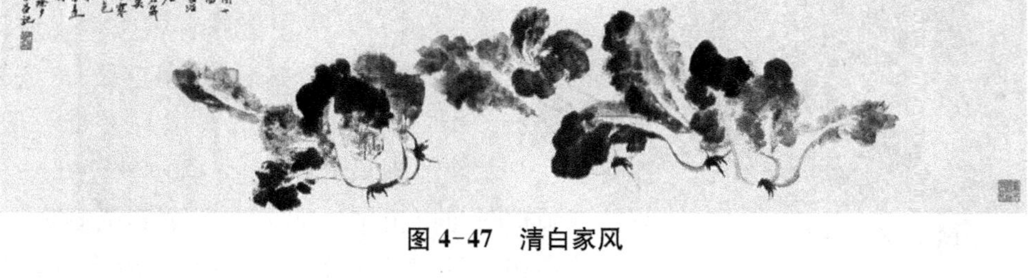

图 4-47　清白家风

图 4-48　白菜草虫

左上题跋:“荒园十亩旧离宫,浴露含霜碧几丛。莫道苦寒犹此色,本来清白是家风。丁亥除夕,郑午昌记。”原本普通不过的白菜,在郑午昌眼中却成了入画好题材,毫不逊色于文人笔下超凡脱俗的梅兰竹菊。或许作者认为,白菜最具有平民属性,因而其选择普通的白菜入画也最容易契合普通民众的生活。今天看来,白菜虽清淡,却更加入画、入味、入世,也最亲切。正是这一棵棵清淡素雅的大白菜,滋养了人们的肌体,丰富了大师的笔墨,又通过大师的手笔,幻化成一幅幅绝妙的传世佳作,给躁动的心灵带来清凉慰藉。

郑午昌 1948 年所绘的《白菜草虫》也是一幅白菜题材的佳作。画面中白菜墨色浓淡相宜,布局巧妙,点缀一些神采飞动的草虫。白菜的酣畅和草虫的精致产生强烈的对比,也营造出了勃勃生意。画面右上有大幅题跋,与画面浑然一体,相映成趣。

其实郑午昌在花鸟一门中,擅长的远不止白菜一种。从其传世作品可知,其擅画的题材还有石榴、菊花、紫藤、牡丹、梅花、公鸡、猫等,其中尤以画梅成就突出。郑午昌既画野梅,也画盆梅,既表现梅之繁茂,也表现梅之孤逸。梅花在他的笔下,成为爱情、友情、亲情、敬仰之情等各种情绪的代言,故而梅花的百态千姿也被彰显无遗。这幅《梅寿图》表现的是梅花的高洁清雅,通过瘦长的条幅加强梅花的卓然不群。全画主要以干笔写成,枝头用墨浓湿,上下的对比强烈。而此画也体现了郑午昌出色的线条功夫,遒劲有力,干涩痛快。

图 4-49　梅寿图　图 4-50　蔬果小品

《蔬果小品》绘于 1945 年,纵 68 厘米,横 34 厘米。此画与郑午昌大多花鸟作品不同,可能是做实验之作。

作者在这里主要以没骨的笔法描绘了莲蓬、枇杷、茄子、南瓜等几种瓜果，虽然也有墨线但却并不是勾勒轮廓之用，而是作为诸多颜色中的一种出现，同时也将以墨破色的趣味性发挥得淋漓尽致。郑午昌在花鸟画的题材选择上多有出人意料之处，此幅作品即为生动的说明。作者1946年所绘的墨牡丹《一枝独秀图》，在笔意和墨色上与其水墨白菜有异曲同工之妙，墨色浓淡对比鲜明，用笔严谨而不乏奔放之姿，充分显示了作者写意花鸟的成就。

图4-51　一枝独秀图

图4-52　杜甫诗意图

《杜甫诗意图》为郑午昌人物画中的传世精品，绘于1944年，纵90厘米，横34厘米。图写一脚穿木屐的策杖老者，面容奇崛，老态龙钟。用线细谨而舒展，古意迭出。图下题跋："群鸡正乱(鸣)叫，客至鸡斗争；驱鸡上树木，始闻叩柴荆。父老四五人，问我久远行。手中各有携，倾榼浊复清。莫辞酒味薄，黍地无人耕。兵戈既未息，儿童尽东征。请为父老歌，艰难愧深情。歌罢仰天叹，四座泪纵横。此杜老羌村三首之一，客归离乱中，乡情真切有如此者，然非杜老之笔不能状。每读此诗，概念乡关于万里烽烟外，犹深羡杜老之诗，归于父老尝善酒饮，仰天慨歌也。今以悔迟翁稿写送酒图，此老罈中或不尽是苦酒，而半为泪也。甲申中秋小病，写寄幼真，郑午昌。"由题跋可知，此幅作品图式出自陈洪绶画稿，寄托了作者客居沦陷区的思乡之情。该图虽得益于陈老莲的画稿，但人物线条瘦硬遒劲，整体气息也不似陈洪绶人物画那般优雅从容，代之的是一种淡然的忧郁，

图4-53　臣馗来也

而且人物的脸部特征并不完全类似陈洪绶格式化的怪诞画风，反而更接近五代贯休笔下的罗汉人物，故具眼者一看便知，这幅画反映了郑午昌人物造型的特征。

《臣馗来也》为一幅写意人物，纵 27 厘米，横 30 厘米，绘于 1946 年。钟馗为郑午昌人物画中的常见题材，而此幅大写意的作品却显得独树一帜。作者以干枯的墨笔描绘了双手后置的钟馗正悠闲踱步，回眸仰望天空中的蝙蝠。钟馗与蝙蝠原本是民间此类题材中司空见惯的内容，但在郑午昌的笔下却焕发出新的生命力。究其缘由，自是缘于作者驾轻就熟的艺术表达，那乱而有致的胡须、飘举的帽穗无不透出别样风调，颇耐玩味。尤其郑午昌不表现钟馗正面而描绘其背影，只是让人物脸庞微微偏向画面右上方，这种表现钟馗形象的画法匠心独运，也是当时比较罕见的。而且，画面中的线条潇洒不羁，极富张力，画家创作时显然是将笔中浓墨一次用尽便完成了画面的绝大部分，再略加水佐以淡墨丰富画面，最终视觉效果气脉贯连，笔墨节奏鲜明，显示出画家酣畅的创作状态。

郑午昌人物画中的传世精品还有《元春像》(1935)、《丰圣画像》(1945)、《南极星辉》(1948)、《倚翠香影图》(1949)等。其中《倚翠香影图》，描绘一红衣女子坐于

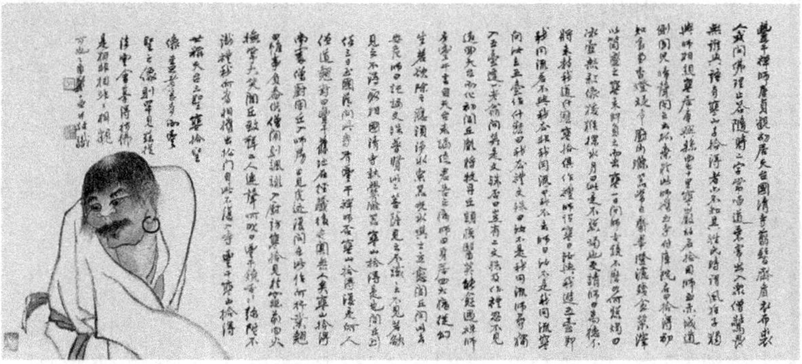

图 4-54　丰圣画像

图 4-55　南极星辉

湖石间，粉面桃腮，姿态婀娜，完全以传统工笔技法绘成——淡墨勾线，淡朱砂烘托，额头鼻梁与下颌用白粉晕染。整体画面高华明丽，人物形象所透现出的丰艳窈窕、娴静娟好气质与张大千笔下的仕女画有相似之处。此画别出新意的是，湖石后的修竹竟以赭石写就，与整个画面浑然一体，并无突兀之感。画面上端的大幅空白题有长跋，与画面内容相得益彰。《南极星辉》描绘了人们喜闻乐见的老寿星南极仙翁的形象，人物衣纹动势飘举，神态活泼可爱，整体上借鉴了年画的风格趣味，人物造型朴拙可爱，用色明亮欢快，但若就格调而言，似乎不及前面所介绍的那些作品。

综合而言，尽管郑午昌在人物画、花鸟画方面的表现也颇为不俗，但由于没有相对固定的个人面貌，而且格调上也不能保证一个相对整齐的水准，因此与其在山水画方面取得的成就相比尚有差距。

图 4-56　倚翠香影图

第三节　郑午昌绘画艺术之评价

郑午昌去世时不满六十，正值壮年，艺术生命尚未达到巅峰。而且，他去世的时间也离现在相对久远，所以很早就淡出了我们的视野。正是由于长期处于被忽略的状态，郑午昌绘画艺术的真正意义和价值没有得到充分认识和彰显，因此今天我们完全有必要再次走近这位民国时期上海画坛的重要人物，赋予其应有的地位和客观的评价。

要认识郑午昌绘画的意义与价值，首先应该考察画家所具有的某些特定因素。如前文所说，郑午昌是一位学者型画家，从他的著述中，我们能够窥见他既对中国画学有精深理解，也对西方绘画做过研究，可以称为学贯中西。正是因为郑午昌具有出众的学养积淀，所以他在进行绘画实践时，能够站在俯览古今中西的高度为自己确定一个历史坐标。进一步说，郑午昌以整个中西绘画作为参照系来确定自己的方向，在长期的创作过程中既注重自己天然的审美取向，同时也清楚地认识到自己在当下应该追求什么样的目标。因此，我们说郑午昌其实是在一种相对理性的宏观把握中展开绘画创作的，而这样的创作方式及其最终成就无疑与画家的寿数以及经历有很大关系了。

从前文我们所讨论的郑午昌画风及其演变过程来看，他并没有脱离传统绘画面貌，表现出来的也主要是元代以降文人画的审美特征：一、关注笔墨；二、重视抒情写意。通过比较郑午昌同时期的主要画家，我们不难发现郑午昌在绘画创作方面存在着一定程度的保守倾向。如徐悲鸿、刘海粟或者林风眠等调和中西画法的画家，在这条路上已经走得相当远。虽然他们的作品中多少还存留着一些传统绘画的意蕴，但由于他们的创作理念早已摆脱了传统绘画美学的范畴，因此作品也不能完全用传统绘画的审美标准来衡量，那些新鲜的画风，无疑具有开拓历史的意义。当然，这些画家基本都有留学欧洲的经历，他们能够打破旧有程式，与这一经历也有很大关系。另外一部分像黄宾虹、傅抱石等主要从国画内部进行改变的画家，此刻的作品也呈现出了不同于传统绘画的别样面貌。与郑午昌相似，黄宾虹、傅抱石也是学养深厚的画家，他们都熟谙中国绘画史，同时也接触过大量的西方绘画，但是他们的经历更加丰富，且天赋极高或享有高寿，因此既能接续传统绘画文脉同时又开辟了中国画的审美新境界。

显然，与上述画家相比，郑午昌无论是天赋、寿数还是经历，都影响了他绘画的意义和价值。天赋有时对一个画家来说，就是其能否立足于绘画史的关键。有一类画家极具天赋，无须长时间的积淀便能使自己的作品留于史册，因此大多年轻时便取得较高成就；另有一类画家天赋略逊于前者，但享有高寿，积淀深厚，有足够的时间调度自己的天性来契合文脉，因此他们的作品往往随着年龄增长反而越具新鲜之气息。应该说，郑午昌属于后者，但天不架势，只让他享年59岁，还没来得及达到艺术生命的巅峰。再说经历。郑午昌出身于书香门第，从小接触传统文化艺术。所以在来上海之前，也就是直到郑午昌29岁之前，他主要是受传统书画的熏陶，《中国画学全史》的前期准备和积累便是在这一时期。到了上海以后，他才有机会开始全面而深入地接受新式美术教育或者进行西方绘画的训练，比如加入西洋美术团体，编辑西方绘画的书籍以及和诸多从事西画创作的画家接触交流等等。而且，郑午昌虽然是一位社会活动家，但活动范围算不上广泛，只主要集中在上海和浙江一带。综合以上因素可见，由于郑午昌在形成审美旨趣阶段时接触的基本是传统艺术，加上后来也没有出国留学等足以改变其原有审美取向的经历，因此认同中国传统绘画的观点根深蒂固，终其一生都未能产生变化，而对于西方的绘画，他主要还是以加强修养的态度对待之。应该说，像郑午昌这一类型的画家在当时的上海不在少数，李铸晋、万青力教授称他们为“新派传统画家”。①

---

① 李铸晋，万青力. 中国现代绘画史・民国之部[M]. 上海：文汇出版社，2003：41

其实就绘画题材而言，中国画中的人物画创新最容易结出成果，目前看来也的确是人物画创新取得的成就最高。而山水画则不然，它是中国传统绘画中发展最为完备的一支，无论是技法还是理念以及背后的哲学观点，几乎都臻至完善。作为以山水画见长的郑午昌，长期浸淫在这一领域中，早已登堂入室，充分领略个中迷人之处。如果没有可与中国画相媲美的艺术形式给郑午昌的思想造成真正冲击，或者没有足够的时间让他切身体会到中国画亟须革除的弊端，那么他在相当长的一段时期内抱着以中国画为尊的观点，则完全在情理之中。不过郑午昌绝非只知守成而反对创新的老朽，其实他也不断对自己的绘画进行思考，以期创作出能够体现时代精神的作品。具体而言，郑午昌对自己的绘画施行的是有限的、渐进式的改变，比如增加画面的现场感就是明显的例子。进入新中国以后，他接受了毛泽东倡导的文艺思想，虽然高标中国画内容要具有时代性，但同时也强调不能脱离中国画的趣味。他认为，中国画的独特艺术形式是其立身之本，无论政治内容上怎样进步，如果没这独特形式的支持，就没有打动人心的力量。郑午昌尝试着在自己的作品中表现一些前人所没有的内容，比如描述画面中的点景人物不再是古代的文人或者渔樵而是代之以新时代的工农群众；再如，加强了树木写实色彩，使之更富有鲜活气息。但对于山水画来说，人物毕竟不是主体，加上表现技法依然沿用传统，所以无法从根本上赋予画面全新的气息。总而言之，尽管郑午昌不排斥改变，但他更青睐传统的审美趣味，所以制约了他产生强烈变革创新的欲望。

图 4-57　光荣的农林工作者

图 4-58　江山晴夏一船归

除了强烈地眷恋本国绘画这一因素以外，还有一个因素是造成郑午昌采取相对保守态度的缘由。这就是他对中西调和之路的认识。郑午昌以史为鉴，认定中西调和应该是中国画未来的发展方向。但现实中所见到的种种尝试，绝大多数都流于表面，十分肤浅，以至于中西绘画的精华同时缺失。这种情形引起他的极大不满却又充满无奈。而且,郑午昌能够理解中西调和之路的艰辛,也深知两者调合不仅仅是视觉层面以及创作理念的改变,而是要从各自不同的文化精神中找到契合之处。事实上,由于没有长期切身感受西方绘画以及西方文化魅力的经历,郑午昌在寻找中西文化精神契合点的过程中,极有可能无法预见两者调和的准确方向——虽然他在理论上完全认同中西调和。所以,这也是他始终徘徊在传统与现代之间同时又倾向于传统的原因。

但郑午昌有限的改变也有值得称道的地方,尤其是他在新中国建立以后进行的一些尝试,某种意义上对后来的画家不乏有启发之功。比如他 1950 年创作的《江乡初夏》,描绘了大片农田。此题材以前很少有画家涉及,尽管有些画家的作品中也出现过一些农田,但占整个画面的比例却相对较少,仍然是以山石树木为主。郑午昌的这幅作品一改前人习惯,不仅将农田作为画面上的绝对主体,而且近景与远景之间几乎没有间断。虽然绵延不断的物象铺满了画面,却依然表现出了空间的深度,体现了画家高超的技巧。1964 年,江苏新金陵画派的代表人物钱松嵒先生备受赞誉的杰作《常熟田》,某种意义上沿袭的正是这一题材,而且时间上也大约晚了十年,由此可见郑午昌的先觉性。

应该说,郑午昌对绘画的态度不能简单地被界定为保守,因为如果不能真正深入理解中西绘画的精髓,找不到两者本质上的结合点,那么与其匆匆忙忙地搞中西调和的急就章,不如沉静下来反思本土绘画的得与失。从这个角度看,郑午昌的态度又是谨慎的、负责的。作为一位有影响的画家,他能够在当时鱼龙混杂,充满闹哄哄乱象的中国画坛中对传统绘画保持一份冷静和坚守,无疑有着积极的意义。

最后需要特别提到的是,郑午昌在当时身兼数职,属于社会名流,各类应酬几乎从不间断。虽然他创作十分勤奋,但应景之作绝不在少数,而且这些作品流传范围较广,因此当我们为他的绘画艺术进行客观评价和历史定位时,必须考虑到这一点,将目光集中在能够代表其真正水平的作品上,这样才能得出相对合理的结论。

第四节　郑午昌的书法艺术

可能是郑午昌的绘画影响更为深远,加上他的著述和教学活动又主要围绕着绘画这个中心,因此他所从事的另外一些艺术创作类型就相对被忽视了。其实郑午昌的诗、书、画都达到了相当的高度,被人赞为“郑虔三绝是传人”。[1] 在此,我们讨论郑午昌的书法艺术。

目前我们看到的郑午昌书法作品基本上都是行书,多为绘画作品的款、跋、诗词手稿、信札以及赠策之作,而表现形式则以手札、对联、横批为主。虽然留存于今的墨迹不在少数,但郑午昌对书法的见解却十分鲜见,比较集中谈论书法的,只有他在《中国美术史》中写过一段关于书法史的内容,皆为介绍性的文字,并不能向我们传达郑午昌的书学思想。因此,我们想理解他的书法艺术,只能对他的书法作品进行分析。

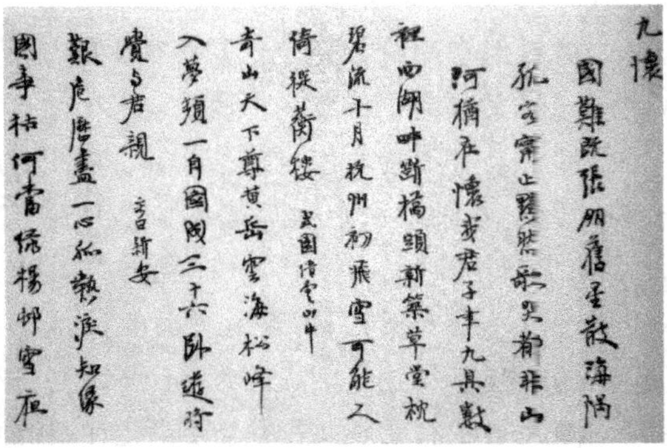

图 4-59　行书长卷《九怀》(部分)

郑午昌的书法主要是从唐代褚遂良书风入手,而且终生受到褚氏书风的影响。褚遂良的书风主要特征是采取以势生势,以势生法,以势立形,在增强点画间贯穿和联系的同时,能够突出流动感和韵律感。具体来说,就是在用笔的起止、转折方面做到轻捷、流畅,造成整体形态上的连贯之势。线条中断与两头的轻重变化富有弹力感,姿态摆布匀称、稳健,中宫密聚而外围开展,结体节奏对比强烈。[2]

郑午昌熟稔褚遂良的书风,因此褚书的基本风格特征在他的书法中均有所体现。不过从郑午昌书法的结体来看,他对褚遂良也是有选择地学习。我们知道,褚遂良的传世墨迹比较多,尤以《雁塔圣教序》《孟法师碑》最为著名,但郑午昌的字似乎更加接近《阴符经》,[3]书势上采用隶法,力取横势,尤其是捺法,可使整个字在书势上得到一个强有力的支撑。笔画的粗细则与笔的直径相对应,既能加强运笔时的力度,又能使点画紧结厚实,在结体上强化横向的张力,使得字形更加饱满劲秀。

---

① 郑虔(685—764),字若齐(一字弱齐、若斋),河南荥阳荥泽人,盛唐著名文学家、诗人、书画家,又是一位精通天文、地理、博物、兵法、医药近乎百科全书式的一代通儒,诗圣杜甫称赞他“荥阳冠众儒”“文传天下口”。郑虔学富五车,精通经史,书画成就卓然一家,曾诗、书、画合成一卷献于唐玄宗,受到赏识,玄宗署尾亲题:“郑虔三绝”。

② 徐利明.中国书法风格史[M].郑州:河南美术出版社,1997:278

③ 学界认为《阴符经》很有可能是唐代学褚书的伪作。但即便如此,它也不失为书法精品。此帖不但具备了褚体楷书的特点,还与“唐人写经”极其相似。行笔起落多参以写经史,写得自然古朴。

如郑午昌的行书长卷《九怀》，就充分地体现了上述特征。郑午昌的书法还受到宋徽宗赵佶的较大影响。其实赵佶的书法也是宗法褚遂良的。而郑午昌吸收了瘦金书的某些特征，字形结体也显得更为瘦劲。同时，通过学习瘦金书，他也加强了字形中转折处的运转提顿以及点画的果断利落。除了褚遂良和赵佶之外，笔者认为还有一位书家对郑午昌书法也有明显的影响，这就是陈洪绶。目前我们并不能从文献资料上看到郑午昌是否借鉴了陈洪绶的书风，但由于他的人物画曾吸收了陈洪绶的造型方法，故而可以推论，他在书法方面也很有可能采纳其某些特色。郑午昌也有瘦长一路的书风，结字特点应当源于欧阳询，但是点画特征比如撇捺十分类似陈洪绶的书风，而且纵势和绕转的笔画所呈现出的飘洒轻盈状态，也与陈洪绶书风相通，事实上，除了陈字头重脚轻的特点没有被采纳，笔者认为郑午昌对陈字的其他重要特征均有不同程度的借鉴。以他的《为情非爱七言联》为例，结体瘦长字态呈左低右高的欹侧之势，长撇长捺，其用笔寓圆于方，笔锋尖颖，气度飘逸荡漾，陈洪绶书风的印迹清晰可辨。总的来说，郑午昌的书法呈现给我们一种疏瘦清劲的面貌。他注重运笔的空灵和笔触的深度意味，即采用平面运动与深度（提按）相结合的方式，不掩饰用笔的痕迹，甚至乐于强调这种痕迹，以表现他所倾心的活泼节奏，一起一伏，一提一按，造成一种韵律，异常明快。正如像孙过庭《书谱》中所说的那样“一画之间，变起伏于锋杪；一点之内，殊衄挫于毫芒”。

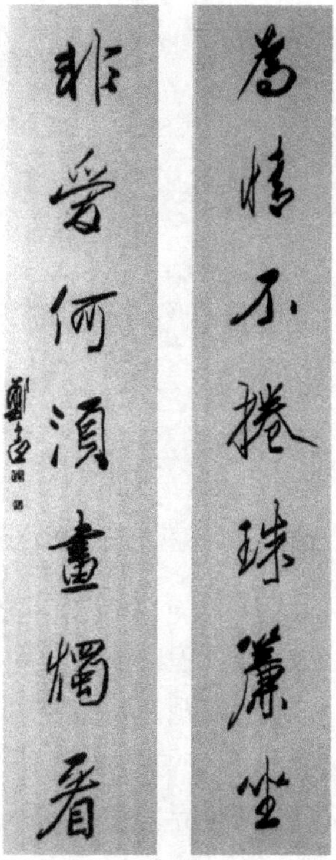

图 4-60 为情非爱七言联

需要注意的是，郑午昌在学习其他书家的书风时，并不是一味注重外表形似。也就是说，郑午昌虽然一直在不断地参考吸收诸多书家的营养，但却以自己的方式去采撷并能有效且不露痕迹地变为自我风格的构成元素。事实上，这与他一贯的艺术创作理念是一脉相承的。我们知道，郑午昌在绘画上，抱有“引喻借衬，不着迹象，窥玄探奥，只许神领”①的创作理念，他还说“师古法而立我法，才不为古人所囿”并自制过一枚印章“画不让人应有我”，可见他对学习他人所持的态度与方法。正是因为具备了独立精神和创新意识，郑午昌的书法创作生涯和他的绘画创作一样，始终保持着开放的学习状态，除了褚遂良、赵佶和陈洪

① 郑午昌. 画论丛刊序[J]. 见于安澜编. 画论丛刊[G]. 北京：人民美术出版，1960

绥书风之外，虞世南、欧阳询、颜真卿、米芾、苏轼都是他的师法对象，同时他的书风也始终处于变化之中，其面貌总是让人既熟悉又陌生，尽管能体察到文脉上的承继关系，但与师法对象之间却绝无雷同之感。① 下面我们不妨介绍一些体现着郑午昌不为某宗某派所囿，处处体现自我，既有传统师承，又有不拘泥古人痕迹的自家风范的作品。扇面书法《金陵书怀》，创作者吸收了宋徽宗瘦金体轻快利落的停匀方笔，形成自己在瘦硬中寓腴润之致，挺劲犀利，秀丽飘逸的特色；《王廉州山水册》则是一幅率性随意的书法作品。但正是由于这种率性随意，使作品无意于佳乃佳。一般情况下，世人学习苏轼的书风，大多在结体的偏肥处求之，这样虽然形貌相似但流于刻板。郑午昌此作正是超越了常人学苏字的窠臼，从内在神韵上去把握，因此虽然字形并不十分相似，但通篇流利洒脱，书卷气十足，仍不乏苏轼书风的神韵；在《王石谷仿古山水册》上的信手题跋，一改惯常的瘦长方折字体，而是宽浑圆转，气度近颜真卿但风流过之，而且还跳出了一般文人字的矜持，其间蕴有一股勃勃豪气。

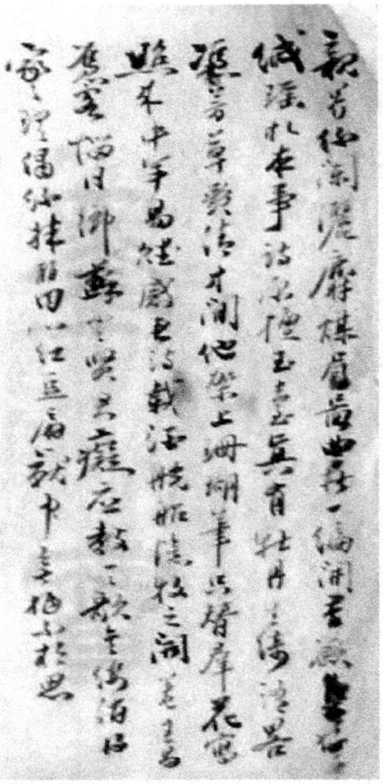

图 4-61　题《王石谷仿古山水册》

作为一位画家，郑午昌的书法在很大程度上需要考虑与画面结合的问题。从大量的存世画作来看，郑午昌的题画书法也达到了很高境界。他的题画书法往往因画而异，并根据画的内容、构图、格调而变化。如《仿韩滉本》是一幅较为工致的作品，题画则采用了瘦金体格调的书风；再如《溪山钓鱼图》，画面水墨淋漓，画家则配以墨色饱满的行书。总之，郑午昌的画意与书法已经相得益彰，画理、画法贯通书理、书法，无论是视觉形

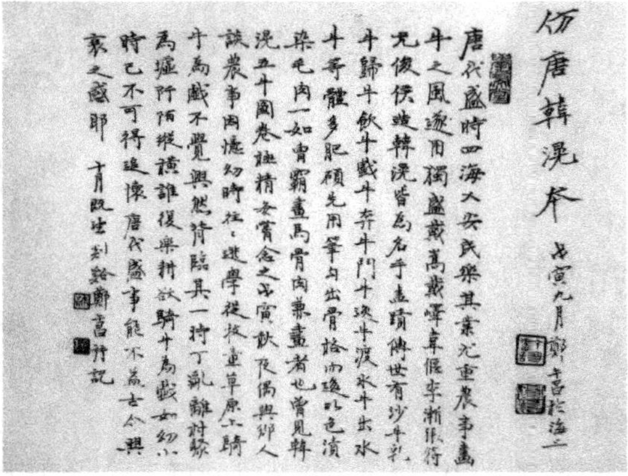

图 4-62　《仿韩滉本》跋

① 阙长山，叶鹏飞. 流利洒脱 淡古为宗——读郑午昌先生的书法[M]. 中国书法，2001(11)

式还是内在意韵均珠联璧合。

尤其值得一提的是，郑午昌的书法创作能够不拘泥于陈法，虽然有些字的写法可能并不符合惯常的审美习惯，或者完全属于别出心裁的新创，他却能很好地将这些创新之处融于整体之中。其实这恰好也反映出郑午昌另一个重要的创作理念，即强调法无定法的自由发挥。郑午昌发表过一段著名的文字：

盖画有法无法，有理无理。无法而有法，是为至法；无理而有理，是为至理。至法似无法，而法在有法之外；至理似无理，而理在有理之奥。(《画论丛刊》序)

尽管文字内容是针对绘画而发，然而也必定适用于他对书法的认识。正是在此创作理念的指导下，郑午昌的有些书法作品出现了令人耳目一新的气象。

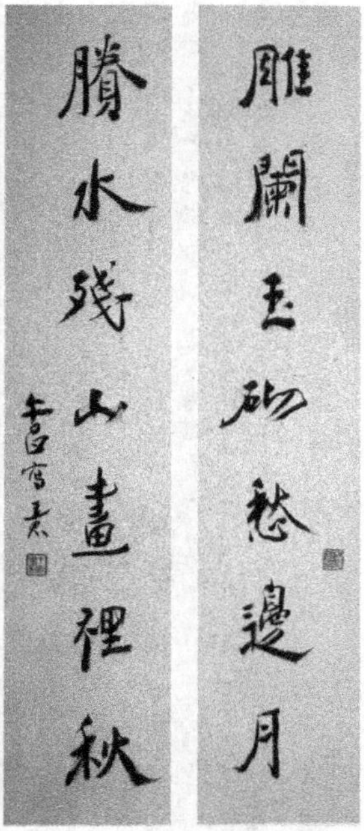

图 4-63　雕栏剩水七言联

我们以《雕栏剩水七言联》联为例。文字内容是："雕栏玉砌愁边月，剩水残山画里秋"，落款"午昌写意"。此联有北魏碑楷的拙意，掺以作者的随机生发，充分体现了作者对书法创造性的认识。尤其是"写意"二字，颇可玩味。因为通常情况下，书法作品的落款都是"某某书"，而郑午昌用"写意"这一概念，显然别有含义。我们比较熟悉的是以书入画的概念，即在绘画的笔法中体现书法的用笔和意韵。元代赵孟頫就曾说："石如飞白木如籀，写竹还应八法通，若也有人能会此，须知书画本来同。"董其昌也明确指出："士人作画，当以草隶奇字之法为之，树如屈铁，山如画沙，绝去甜俗蹊径，乃为士气。不称纵俨然及格，已落画师魔界，不复可救药也。"但郑午昌在自己的书法创作中运用"写意"的说法，则体现出一种以画入书的创作理念。以画入书，不仅仅是指笔墨之法的多样，更重要的是体现出一种绘画性，出人意表且富于形式趣味。换言之，某些状态下郑午昌的书法与其说是写字不如说是画字，因此这些作品往往能够摆脱法度的束缚而别出意趣，但在整体的视觉效果上却又能得到很好的控制，更重要的是形式美感突出。"雕栏剩水七言联"虽然是行书但是隶意浓厚，上联中的"砌愁"二字在结体和用笔上与其他字相比逸出常格，"砌"字的"刀"部皆用撇法，形貌上正如一把刀刃，而"愁"字"火"部的捺，则不用隶法，顺势而下，犹如飘荡之柳枝，字形富于画意，极有生趣。

郑午昌自己的署名，也是不拘常法之作。其中，"郑"字的结体便不同于传统书法常用的左紧又松、左轻右重的习惯，将“酋”下“大”的一撇一捺写得既扁且平，分量很重，酷似一块错落的岩石，而右边的“耳”部又如突兀的峭壁，高挂在“奠”字的右边，险峻而不失和谐。① 郑午昌这些纯任自然天趣、无羁无绊的创新之作看似无法却不乏内在理路，正是一种无法之法的体现。

总的来看，郑午昌的书法是比较纯粹的学者字，毫无纵横习气且意味隽永。而贯穿在他书风中的创新精神和开放的学习态度，又使得他能够在把握书法精神的同时常变常新，从而达到很高的艺术境界。

图 4-64　雕栏剩水七言联

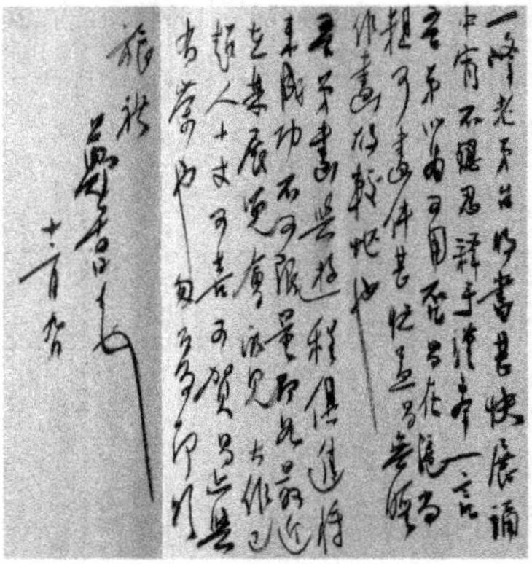

图 4-65　郑午昌手札之一

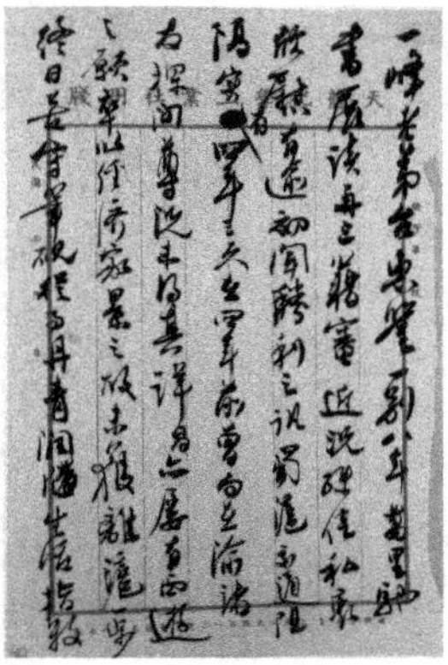

图 4-66　郑午昌手札 之二

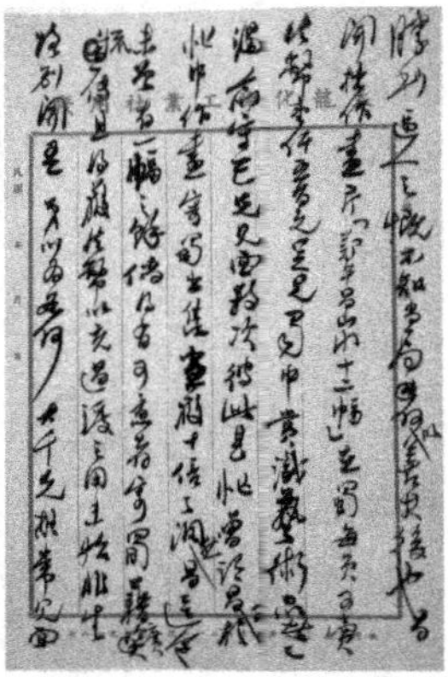

图 4-67　郑午昌手札 之三

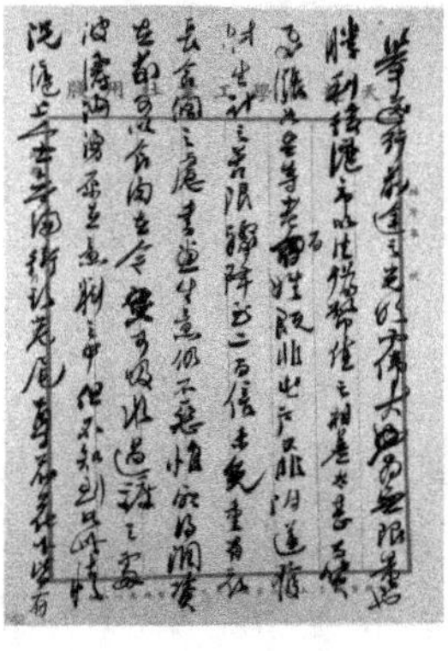

图 4-68　郑午昌手札 之四

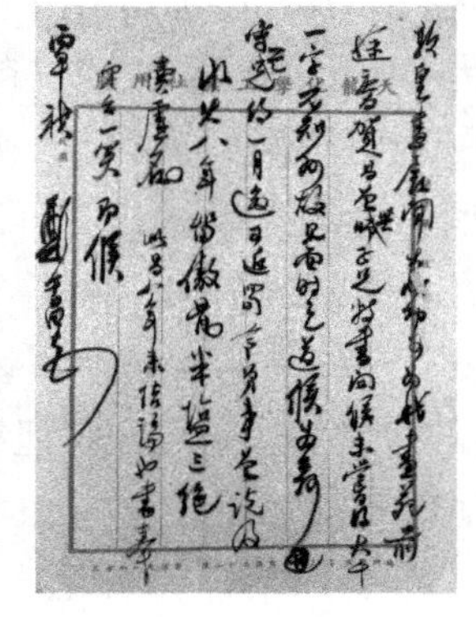

图 4-69　郑午昌手札 之五

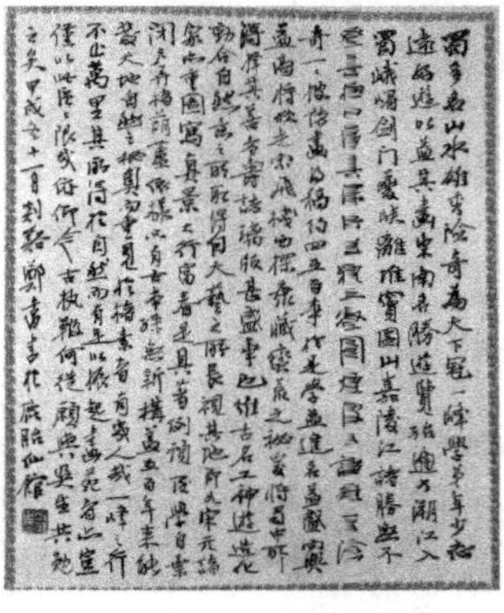

图 4-70　《吴一峰蜀游画展》序

① 阙长山，叶鹏飞. 流利洒脱 淡古为宗——读郑午昌先生的书法[M]. 中国书法，2001(11)

附　录

郑午昌年表

1894 年　光绪二十年，甲午，一岁

阴历正月初十(2 月 24 日)子时，生于浙江嵊县(今嵊州市)三界长桥，取名翰中。父名耀均，字信一，号钧台，册名和广，贡生，生于同治八年己巳(1869 年)4 月 13 日午时。母杜氏，杜家堡仓富公之女，生于同治六年丁卯(1867 年)正月初二日丑时。

1900 年　光绪二十六年，庚子，七岁

画李白"布帆无恙挂秋风"诗意，成《剡溪秋泛图》，一时惊为神笔。

1910 年　宣统二年，庚戌，十七岁

春，入杭州府中学求学。当时杭州府中监督为杭县邵伯炯先生。同学中有徐志摩、董任坚、郁达夫、姜立夫等。从张献之(相)、刘予庚(毓盘)习国文，陈柏园(纯)习理化，马保罗习英文，钟郁云(毓龙)习地理，姜丹书习国画。

1915 年　民国四年，乙卯，二十二岁

夏，毕业于杭州第一中学，被选送至北京师范求学。

1918 年　民国七年，戊午，二十五岁

回家乡嵊县任小学校长。

1920 年　民国九年，庚申，二十七岁

受聘于杭州高义泰绸庄，任家庭教师。

1921 年　民国十年，辛酉，二十八岁

开始编写《中国画学全史》。

1922 年　民国十一年，壬戌，二十九岁

受聘于上海中华书局任史地编辑，始与寓沪画家黄宾虹、黄蔼农、许徵白等交往。

1924 年　民国十三年，甲子，三十一岁

接高野侯职，任中华书局美术部主任。

1926 年　民国十五年，丙寅，三十三岁

是年所著《中国画学全史》基本完稿。九月吴昌硕为书题签。

1927 年　民国十六年，丁卯，三十四岁

作《雅舍山居》图。同年金潜庵于北京发起组织“湖社”。

上海艺苑绘画研究所成立。

1928 年　民国十七年，戊辰，三十五岁

黄宾虹为《中国画学全史》作序。

7 月 13 日，参加了上海美术界向莫干山疗肺院捐赠书画古玩的活动。

10 月以后，加入艺苑绘画研究所。

1929 年　民国十八年，己巳，三十六岁

2 月 26 日，受聘于上海美专，任中国画教授。郑曼青、马孟容、谢公展、许徵白、张大千、楼辛壶、方介堪、马公愚等上海画坛名家这一时期也纷纷受聘于上海美专。

3 月，艺苑绘画研究所创办人江小鹣、张辰伯、王济远、朱屺瞻等人邀请上海艺术界名人前来集会，并请捐助书画，为该所捐助自己的作品。

4 月 1 日，主持编辑的美术综合性季刊《葱岭》创刊。《葱岭》亦名《上海美术专门学校季刊》。

6 月 11 日，郑午昌参加上海美专国画系师生书画金石展。

7 月 6 日至 9 日，艺苑绘画研究所为筹募基金举办现代名家书画展览会，在宁波同乡会展出了郑午昌与何香凝、张大千、王一亭、汪亚尘、倪贻德等六十余件书画家的作品。

7 月 15 日，《中国画学全史》由中华书局出版，全书达 35 万字。蔡元培赞其为“中国有画学以来集大成之巨著”。

7 月 30 日，在《美周》第五期上发表文章。

11 月 1 日，与谢公展、许徵白、李祖韩、钱瘦铁、孙雪泥、郑曼青、马孟容、贺天健等发起组织“蜜蜂画社”。社址设在上海西藏路平乐里。郑午昌、陆丹林、许徵白为主任干事。

同年 4 月 10 日教育部第一次全国美术展览会在上海开幕，并出版《美展汇刊》。参与筹展活动，出品参展，并为《汇刊》特约撰稿人，在一、三、四、五、七、九期上均有文章发表。撰有《敬告不愿出品者》《批评家的责任》《希望于落选者》《所谓收藏家者》等文。是年作《夏日晴霭》出品“中日现代绘画展览”，并任该展鉴别委员。

1930 年　民国十九年，庚午，三十七岁

1 月，担任中国文艺学院的董事，2 月担任教授，8 月又被聘为秘书长。

是年蜜蜂画社编辑出版《蜜蜂》旬刊，任主编。该刊于 3 月 11 日创刊，同年 7

月出版了第 14 期后因改出《现象画报》而停刊，于该刊发表有《国画术语释要》等文。蔡元培、于右任、陈三立、柳亚子、陆丹林、俞剑华、贺天健等均为该刊撰稿。

同年撰《中国壁画历史的研究》，刊于《东方杂志》第二十七卷第一号。

1931 年　民国二十年，辛未，三十八岁

4 月 17 日，蜜蜂画社举办扇画展览，郑午昌的山水扇面展出，此次展览几乎汇集了海上名家的一时佳作。

4 月 25 日，与王一亭、钱瘦铁、吴湖帆、孙雪泥等画家乘“上海丸”轮船前往日本东京，参加中日绘画展览会。

是年四月，画作出品“艺苑二届画展”，展出于明复图书馆。

11 月 13 日，作品参加了现代名家近作展览会，与会者还有贺天健、刘海粟、潘天寿、黄宾虹、钱瘦铁、孙雪泥、许徵白、陆小曼等人共三百余件作品。

是年撰文《中国画之认识》刊于《东方杂志》卷二十八第 1 号。

选编《当代名人画海》，收入 120 余家作品，作者大多为蜜蜂画社成员，由上海中华书局出版。同年由叶恭绰、张聿光、黄宾虹等人倡议发起，在蜜蜂画社基础上成立我国现代史上最大的中国画研究团体——中国画会。会所初设于龙华路，旋移至威海卫路。会员选出张聿光、孙雪泥、贺天健为常务委员，王一亭、黄宾虹等五人为监察委员，郑午昌、钱瘦铁、陈小蝶等十一人为执行委员。蜜蜂画社自行解散，成员皆转入中国画会。

是年为《中日现代绘画展览出品第一辑・现代名画》作跋。

1932 年　民国二十一年，壬申，三十九岁

7 月 21 日，合众书画展览会，郑午昌、吴湖帆、黄宾虹、张大千、张善孖、俞剑华等人参加了展览。

8 月，中华学艺社新建筑落成，举办美术展览会，参加该展览会。

12 月 19 日，中国画会第二次举行大会，被推举为执行委员。

是年经过两年精心策划，创办了我国第一家制造正楷活字的印书局——汉文正楷印书局，设总局于上海山东路，设印刷厂于杨树浦华盛路三益里。蔡元培誉之为“中国文化事业之大贡献”。

是年正式离开中华书局。

1933 年　民国二十二年，癸酉，四十岁

1933 年 2 月 12 日，中国画会与“中华民国”救国团体联合会，上海市东北抗日义勇军后援会联合举办全国美术家捐助东北抗日义勇军作品展览会。

3 月 23 日，与王一亭、陈小蝶、贺天健、钱瘦铁、谢公展等人致函柏林中国美术展览会，此展览会作品由主办方与画家通信征集。指出此次展览会存在着诸多的不合理之处，尤其是参展画家不能真实反映中国的美术水平。信函的内容：此次画展内定名额仅百余人，但刻苦之士大不乏人，即鄙人等创办之中国画会会员凡一百九十余人，画学精美，皆在未征求之列。本会为会员服务，若无应征，则无以对本会会员。而全国遗才，何止万数，希公开征求，严行审择，无向隅之憾。此乃国际会场，非私家之展览，百余人之左，岂能代表全国之艺术。11 月 6 日《申报》刊《柏林中国美术展览会筹备经过》，对此事进行了报道。

是年参加由徐悲鸿等主持筹备在法国巴黎举行的《中国画展》，为当代七十一位出品画家之一，此后该展览移至比、德、意、苏等地，是民国美术史上最早出国的大型中国美术展览会之一。

撰文《画苑新语》，连载于《新中华》杂志。

1934 年　民国二十三年，甲戌，四十一岁

撰《中国的绘画》一文，刊于《文化建设月刊》创刊号。

11 月 10 日，中国画会会刊《国画月刊》问世，由中国画会月刊社出版，上海汉文正楷书局代售。贺天健、郑午昌、黄宾虹、汪亚尘、陆丹林、谢海燕为编辑。同年 12 月第 2 期《国画月刊》上，撰《现代中国画家应负之责任》一文。

1935 年　民国二十四年，乙亥，四十二岁

1 月 1 日，偕友人游姑苏，由木渎登灵岩。

1 月 11 日，中国画会第三届会员大会举行，被推举为执行委员。

3 月 15 日，中国画会举办美术讲座，黄宾虹、郑午昌、俞剑华、丁念先、谢海燕、陈小蝶等人被聘为讲师。

4 月 4 日，中国画会印行《中国现代名画汇刊》，郑午昌与黄宾虹、贺天健为编辑。

7 月，所编《中国美术史》由上海中华书局出版。

同年负责编辑《国画月刊》4、5 两期"中西山水画思想专号"，并撰有《中西山水画思想专刊展望》，《中国山水画的师资》等文。

9 月，重游姑苏。

9 月，《国画月刊》出版 12 期后停刊。

1936 年　民国二十五年，丙子，四十三岁

3 月 15 日，刘海粟、王济远、谢公展等百余人发起组织中华美术协会，郑午昌任该协会编辑委员会成员。这是美术界的重大事件，《申报》为此特别出版《中华美术特刊》，其中刊有郑午昌、俞剑华等人的文章。

1937 年　民国二十六年，丁丑，四十四岁

3 月 21 日，被聘定为第二次全国美术展览会会刊编辑委员会的委员，滕固为主任，委员除了郑午昌以外，还有倪贻德、刘狮、谢海燕、郑克昌、温肇桐、马公愚、王远勃、陈抱一、丁衍镛等二十人。

5 月，为于安澜编《画论丛刊》作序。

6 月 8 日，中国画会在八仙桥三和楼举行会员大会，第四次被选为执行委员，大会还决定出版《国画年鉴》，郑午昌、王一亭、汪亚尘、贺天健为编辑委员。

10 月 22 日，中国画会与中国女子书画会联合举办慰劳前线将士书画展览会，郑午昌也参加了这次展览会，展品出售所得悉数慰劳前方抗日将士。

1938 年　民国二十七年，戊寅，四十五岁

5 月 28 日，朵云轩（静记）笺扇庄举办名人书画展览会，展出郑午昌、冯超然、吴湖帆、孙雪泥、贺天健、王念慈、樊少云、杨清磐等人的作品。

1940 年 6 月 21 日，新华艺术专科学校举办名人书画展览会，展出了汪亚尘、马公愚、徐悲鸿、郑午昌人的等作品。

8 月 25 日至 25 日，画人书展在大新公司四楼画厅展出。郑午昌、吴湖帆、汪亚尘、孙雪泥、徐邦达、马公愚、商笙伯、谢公展、应野平为发起人。

11 月 16 日，现代名人书画展览会 。为筹募上海市成人义务教育促进会、精武体育会、难童教养院经费，昌、唐云、姜丹书、徐悲鸿、邓散木、谢海燕、颜文樑等人义卖作品筹款。

1939 年　民国二十八年，己卯，四十六岁

4 月 11 日，与刘海粟、吴湖帆、俞剑华、李健等书画家收藏家组织举办了“中国历代书画展览会”，还撰文《历代书画展览会之意义与作用》在《文汇报》上发表。展览的门券所得，亦悉数交与上海医师公会，作为医药救济之用。

是年作品在纽约世界艺术博览会上荣获金奖。

1940 年　民国二十九年，庚辰，四十七岁

1 月 20 日至 29 日，与刘海粟、王济远、朱文侯、吴杏芬等九十二人参与的“中国现代名画筹赈展览会”在印度尼西亚首都雅加达的中华总商会展出，此次展览共有三百四十二件参展作品，同时还陈列了吴昌硕、王一亭、康有为等十二人参展品五十四件。

1941 年　民国三十年，辛巳，四十八岁

2 月 23 日，新加坡星华筹赈会主办在新加坡中华总商会举行的筹赈画展，展出郑午昌与刘海粟、姜丹书、顾坤伯等人的二百余件作品。

5 月 6 日，大风画廊举办现代名家书画展览会，展出郑午昌、张大千、潘天寿、何香凝、王济远、夏敬观、章乙山、李仲乾等人的作品。

10 月 28 日，新雅集秋兴画展，郑午昌、贺天健、应野平、汪亚尘、符铁年、胡亚光、黄玄翁、陶寿伯等人作品应邀参展。

10月,郑午昌的学生成立“鹿胎仙馆同学会”,旨在“联络同学感情,研讨学业,秉承师旨,推进艺术运动”。

1942年　民国三十一年,壬午,四十九岁

12月“鹿胎仙馆同学会”编辑郑午昌山水十二幅,彩印出版。

1943年　民国三十二年,癸未,五十岁

5月7日,郑午昌师生书画展览在南京路大新公司四楼画厅展出,展品义卖,售款捐作清寒学生助学金。

夏日与黄蔼农、江寒汀、许徵白等合作《酒坛图》。

中秋与同庚友人梅兰芳、吴湖帆、汪亚尘、李祖夔、周信芳、范烟桥、陆书臣、孙伯绳、蔡声白、杨清磬等在上海万寿山酒楼成立“甲午同庚千龄会”。

1944年　民国三十三年,甲申,五十一岁

是年灾频,假上海永安公司举行“郑午昌画展”,百余件作品一周内销空,所得钱款全数捐赠赈灾单位。

1945年　民国三十四年,乙酉,五十二岁

年末张大千由蜀至沪举行画展,学生王康乐等欲拜其为师,郑午昌慨然支持。

1946年　民国三十五年,丙戌,五十三岁

3月25日,上海美术协会成立。郑午昌、汪亚尘、马公愚、郎静山、张充仁、唐云、朱屺瞻、刘海粟、王福庵等被选为理事。

8月26日,撰《二十年来之方介堪》一文,在《申报》副刊《春秋》发表。

1947年　民国三十六年,丁亥,五十四岁

2月15日,与五十四岁诞辰,弟子史良黻、蒋孝游等六十余人作品在钱庄俱乐部展出。

3月28日,与虞文、孙雪泥、江寒汀等人发起,成立了上海美术茶会。4月20日,中国画会在育才中学举行大会,改选理监事,郑午昌、贺天健、荣君立、力求军、马公愚、张聿光、陈定山、张大千、熊松泉、丁念先、陆丹林、李祖韩、施翀鹏被推举为理事。

4月25日,停止活动近十年之后的中国画会重新复会,在南京路冠生园举行年会,郑午昌、俞剑华、贺天健、汪亚尘、许士骐、熊松泉、丁念先、陆丹林、张聿光、陈定山、吴青霞等十五人被选为理事。

10月10日,学生王扆昌主编《中华民国三十六年美术年鉴》,由上海市文化运动委员会出版。郑午昌任编审委员会的主任委员并为年鉴作序,有山水画一幅及所撰《中国绘画思想到宋代》一文刊于年鉴。

10月29日，教育部聘请郑午昌、刘海粟、谢海燕、马公愚等人为第四次全国美术展览会的筹备委员。

同年秋起至次年夏兼杭州国立艺专国画教授，每周赴杭州上课一天。

1948年　民国三十七年，戊子，五十五岁

国统区经济萧条，物价飞涨。与孙雪泥、朱屺瞻等发起组织画展，以卖画所得接济同仁，海上画家咸称道之。

1949年　己丑，五十六岁

3月25日，上海市美术馆筹备处、中国画会、青年会等，为即日美术节联合举办庆祝会，被选为主席团成员。

9月13日，出席全国美展国画作者座谈会。与会者还有孙雪泥、贺天健、唐云、陈大羽、陈秋草等四十八人。

1950年　庚寅，五十七岁

10月20日，上海市新国画研究会成立，被选为委员。

是年与戈湘岚，王个簃等合作巨幅国画《大西南进军图》，刊于《人民画报》。

1951年　辛卯，五十八岁

是年参加上海文学艺术工作者代表大会，在会上提出了题为《国画必须革新，怎样革新？画家今后应有的抱负》的学术报告。

1952年　壬辰，五十九岁

7月15日，因患脑溢血，医治无效，于下午2时半逝世。

7月16日，上午在上海西宝兴路卫生局火葬场举行大殓。周信芳主持追悼会。

郑午昌诗词选粹

古风

题亡友谢玉岑遗作

廿载肝胆交，所余仅一纸。莫谓一纸微，魂魄托于此。

题　画

山势如涌出，突兀摩苍云。行旅巡檐鼠，梯径盘虚空。峰回俯深谷，出谷仰高峰。鹤窟树千嶂，听吼瀑几重。

题　画

柳压一溪绿，吟流筑板屋。策杖客何之，诗酒与相逐。回首见南山，白云常抱足。为问避秦人，可借渔翁宿？

题　画

山高高无极，水长长无尽。人去云树愁，人归猿鹤敬。此中乐可居，读易安天命。胡为采薇翁，一去无来信。

题　画

好山富洞壑，人迹叹殊稀。流水鸣琮琮，出山不知归。白云与野鹤，朝暮时相依。胜处如可买，抱书著荆扉。

题　画

群峰霁晚色，万树结凉阴。微风动清幽，且绕向丹林。登崖又俯望，不辞投荒深。偶逢溪上客，啸傲是知音。相期暮复早，好景共栖寻。

东　　家

斗米换尺布，石米得牛衣。身上不加暖，腹中自鸣饥。衣食难兼顾，十室九无依。横竖值一死，挺而今为非。东家称富贵，从此不敢归。

何如瓮中鳖

打翻酷者瓮，放出瓮中鳖。鳖乎汝再生，大步投荒隙。荒隙仅容身，安知天海阔。吁嗟人海人，何如瓮中鳖。黑山黑兮白山白，风烟关塞音书绝。魂梦归何年，死生不知日。衣冠浸涕泪，书诗成呜咽。吁嗟人海人，何如瓮中鳖。

题　　画

云林用干我用湿，一样笔间意更密。平林远岫自多姿，奇山异水景尤别。

题　　画

晋昌唐寅倘未死，应咎李唐太尖实。俗工纷纷讲四王，不知何处好落笔。

题　　画

两岸人家黄叶路，一帆风雨白沙滩。晚听江潮暮听猿，舟车战后不嫌烦。

八一三遇个簃画室题诗

大聪若聋大智愚，颐年圣艺古谁知？金石书画一以贯，大气磅礴精若粗。天日崔嵬雪水碧，岳岳千载一缶庐。世俗安得窥堂奥，纷纷依样画葫芦。梅花万树超山远，瓣香独传吾霜荼。高楼倚醉兴豪绝，笔似游龙墨如泼。顷刻云山满纸湿，古人大笑鬼应泣。戍鼓沉沉月光黑，不知今夕是何夕。

写　白　菜

南家市肉北家菜，菜价千钱肉万钱。隔夜肉生蛆如发，还看积菜茁芽鲜。食鲜自是得生气，食腐何啻病自延。菜味清瘦肉性鄙，古人语我意缠绵。世俗无如夸口福，淋漓血污已垂涎。于时杀气沵三界，只见罗刹不见仙。泼墨为图青白菜，素心一片吐金莲。

五 律

题　画

坪高出乌外，侧帽与峰齐。
飞瀑群岩吼，归云万树迷。
仰天人坐井，出谷虎饮溪。
酒榼缘青壁，依依看日低。

之硕与其友冒雨于台城种柳属写台城种柳图

历劫湖山在，台城望转新。
莺飞三月暮，树补六朝春。
为语听鹂客，应怜冒雨人。
风流图韵事，惭愧笔生尘。

为戈湘岚题妇女制衣劳军图

妇女机中布，英雄身上衣。
情深针度密，寄远线生晖。
单夹慎寒暖，紧宽宜瘦肥。
制成似铁甲，立盼凯歌归。

题菜芋图

闲来无事做，写此当长歌。
海上居不易，长歌亦奈何！
煨芋徒有梦，嚼菜已无多。
投笔绕床走，四海付干戈。

题　画

山行恐无路，忽有石桥通。
飞瀑吼天下，腾云疑地空。

翠峰青列岛，众壑翠鸣风。
放步毋言险，前途有佛宫。

为荣宝斋补图并题

百盘欣超极，杖履独艰辛。
霄汉举头近，江山换眼新。
俯瞰残日落，平与白云亲。
万壑松吟翠，争娱最让人。

七 律

钱门偶得

自成村集在河边，东立竹篱接水田。
聚散人声朝午市，高低帆影去来船。
几家佃户完柴米，是出茶寮半堵烟。
相隔一桥风景异，绿杨树下任牛眠。

独 立

大河东去夕阳西，独立苍茫首自低。
湖海放怀犹有酒，江山入梦已无鸡。
莺花地老余人骨，鱼米乡空换马蹄。
幸蜀恨深南渡恨，三春风雨杜鹃啼。

白 菜

浥露含霜不染尘，素心未许鄙夫亲。
修来净土今生福，占取秦淮旧日春。
弹铗自难留上客，过门犹得慰流民。
梅前菊后争香色，天下相知有几人。

小蝶游归来即席口占

江山如此将何止，万里东南人乍归。
挟策浑怀荆氏璧，问天欲跻越王台。

苟全非遂逃名计，求缺每成用世才。
壁有奇书尊有酒，白云深处且徘徊。

八大山人墓

抔土孤依乱冢堆，晚天风雨此徘徊。
凝青只幸王孙草，化碧遥怜阁部梅。
犹有江山尊画苑，终无日月照泉台。
西山回首休相怨，一样铜仙泣马来。

阙　题

乍到柴门心自幽，居然海上得瀛洲。
巾衫盈座鸡声午，花木罨檐风味秋。
欲寿丹青渐玉局，竟消叠块醉金楼。
漫山警角催日斜，回首明年约再游。

集　蝶　墅

满楼风雨客怀清，扇影钗光面半生。
乍道姓名惊识晚，偶逢欢笑忆时明。
哀弦激鼓歌能放，剩水残山画率成。
雅集于今真不易，深杯莫负主人情。

与莲友老

廿载生迟见又迟，岂关文章始相知。
论交天地人仙佛，擅艺古今书画诗。
慧业三生香案吏，高行一辈病山师。
尘鞅赢得丝添鬓，杖笠云山约几时。

夜　望

已惯迟眠爱夜清，苍凉野色动幽情。
月华荒店惊鸡梦，灯影遥村乱犬声。
薄世居成邻米市，残年必赏到瓜棚。
露浓不觉肩头湿，何处江乡足避兵。

坐放鹤亭

参差树影近昏黄，独坐荒亭古意横。
放鹤心随霄汉阔，种梅食比蕨薇香。
居臣南渡朝廷小，烟水孤栖日月长。
一样湖山吊往迹，更无人间半闲堂。

灵隐寺

金碧楼观涌翠霞，灵鹫峰处史堪夸。
飞来顽石都成佛，流出清泉每带花。
车马阛门香火市，鱼钟喧午饭僧衙。
已无净土容游履，坐向虚亭数乱鸦。

郑成功庙

乔木森寒护古宫，开山意气夺江东。
传家冠剑瞻遗庙，渡海旌旗想大风。
四百有年横夙恨，八千余子记孤忠。
一拳孤岛留王业，日月如今照碧空。

西陵渡口不寐

过江山色刁生烟，半路归程入暮天。
市逐沙移船改渡，床随客忝马同廛。
渐看月影辞檐际，独听潮声落枕边。
莫怪今宵无一梦，梦中人恐未曾眠。

闷雨有感

阑依积雨涨新愁，垂老情怀渐入秋。
心不易平惭失学，言无所隐悔生尤。
侯门虚养三千客，豪士怕登百尺楼。
到时独醒睁白眼，且看花落送长流。

雨中访施翯不值问悉病返姚江

故人风雨我来迟，一榻琴书冷自知。

随锸青山宁避酒,携囊紫陌定寻诗。
生因有骨能无病,老亦多愁觉太痴。
何处姚江成醉卧,垂杨篱落立多时!

宿白衣诗

一寺深藏万井烟,独僧留客意缠绵。
不分鱼肉随缘食,久歇钟鼓自在眠。
月树鹰巢方外梦,风檐花谱画中禅。
浮生垂老肩尘累,小卧琳宫便上天。

蔼农老友大病初起,赋诗自遣
笑属为制蔗香馆复苏图,谨步原律

于病于时治相伴,复苏功比勃安刘。
河山如旧世犹隔,岁月重新老莫忧。
大矣死生原有了,忽而啼笑岂无由。
青山常在人常乐,天意林泉许画留。

述怀三律

(一)

不知老至不知愁,霜鬓忍含镜里羞。
未满看山穷五岳,相期落笔足千秋。
及时富贵花经眼,照世情怀同上头。
人海深浅成独往,烟云两袖对横流。

(二)

穷年役役为谁谋,太息生我不自由。
万壑千峰书乱叠,茂林修竹发长留。
衣非催换常经月,画似逃粮屡隔秋。
自觉因忙翻习懒,每教朋旧暗生愁。

(三)

湖山有美锁荒烟,特与人留辟洞天。
百亩华津证蝶梦,十篇诗句定梅缘。
衡量意气选佳士,斟酌林泉宅画禅。
九友八家空往例,停看鸡犬各成仙。

湖塘杂咏 步白痴原律

（一）

千岩万壑足流连，尤爱湖塘拥醉眠。
绿蜡当花称上客，乌篷渡月逐飞仙。
买山有约愁渐老，钓水无缘梦亦妍。
传语传山应念我，天涯两袖只云烟。

（二）

放翁争说是前身，有此湖山作老民。
蓼浦灯船渔市晚，卖花阡陌酒家春。
行吟泽畔峰高士，买醉炉头对美人。
风物故乡皆可忆，自应书剑悔风尘。

（三）

何须草木向荣枯，一棹秋曾如画图。
胜处真堪按快阁，自然总觉遇东湖。
砧声每想浣纱女，尊梦偏输宿树鸟。
相约何年归有计，黄茅屋备小红炉。

（四）

风物无常生有涯，湖山在望鬓添花。
茂林修竹余清梦，艳李浓桃付落花。
犹记月眠残布酒，几曾雨坐一楼茶。
他年若健如诸老，只种松芝不种麻。

春　草（四律）

（一）

寸心经火未曾灰，小看东风卷地来。
生当花看香染露，在无人处绿登台。
繁华经迹愁深浅，寂寞遥情感去回。
一片江南人牧马，拔茅狂说是多才。

（二）

梦不可图事足忧，润生庭宇意绸缪。
黄昏塞北留香冢，万里湖南依翠楼。
只恐深时藏虎豹，才能浅处放骅骝。
杜门倘许伴高士，任取泥痕逐鹿游。

（三）

群莺飞乱地如茵，方外风香小洞春。
自由野航偎岸驻，岂无陋室入帘亲。
绮怀每向裙鞋长，好梦休萦缓带新。
生发由天均雨露，从来培植不由人。

（四）

闲房坐卧深如许，近晚村桥绿带烟。
莫寄幽心青锁客，最怜浮翠嫩晴天。
关情啼魄声声慢，着一寻芳步步妍。
渚色连波迷望楚，伴人还易上华颠。

莺巢偶得（二律）

（一）

荒园一角夕阳斜，旧屋翻新妇意奢。
为补庭泥留种竹，不糊窗纸好看花。
齐檐云影帆过浦，入座风香稻接笆。
暂息劳形归似客，如曾相识树啼鸦。

（二）

安排儿女别床眠，新换枕衾意自虔。
帘卷花枝窥绰约，帐延灯影语缠绵。
梦回不觉檐啼鸟，依恋何妨灶断烟。
强起临妆频索问，一年几月月团圆。

红　叶（二律）

（一）

惊心劫火及林葩，赤帜风翻认汉家。

遥望锦城晴耀日，初归紫塞艳披霞。
浓匀醉色非关酒，嫣弄娇姿却胜花。
未许吴江愁冷落，添香人影隔窗纱。

（二）

成荫有日莫嫌迟，垂老犹堪艳入时。
谁道山林无进修，总疑霜露是胭脂。
传情羞及宫沟事，坐看爱于桃李姿。
一抹红楼灯影乱，不教结子也相思。

寄怀述禽兄金陵（二律）

（一）

居不避城贫不官，尽从危乱觅清闲。
才曾用世何妨老，志已违时却闭关。
残局看留三径月，破窗青纳六朝山。
言归劫后家犹在，莫对河山改笑颜。

（二）

离怀不减日三秋，犹似茶烟坐市楼。
辞赋江关随逐鹿，萍踪海国许盟鸥。
远书频缄肝肠语，旅食难偿水墨愁。
一棹秦淮能约梦，琵琶声里话神州。

五　绝

柳浦采莲

轻舟摇重绿，柳外碧莲铺。
借问花颜色，可知姊妹无？

夜泛玄武湖

万顷浸城阔，孤舸带梦摇。
月斜风乍起，荷影怒于湖。

纪梦山行

仰看身坐井,俯视足生云。
触石风回怒,崖花掠面纷。

归　情

咫尺如千里,归情照落红。
荒祠认古渡,帆峭一江风。

河　口

一山如美女,坟起艳尘寰。
或道河口女,争如河口山。

秋江独钓

霜叶艳于锦,凉波碧似油。
日斜风定后,独钓一江秋。

画　梅

万木方寒苦,暗香林下来。
自怜颜色好,故向雪时开。

瓶梅就残赋示雪姬

折得荒园里,曾看几口红。
始知怜惜意,终不及东风。

作　画

不画兴如渴,稿成笔又迟。
非关迂且懒,得失苦心知。

此　日

此日将何往,驾言去国游。
江河东注海,帆转一回头。

题　画

云横寒雁阵，风起白芦洲。
役役渔家老，何曾解怨秋。

题　画

山黑常疑雨，江深每窟龙。
结庐多水竹，不与世人道。

谢公亭扇

万山奇绝处，树老一亭秋。
陟彼非无路，谢公此重游。

题　画

风声霜李叶，月影腊梅花。
寒意休嫌重，双栖自一家。

题　画

雪后溪山好，仙岩更可怜。
风流数典午，曾见子猷船。

题　画

填壑云藏雨，回峰涧送雷。
结茅凭绝险，恐有俗人来。

菜

碧玉田家女，冰肌翠袖笼。
素心惟媚佛，青白是家风。

江亭寂坐

寂坐江亭雨，休嫌无故人。
窥帘梨照眼，依旧去年春。

题　画

迎潮山有洞,宅佛寿无量。
横海乘槎客,举头见宝光。

墨　梅

美人留素影,林下月方明。
相见还相忆,江城笛声里。

红　梅

命岂红颜薄,春风倚艳妆。
终为高士妇,冷落笑菊娘。

江天月

渔翁蓬底卧,逐客挂帆行。
同是江天月,明明两样情。

春　行

有图含生意,当风得暖清。
没鞋修路草,到处听催耕。

过望仙桥

古市河沿绕,过帆屋顶移。
望仙仙不远,只是日斜时。

逃　税

逃税犹逃虎,民情有古型。
身钱三百六,老虎不成丁。

送　别

大雪满天地,送尔母子行。
含将留别泪,去慰倚闾情。

除　夕

千里风烟隔，终宵灯火明。
思亲眠不得，乃及倚闾情。

闻卖糖粥

中宵声拓拓，深巷卖糖粥。
家有小儿女，床头待食哭。

寒　夜

寒夜睡难隐，灯前有所思。
悲欢怜故我，起读旧时诗。

集蝶庐夜归遇雪

围炉耸笑语，出户惊风雪。
天意如人情，炎凉分咫尺。

蕉　雨

妾意如芭蕉，郎情可如雨？
萧萧复悉悉，时作窗前语。

谒　墓

一别几清明，空山风复雨。
仰看松柏高，泪湿坟前土。

病　目

漆室抬头坐，神枯杂念多。
背阳含涕泪，不看破山河。

王昭君

一去胡天靖，报君托雁声。
画师知死国，留妾作长城。

寒夜即事

窗隙风成咽,林鸟夺暮飞。
老妻搜旧嫁,为子改棉衣。

题 画

贫家无他物,以画祝新春。
梅竹拥顽石,相看自出尘。

题万壑松云图(庚辰)

奔腾过云影,横侧逞峰情。
何必貌黄岳,心同造化争。

题 画

老树乌眠夜,败墙犬吠风。
有谁贪夜读,竹里一灯红。

题 画

闸北成焦土,浦东长野花。
千钱市一叶,老圃已无家。

七 绝

次答伯绳并调子嬰(二绝)

(一)
卅年绮梦花多少,一觉成真妙手几。
老去司勋休问祖,急人赢得断肠诗。

(二)
一家欢笑一人衰,慧剑赚麒亦快哉。
薄幸堪教全大笑,可怜金属为谁来。

阙　　题（二绝）

（一）

梓泽丘墟金谷空，繁华绝代付西风。
绿云满地霜初降，清福何如种菜翁。

（二）

高人妄说餐梅华，下饭何如老圃家。
一味清腴轻肉食，风流毕竟是东坡。

题扆昌渊明高纵图（二绝）

（一）

折腰始觉官还小，挂印原为俸不多。
倘使督邮无此役，永抛三径菊松何。

（二）

好逸务高士气浮，晋人误国是名流。
河山剧目今犹昔，愿与新亭作楚囚。

忆　大　姐（二绝）

（一）

食果分饴侍笑颦，东邻西舍往来亲。
一步行时跟一步，依依五步不离身。

（二）

病不知时死不前，梦魂渺渺隔人天。
可怜一世为兄弟，相处何曾有十年。

题当代名家山水卷（二绝）

（一）

痴迂残懊各名家，尺幅千金询足夸。
侪辈几人堪赵选，晓天星斗暮秋花。

（二）

兴来展卷起云烟，网得珊瑚艺墨缘。

无尽溪山无尽乐，卧游欲借米家船。

索　画

一纸未成一纸申，笔残墨淡腕如轮。
漏深鸡唱难辞倦，索画严于索债人。

答谢李同学赠杖（三绝）

（一）

三尺剡藤万里情，相羊宛与古人行。
从今腰脚夸轻健，举步方知世道平。

（二）

五月重游愿久删，如今有恃乐登山。
白云玄鹤应相待，万壑千峰任往返。

（三）

把手相符举步陪，花前月下共徘徊。
衰年每撼亲朋减，紫气东南首屡回。

代歌者答某君（三绝）

（一）

春到贫家不留春，梅花却自认前身。
敢因雪妒轻香色，恐负多情索笑人。

（二）

百年曾有几时春，况自多愁多病身。
世乱佳品诸弟幼，残灯独照未眠人。

（三）

繁弦急管易残春，苦海萍踪也此身。
一曲强颜声挟泪，听歌哪有听心人。

小　病（三绝）

（一）

忽雨忽晴忽暖寒，拙于将息起居难。

一身垂老关天运，梅子黄时骨自寒。

（二）

但求无事事偏忙，暂息劳生乏异方。
昨夜身添三度热，避风一日不离床。

（三）

病例云山结想真，传神枕上笔难亲。
先生不是贪高卧，为语堂前索画人。

赠某女士（三绝）

（一）

天上人间付梦游，一身出处足千秋。
妆成知否春曾改，如此江山莫倚楼。

（二）

路近长门草不春，堕魂宫井眼曾亲。
尽多胆识轻天下，粉黛前朝几叛人。

（三）

玉砌雕栏剩梦痕，风流却见女王孙。
清湘朗月何曾死，一样江山画里尊。

宫词四首

（一）

未央宫阙仰蓬莱，凤辇新从日下回。
羞道君恩深似海，半分江水照峨眉。

（二）

草绿江南莺乱飞，五侯宅第接云扉。
息宫昨夜新承宠，传语晓鸡不许啼。

（三）

风雨长门锁绿烟，一春残蜡照孤眠。
珠帘处处笼鹦鹉，心事凭谁托杜鹃。

（四）

也曾走狗烹淮阴，金露浅尝恨转深。

弱水难堆虚有石，几回含泪谒长陵。

题　　画（三绝）

（一）

黄叶江南夕照斜，两三茅屋是渔家。
寻诗曾遇放翁宅，几树垂杨噪暮鸦。

（二）

江上柳丝轻若舞，月中帆影白于鸥。
离情难诉西来客，破晓鸡声惊梦游。

（三）

征泪凄随晴塞雁，饿省哀咽露天钟。
可怜月照双栖影，如此江山好梦中。

题瀹冰堂雅集图

文酒东南集众贤，风流追说永和年。
座中都是新亭客，只顾清淡废管弦。

辞赋江关叹久荒，却图盛事瀹冰堂。
衣冠总觉前时好，不写新妆写古妆。

题叔孺马

万方多难正需君，雾鬣霜蹄回不群。
落笔谁能生骨肉，如今重见曹将军。

金粟堆遍细柳前，嘶风踏雪逐轻烟。
论功本有云台分，骏骨还从画里妍。

题杏花燕子图

落英点点逐春江，细雨衔泥燕子双。
最是杏花无赖甚，随风吹入读书窗。

阙　　题

碧峰红树黄峁屋，绿酒丹书白发翁。
老我风尘惭燕雀，得君瀛海笑鱼龙。

阙　　题

雕栏玉砌愁中月，剩水残山画里秋。
薄枝犹堪张傲骨，虚名未敢负清流。

咏 太 湖

江南无数好湖山，不及具区水一湾。
风谷鼋渚堂万顷，读书原与豁然还。

鼋 头 渚

奇石负山势可怜，昂头冲浪浪生烟。
劝君休念钓鳌客，多少闲鸥自在眠。

梅　　园

东山毕竟属名花，桃去梅来横又斜。
策杖记曾频索笑，雪香深处到荣家。

天下第二泉

山势如龙云树封，重来踏叶听晨钟。
幽泉一勺重天下，小坐漪澜洗俗胸。

黄 公 涧

散发披襟欣再来，卧云石上共徘徊。
昔时饮马人何在？往事悠悠问绿苔。

阙　　题

诗中有画画中诗，垂老相知恨未迟。
韵事辋川今似昔，相期畅咏放梅时。

九　　怀

国难既张，朋旧星散，海隅孤客，宁止黯然，歌哭都非，山河犹在，怀我君子，聿九其数。

里西湖畔断桥头，新筑草堂枕碧流。
十月杭州初飞雪，可能人倚徙蘅楼。

式园　缙云山中

奇山天下尊黄岳，云海松峰入梦频。
一自图成三十六，卧游时觉与君亲。

采　曰　新安

艰危历尽一心孤，热泪知缘国事枯。
何当绿杨存雪夜，倚炉为补岁寒图。

香凝夫人　武汉

志气生平薄羽毛，同仇此日策群豪。
河声岳色秦关月，万里古人望旌旄。

虹　波　秦豫军次

不见钱塘陈小蝶，寒窗风雨梦魂牵。
毁家早把湖山卖，何处云林作散仙。

小　蝶　滇南道中

雕栏玉砌任沧桑，一宅圆明作故乡。
倭女多情应联系，蜀人张八是儿郎。

大　千　北平

万古愁添酒一杯，长松树下独徘徊。
河山举目改颜色，不识先生更骂谁。

顾渊先生　白马湖长松山房

书生戎马做人师，别有情怀世不知。
泼墨也应和泪下，晨曦阁上写兰时。

曼　青　永嘉

大言沽祸为家国，海外传疑已足夸。
多少汉儿新著屐，樱花树下抱琵琶。

瘦　铁　东京狱中
丁丑九月学虔楼主草

庚寅三月

道过年关景自良，新年仍是动愁肠。
几回心拙惹花怒，开尽盆兰不觉香。

阙　　题

里西湖畔断桥头，新筑草堂枕碧流。
人未归来春已暮，夕阳闲煞徙蘅楼。

写　　菜

人家写佛我写菜，一样慈悲大士心。
太息世人贪口福，充庖鸡鸭血淋漓。

庚午春正月既望，对月泼墨写此，粗率处愈见雄厚，江都不烦子詁为复堂无此胆量，然耶？否耶？掷笔一笑。

菜

霜青露白倍精神，水墨淋漓恍得真。
艳李妖桃轻薄柳，只将颜色作残春。

题　　画

南枝艳绝倚阑干，犹忆柴门鹤守寒。
正月孤山山下路，何年赢得并肩看？

题　　画

处士梅花徵士菊，千秋人物卓高风。
一年荒熟关民食，劳苦何如种菜翁。

题　画

雨过松花鹤背黄，云山无尽对仙妆。
结庐如是非人境，况有西湖旧草堂。

苏庵以读画楼图属题

山阳淫雨江陵火，浩劫斯文莫问天。
借得小楼堪读画，风流不减米家船。

题杨柳仕女

正是清明雨过天，桃花似锦柳如烟。
踏青不觉鹭湖隔，春色平分姐妹船。

长松山房图

风景天然人画图，两三松树一茅庐。
哦诗把酒皆仙客，晕满青山水满湖。

山　海　关

雪前花后一关寺，车马纷纷劳送迎。
却笑秦皇无远志，只从榆次筑长城。

题陆廉夫仿大痴册

画到晚清势不绝，争从披发弄新姿。
苍浑谁似先生笔，犹有规矩见大痴。

题　画

不学瞿山与个山，此中出入有禅关。
得心且似船行顺，千里江陵一日还。

题　画

不见此君坐不安，移来碧树锁窗寒。
钓鱼已被钓名累，未许高人取钓竿。

秋澄画兰赠兰香化装公司属题

写取幽芳旁碧岚，春闺应与佛同参。
蓬山瑶鸟皆王图，痴绝无根郑所南。

送别韵弟之湘，并怀砚兄

天涯骨肉最相怜，况是乱离值暮年。
一样江城风雪里，五更又送洞庭船。

集蝶庐夜归遇雪

解衣酒后妙争夸，夜迫人归兴更赊。
万户无声初踏雪，明朝好与看梅花。

陆蘅倩写梅寄怀云云

春风依旧到侬家，此时人间第一花。
正月孤山山下路，何当踏雪看横斜。

桑　蚕

三眠三起过清明，无限情思吐又生。
举世能教被锦绣，赴汤蹈火一身轻。

萤

暑雨乍晴月上初，低空时逐乱星疏。
欲从暗处争明路，肯惜微光借读书。

纺　织　娘

花间叶底杼声多，月织轻纱雾织罗。
却笑金闺诸姊妹，斜支团扇看银河。

题美人图四首

（一）

困人天气荡人思，绣到鸳鸯倦不支。
抛却金针娇欲绝，翩翩伸取懒腰肢。

（二）

羽书和雁度衡阳，催寄寒衣暗断肠。
刀尺灯前含泪坐，再将肥瘦费猜量。

（三）

池塘雨过晚凉多，闲倚红阑对碧荷。
别有幽情无语处，垂杨树下弄鹦哥。

（四）

闺帘落叶乱飞红，欲寄秋思怅远风。
回首繁华成往事，谢家西去宋墙东。

题某女士画马

吴兴画马笔生春，一夜霜蹄独得神。
闺阁尽能传妙法，欲教愧煞管夫人。

题 仕 女 图

帘织珍珠席布莲，新妆争倚斗婵娟。
有谁绣倦鸳鸯后，犹把毛诗读几篇。

题　　画(甲申初秋)

鹤怨猿愁秋复春，苍凉云树点无尘。
此生会有清平日，准作看山听水人。

梅

争羡东风第一枝，曾经冰雪有谁知。
功名自古从寒苦，请看此花灿烂时。

题　　画

香衾寒不耐孤眠，把得花枝暗自怜。
却羡炉头痴婢子，也应有梦到郎前。

题　　画

裙带自宽喜子飞，漫抛绣谱笑颜傲。

簪得芙蓉滋鬓饰，今朝应有远人归。

为荣伯学长写芍药

十二巫峰梦往还，离情无限好云山。
人间富贵羞无分，青眼休将认牡丹。

题赵叔孺画马步原韵

神物西来数紫骢，吴兴写骨骏如龙。
即今大宛成王土，得此还堪夸九重。

为伯行补夜赏还唐突并题步原韵

花有开时春未残，月常来处夜非阑。
独怜月下花仍好，扶醉几人得再看。
（当时赏花者八人，而汀露、玉岑、名山皆先后谢世矣）

约　游答某君

百年五秩还过二，五世同堂已到三。
生活老来肩愈重，游程春约梦都难。

题　画

西风逐客有孤舟，九月巴陵忆旧游。
木落波晴看雁渡，湖山如画最宜秋。

阙　题

买得自由乐偶然，废丘残道亦生怜。
御风快似离笼鸟，锁我烽烟已九年。

阙　题

黄衣黑帽白腿警，只见豺狐不见人。
贩负塞途争嬉笑，网开三日是新春。

阙　题

慰劳道苦问饥寒，肥瘦关心贴颊看。

始觉远人归味好，烛花成柱话团圆。

题　画

江山几换六朝春，红板桥头杨柳新。
莫谓兴亡争是梦，撑船犹有旧宫人。

题　画

桃花水涨上湖塘，处处乌篷扫墓忙。
贪醉山翁犹未起，绿杨似幕锁茅堂。

白　菜

白露青霜岁晚天，绿云满圃色肥妍。
写来知是菩提种，长食能教寿百年。

游瘦西湖为榜人画菜

苍烟何处认离宫，艳说纷纷认老农。
犹有六朝金粉气，醉人三月菜花风。

菜

城南老圃字坡仙，卖菜钱多作酒钱。
却笑侯门弹铗客，只贪鱼肉乞人怜。

菜

本来食色是天性，食不求鱼色即花。
借得荒园三百亩，树荫种菜此婆娑。

题　画

峰似莲花瓣瓣开，翠云过去白云来。
此中闻有仙人住，高处种松低种梅。

黄君招饮，与萍儿俱，戏答主人

乱世危城一醉难，良朋此日兴同餐。
论诗赌酒浑闲事，总觉交情耐岁寒。

为歌姬秋写秋海棠

弱不禁秋易断肠，金风玉露惜红妆。
江州老去惟馀泪，调入胭脂写海棠。

镇扬渡口赠友

二分明月三分酒，千里大江十里亭。
不许巴猿惊客梦，好凭越鸟寄离心。

题　画

夕阳红树暮烟岫，无恙溪山放数舟。
一阵惊寒闻雁语，举头西北动边愁。

还乡道中得断句

无恙溪山迎故我，有情鸡犬近邻村。
桑麻久废愁行色，道路曾经认梦痕。

梦五亩荷

风来四面晚香多，一笠茅亭五亩荷。
十载不归犹有梦，倚阑干听采莲歌。

田　间

纺纱织布复栽棉，夜不离机日在田。
十月全家风露里，添衣隔岁借工钱。

江　水

滚滚江水去不留，直下石头到海头。
两岸青山如欲问，几时回首向西流？

台湾兰花

王者于今别有香，凤仙比艳作红妆。
所南笔下无根草，犹得台湾作故乡。

丁亥除夕

未能免俗又过年，卖画钱分压岁钱。
低语诸孙休放爆，阿翁心已怯烽烟。

硖　　石

千里江南不见山，一丘负石亦当关。
崔嵬多少置荒僻，偶得居奇尤可攀。

菜

（一）

青霜白露入高球，野眼萧然绕绿啼。
鄙绝侯门弹铗客，食无鱼肉暗生愁。

（二）

满地烽烟草不春，有谁无食吊斯民。
一片慈怀秋愈阔，寒家犹有素心人。

（三）

龙门身价重荒年，一叶贵于卖肉钱。
总觉得时飞素愿，万家茅屋几家烟？

（四）

荒园实木旧离宫，浴露含霜碧几重。
莫道古寒犹此色，本来青白是家风。

苇窗书屋

一屋深藏绿树限，临流终日板门开。
有朋自远来相话，不是花媒是酒媒。

荒　　园

三月春风似画家，荒园草木亦荣华。
胭脂乱点垂樱粒，粉墨纷披作豆花。

贪　　睡

未原雨气连天绿，草屋风声透碧寒。

时近农忙人易倦，啼残布谷不离床。

申生寄红叶答谢

分明叶叶是秋心，寄予樗翁报好音。
历尽风霜方恋绝，何须迟暮费沉吟！

题　画

数株杨柳一茅亭，浅碧溪流款越舲。
燕子安知王谢事，双双飞破蒋山青。

为慧珠画扇

乱离何处足安身？青浦江南地出尘。
深欲挂帆从此去，江乡鱼米一尝新。

题江城晚采图（辛巳）

乱离何处问乡关，梦逐烽烟日往还。
闲福犹堪寻纸上，白云红树写青山。

题晴岚暖翠图（己卯）

入夏溪山忽雨晴，浓荫高下绿成城。
寻凉小步柴门近，饱听蝉声与水声。

题层崖飞瀑图（己卯）

飞流百重挟雷声，奔壑悬崖夺涧行。
泽被原知河海大，素心莫负载山清。

题西风野桥图（庚辰秋）

仙源艳说武陵溪，流水桃花路久迷。
一曲松风神自远，洞中如闻晋时鸡。

题溪山钓鱼图（庚辰秋）

水墨淋漓意着空，何须点染学南宫。
胸中自有龙蛇在，万壑千山倏雨风。

题西岩夜泊图

浅水芦花倚钓竿,露水岩下不知寒。
可怜一片松间月,胜傍雕栏玉砌看。

题深柳草堂图(庚辰)

老怀湖海悔风尘,闲读奇书理钓纶。
自有仙缘心外世,垂杨深护草堂春。

题四明春霁图(戊寅夏)

飞峰舞瀑绝尘寰,策杖新从雪窦还。
满壑云藏天下雨,太平重看四明山。

题翠野放牧图(辛巳)

乱离无地问桑麻,叱犊唤鸡乐忍夸。
写取江南春梦景,绿杨多处两三家。

题秋林赏晚图(己卯秋)

丹林斜照若耶溪,踏叶惊看雁阵低。
有约不来秋又晚,缄愁谁寄锦江西。

题兰亭修楔图

安排棋局更煎茶,小叙山林逸兴赊。
莫艳兰亭修楔事,群贤大半是无家。

词

无闷　金陵书怀

龙虎江城,金粉六朝,前事荒烟流水。说王气犹存,石头堪倚。生把长安弈顶,看白日青天风云际。飞飞燕子,盈盈桃叶,重还辇底。

春去住无计。须草长莺啼,重门深闭。那巷口、斜阳乱红委地。绮梦荒唐,乍惊听、败叶西风秋含涕。只剩得、残乌空陵,唤不觉钟山起。

己卯四月，余初学填词，此又破题儿第一遭也。以之就政永嘉夏瞿禅，夏子以为有梦窗气息，不觉喜而忘形。

绿意 赋萤

春原草宿。酿湿痕作影，光散临麓。近水偏多，闭月还明飞，自照幽独。西风不胜雷塘梦，化万点秋魂相逐。更哪堪、雨暗黄昏，败井废苔凝绿。

还记荷亭露坐，小倚画罗同扑。而今一园繁星乱，但冷飐萧萧疏竹。等恁时、闲贮绡囊，怕展翠笺重读。

虞美人

冰痕微借斜阳送。钓小惊鱼梦。多情还说十分圆。才画些儿着意便婵娟。

笼阶夜色如烟薄。花影轻帘幕。倚阑不用更迟迟。只向黄昏一见最相思。

清商怨

津宁飞絮倦舞。趁峭帆南浦。别酒初醒，春潮催瘦舻。天涯花落更苦。客乍到、春又归去。梦遍千山，江寒无杜宇。

南乡子

寒意剩春纤，放燕归来又下帘。蝴蝶渐稀人渐懒，厌厌。满地清榆午梦甜。

淡日隐重檐。云气烟痕百态兼。睡起却惊天影暗，看尖。愁似春阴向晚添。

角招

傍花醉。无端一片花飞，又趁流水。画船春去矣，锰折绿杨，幽恨都起。芳游梦里，谱艳曲流莺能记。昔日青青犹在，到风雨客归时，管相思千里。

谁使，单衫聚泪，冰纨写怨，黄九诗经寄。露桥惊会后，怕贴双蛾，羞郎憔悴。烟绦踠地，似说与飘零如此。叶落江谭尚未。漫忘却玉箫心，银屏事。

齐天乐 丁亥三月

半春丝雨声中过，河桥已清杨柳叶。断角吹寒，孤帆滞远，可是将离世界。家山梦幻，对岸芷汀兰，楚骚声阕。那不还乡，杜鹃啼后更愁绝。

潇湘春色似画，剩峰斜照里，悲恨休说。鹤唳空江，鸦栖旧垒，景物归来都别。羁怀暗结，怕瘦尽东风，驿梅难折。后夜西窗，镜尘添鬓雪。

扫 花 游

扇香乍倚,看瘦尽疏红,晓光吹雾。碎阴似舞。沍村烟漠漠,润生窗户。怨雀空枝,莫有东风替补。送春处,又千树嫩晴,春未归去。

芳讯休更数。但早与安排,听莺情绪。秀眉斗抚。画新妆暗换,旧时花谱。万翦齐匀,渐隐楼台细雨。燕归阻。淡斜阳翠深庭宇。

忆 旧 游

记星街掩柳,轻雨穿纱,悄叩闲门。酒态添花话,任翩翩燕子,偷啄红巾。篆销万重心事,窗影护憨云。甚飞絮年光,绿荫满地,断送春人。

痴魂。正无赖,又琵琶弦上,迸起烟尘。鸿影惊回雪,怅天寒翠竹,色暗罗裙。黛蛾更羞重斗,邂面月黄昏。数说与东风,垂杨淡碧吹梦痕。

郑午昌文章选登

中国画之认识

人类艺术之一体——画，初为个人感觉想象美之表现，而用以自娱；一切形象色彩，惟随各个人感觉想象美之程度而为相当的表现，以达可以自娱之目的，固无定相，无定法，亦不容又如何之鉴别也。及人类既渐繁殖，其生活状况，随自然或人为的环境的复杂，遂以形成社会；各个人之所感觉想象一切精神的活动，顺应其生活环境而演进，卒以形成文化的社会。某地方某时代的文化各个社会，自由各个人精神活动所形成；然形成之后，便生地方性、时代性、或民族性，其权力亦能衡量各个人精神活动之结果而是非之。其所谓“是”，即为多数人所“是”，奉行之，提倡之，遂成为文化的产物；其所谓“非”，必为多数人所“非”，鄙弃之，漠视之，遂成为文化的遗蜕。绘画由个人之感觉想象简单的表现，随人类生活而演进，历经文化社会之衡量，是是非非，卒得与多数人心灵相契合之某种形象色彩与法则，各就其时代的精神、地方的环境、民族的性情、而成为一种艺术，渊源有自，炉锤有别，虽同一民族，因时地之不同，而画异风；同一时代，因人地之不同，而画异法；甚至同一地方，而人自为派；同一派中，而人自立门；然就其代表作家者而言，则必有其适合于文化社会衡量之所在，多少含有其民族性、地方性、时代性之共同色彩与精神。故画家者流，对于自己的作品，不妨逞其天才，摆脱古今，以自表现其个性；若欲衡量自我以外之作家作品而是非之，则不可纯凭主观，至少当在那综合被衡量者之历史、地理，及其时之政教风俗等背景，而研究其关系也。

吾国绘画断自有虞以迄现代，已有四千余年之历史，聪明才智之士，深研笃好，不知其几千数，递嬗演化，以有现在之造诣，卓然在世界艺苑独树巨帜，而领有东方之全域，是必有其所以然之故，为吾人所亟当认识者。顾现代画家及以提倡中国艺术自号者，往往凭个人主观之好恶，妄加讥评；甚至不分皂白，一概抹杀，若非摧毁而扫灭之不足以光明中国艺术之前途者也。鄙陋如余，心窃惑焉，请陈其说。

就历史的事实而论我国画之地位

艺术随人类生活之背景，影响与精神而为顺时之演化，故有永久历史之民族，其艺术成绩，必较繁富而有价值。盖艺术是向创造之路不断地行进，顺应人类一切活动而创造，政治、宗教、教育以及其他种种，皆不能不借助或利赖艺术之功用，以圆满其活动，装饰其历史也。我国艺术成绩之最繁富而有价值者，当推绘画。国画起源何时，殊乏信史。传说伏羲氏画八卦，殆为画之胚胎。其后史皇作图，史皇即仓颉，其制作大率为象形体，盖已具绘画之雏形矣。黄帝尝画蚩尤之像以弥乱，图神荼与郁律之形以御魔鬼，则在纪元前二千六百余年以前，我国已有人物画矣。其后历唐而虞，绘宗彝，画衣冠，用绘画之处愈多。而舜之女弟，且特以画名，实为我国画祖，时则纪元前二千二百余年也。自虞舜以还，君权确立，因求政治之稳固，礼教之化行，往往利用绘画，以为警戒诱掖之工具，绘画遂益以发达。周代服、冕、尊、彝、旌旗、门壁诸类，无不饰以绘画，用别上下之序，垂废兴之诫。其时关于绘画之轶事趣闻，亦有足为记述者，如周君之画荚，敬君之状妻，艺林传为美谈是也。历秦而汉，文帝武帝并极注重，武帝创置秘阁，搜集天下法书名画，其职任亲近以供奉百物者，如黄门之署，亦有画工以备应诏，是实为画苑之滥觞，时在纪元前一百四十余年。后元帝沿其制，设尚方画工，使尚方画工。东汉明帝亦尝创鸿都学，以积奇艺，别开画室，使尚方画工图绘经史故事。在上者既多方提倡，于是画家辈出，毛延寿刘褒等皆其著者。及董卓之乱，山阳西迁，图书缣帛，军人皆取为帷囊；又当时所收而西之七十论乘，亦因遭雨道艰，半皆遗弃，实为艺林浩劫；然亦足见汉画成绩之富，而汉画之施于金石者，犹弗计焉。三国虽杀伐相仍，号为乱世，然王室士族之好尚绘画，则较汉代有加。魏曹操吴孙权蜀诸葛亮，皆雅好之。而魏人杨修、桓范，吴人曹不兴、赵夫人，尤为著名。至于晋，则荀勖、张默、王廙、史道硕、卫协、顾恺之，世称大家。其时社会欣赏画，亦殊具热忱。顾氏之画瓦棺寺维摩诘像，立致施钱百万；陶渊明、王逸少、石季龙等高人豪士，皆置画扇，出入携之；桓玄既篡晋位，尽有内府真迹，尝以示刘敬宣，以为欢迎上宾之隆礼；皆其例也。南北画家之杰出者，以吴人陆探微，梁人张僧繇为最著。陆氏画六法皆备，一笔画为其创作。张氏尝画凹凸花于一乘寺门，实开我国画阴影之法门。其时收藏绘画，公私并力，而建康所聚尤多。刘裕既败桓玄，即使臧熹收其藏弃。南齐高帝择其精者录之，自陆探微至范惟贤，凡四十人，为四十二等，二十七帙，三百四十八卷，听政之暇，以供披玩。梁武帝尤加宝异。元帝雅有才艺，古代珍奇，充塞内府，侯景乱后，所有画迹，载入江陵，为西魏将于谨所陷，元帝将降，尽焚所有法书名画，且欲身殉，于谨等从猥烬之余，收得四十余轴，归于长安。于干戈满地，战乱逼睫时，犹知珍惜绘画如此。陈天嘉中肆意擅求，所得亦复不少。及隋平陈，元帅记室参军裴矩高颎收诸内府，得八百余卷。炀帝于东都起二妙台，以收藏之，又尝自撰艺术图五十卷。一时名工巨匠，争起用世，展子虔、董仁伯、阎毗、杨契丹、郑法士，皆其著者。后帝幸扬州，尽将所有随驾，中途船覆，大半沦弃。炀帝既亡，并归宇文化及。化及至聊城，复为窦建德所取，其留东都者，则为王世充所取。是乱世英雄，亦皆能视绘画若至宝也。其时寺观壁画之盛，有过前代。唐高祖、太宗诸帝，欲以提倡文艺为治本，于画尤极注重。当窦建德、王世充就擒，珍奇皆归唐室。高祖尝命宋遵贵载以西行，经砥柱，忽遭湮没，仅有十之二归诸御府。太宗旁征博采，所收尤多.因是名画之录入《贞观公私画史》者，达二百九十三卷。天后之世，内库图画，张易之又奏而修之，纠集名工，使各推所长，锐意摹写，仍旧装背以之点缀盛治。高祖太宗皆有画名，王族亲贵，如汉王元昌，韩王元嘉，滕王元婴等，亦皆习之。又当国基初奠，极欲夸示威德，收拾民心，每逢战胜奏凯蛮夷职贡之事，辄命臣工图画以进。阎氏兄弟，实为当时巨匠。至开元、天宝间，承平日久，文人学士皆得研究绘事。玄宗于画尤有深得。一时名家如吴道玄、李思训辈并起，以人物山水备受宠礼。同时王维以泼墨山水名重一时，张璪、王治皆传其法。而以画马名之曹霸、韩幹、韦偃，以画花鸟名之边鸾、刁光胤、滕昌佑，皆先后辈出，为时宗匠。及乎晚唐，周昉称大家，而张南本、孙位亦各以专诣名世。故唐人画迹之多，或为卷轴，或以屏障，或施于寺壁及诸杂器等，不可更仆数。即以《宣和画谱》所载而论，自阎立德以下凡七十七家，已有画一千一百八十六件矣。当时社会对于绘画之鉴赏收藏，亦极一时之盛。如董伯仁、展子虔、郑法士、杨子华、孙尚子、阎立本、吴道玄等，屏风一扇，其值有达二万金者。一般文学家对于绘画，又往往乐为赞美鼓吹，歌咏题记，以及种种神话，见于各家诗文集及笔札中者，不可胜计。民众每受此种美妙之宣传及诱惑，故迟至中期以后，争视绘画为瑰宝，得经鉴藏为幸事。五代梁，道释山水，皆有特长。道释以张跋为著，大起竞美之风；山水以荆关为首，穷极变化之妙。而赵岩、刘彦齐则皆以精于鉴藏名。南唐、前后蜀，一偏于西，一偏于南，以地理关系，得苟安于五代兵火之外，画风极盛，建业成都，实为当时文艺之府。画苑人才辈出，南唐之周文矩、曹仲玄，前蜀之房从真、宋艺，后蜀之赵德玄、黄荃、蒲师训，皆其卓卓者也。而其高鸣苑外者，则如徐熙、贯休，时称大师。宋室历帝，无不奖励画道，优礼画工，画院规模益宏。开国之初，即置翰林图画院，罗致天下艺工，优加禄养，郭忠恕、黄居寀、高文进、董羽等，并为翰林待诏。在院外者则有李成、董源、范宽，尤为有名。真宗以还，每有建筑，须装饰者，往往征集画工，从事绘画。景德末，营玉清照应宫，元丰中，修景灵宫，皆命画院及四方名工共绘障壁，史称盛事。徽宗嗜画尤甚，宣和中，尝筑五岳观、宝真宫，征集天下名工，图画之饰，尤较玉清、景灵为盛。待遇画士，亦较优异。政和中、兴书画学院,仿旧制,设官六阶。旧制,以艺进者,不得服绯紫带佩鱼,至政和、宣和间,于书画院之官职,独许之;又待诏到班。首画院、书院次之,其特重绘画也如此。甚至取士之法,于诗文论对外,兼试以画,实开前古未有之局。其法仿太学之试目,以敕令公布课题于天下,补试四方画工。应试称旨者,拔召入院;不称旨者,流落院外。于是院内院外,互起轧轹,谓院工所作,多系工巧浓丽,遂有所谓院体画者。初,太平兴国间,尝诏令天下郡县,搜访名迹,又命待诏黄居寀、高文进等,搜求民间图画,铨定品目。端拱元年,置秘阁于崇文院之中堂,收藏古今名艺。由是而真宗、仁宗、神宗,皆以好收藏故,累有所积。及徽宗宣和间,御府所藏益多。因敕撰《宣和画谱》,所录古今名迹,凡六千三百九十六轴,是实为我国关于画学有数之记籍,亦足以见我国成迹之伟大也。当时贵官巨室,亦多好招致画工,收藏画迹,童湜之给养易元吉、郭熙等,丁晋公家之蓄李成寒林至九十余轴,皆其例也。宋室既南,画学不废,绍兴画苑之盛,不减政宣。李唐赵伯驹、马兴祖等,皆其著者。嗣后自孝宗而宁宗,画院人才,自苏汉臣、阎次平外,尤以刘松年、李嵩、马远、夏珪诸待诏为著。所谓刘、李、马、夏四家者也。至庆元、嘉泰间,中兴馆阁储藏,虽不及宣和绍兴之富,亦颇有名迹。惟自是以后,边患日急,政府无暇顾念及此,画院因而渐衰。而淳祐、成淳间,豪贵士绅,则争事收藏,吴兴周密,即以善鉴赏名。元起漠北,入主中国,毳幕之民,不知文艺之足重,待遇画人,殊不如前朝之隆。明承宋制,复设画院,洪武、永乐,俱有征集。边文进、范暹、郭纯、卓迪等,或以花果翎毛,或以山水,或以传神,皆被荣宠。自后如宣德,成化,弘治诸朝,画院之盛,仿佛宣和、绍兴。其时名家如戴进、周文靖、吴伟、吕纪、王谔、林良,皆擅绝艺,直仁智殿。自嘉靖后,国家多故,画院渐替,至万历而益颓废。于是院派画衰,而院外名士,如文、沈、仇、唐,相继鸣高,各有徒党,而浙、皖、吴诸派,分域称盛焉。清虽以满族人主中华,然自世祖而圣祖,而高宗,皆雅好绘画。厥后如仁宗、宣宗、文宗,虽忧患频乘,而亲政之暇,亦时习绘画。以故海内士人及文学侍从之臣,多有以能画受殊荣者。缪炳泰之写高宗御容,张若霭、张若澄兄弟之图镇海寺雪景,董邦达、董诰父子之绘雪山,皆为艺林佳话。尝设内庭供奉,内庭祗候,以罗致画士。如意馆者,凡内宫绘工、文史、及雕琢玉器、裱背帖轴之匠皆在焉,帝尝亲临视之。及清季世,慈禧后听政之暇,亦怡情翰墨,尝命选能书画之妇人,供奉内廷。时云南缪氏,所谓缪太太者,实备受其恩宠焉。

在君王专制时代,文艺之盛衰兴废,往往以君主之好恶而转移;而君主之好恶,亦随时代之需要而轻重。故为某时代君主之所好尚者,则其在某时代之地位如何,亦可想见。我国自立国以来,政治之沿革,朝代之废兴,诡谲倏忽,不可言状;然有为之君主及多才之士夫,要无不崇尚绘画,其过去之史实,有如上述。是虽因政治或宗教等等之故，有所利用而然；而绘画在我民族文化史上成绩之特异，地位之重要，势力之伟大，于此亦可以概见矣。

就民族性的特异而论我国画之地位

人类对于物质之要求，必先满足其生活之所需；而其精神之活跃，则每于求生活之暇，而益形积极。我民族既以关于地理的优惠，无用急切为物质之要求，而可整暇的为精神之活跃，于是文艺之盛，遂为我国民族造成灿烂之历史，而照耀于世界文化史之卷首。抑我民族所生殖之地，北限大漠，东临巨浸，西则崇山高原，相塞以为固，与四邻诸侯，无多接触。而四邻诸族，文化幼稚，所谓蛮夷戎狄，亦尝因生活上物质的要求，羼入劫掠，然其破坏之力，终不能危害我根据黄河、长江诸大流域而生殖之民族的文化。在此地理历史的环境下，我民族对于文化事业，遂养成两种习性：曰和平淡泊，曰包含同化。此种习性，在绘画上尤能显见。我国绘画索诸金石鉴诸卷轴纵古今异时，南北异地，精粗工率异制，而其描皴傅彩，则若有一致之观。即以平淡天真为妙，能使人见之心怡神宁，超然逍遥乎尘世之外也。例如画人物，工于面貌，则写于衣褶；工于衣裙，则写于面貌。画山水，用重色者，其笔多工细；用淡彩者，其笔多纵逸。其他画法亦然，盖于笔墨调和之中，而见幽兴奇趣，斯为上乘。其间亦有狂怪矫桀，富于刺激之作，惟以不合我民族的变化习性，概归淘汰之列。其所流传者，要皆平淡天真，笔墨调和者也。南北宗画，各具特长，而南宗以温静淡泊之风，卒胜北宗之刚健浓重；其流传亦较广且久。至若道释人物画，自南北朝以还，卒从“原样摹写”之重色画法，渐渐和平淡泊化；及宋李公麟出，竟以白描擅长，其声誉之隆，真欲压倒吴生。是皆由民族特具之习性，有以衡量而去取之使然，非可勉强者也。故我国画家，至汉即有工匠士夫之分，工匠应事实而制作，未免板重，故近俗；士夫随性灵而描写，兢兢于兴趣，故多雅。于是画家造诣可为估定人格之标准。沈宗骞曰：“笔墨虽出于手，实根于心。鄙吝满怀，安得超逸之致；矜情未释，何来冲穆之神。郭恕先、黄子久，人皆谓其仙去，固不可知；而其能超乎尘埃之表，则有独绝者，故其手迹流传后世，得者珍逾拱璧。苟非得之于性情，纵有绝世之质，穷年之力，亦不能到此地位。”李日华曰：“文徵明自题米山曰：人品不高，用墨无法。乃知点墨落纸，大非细事，必须胸中廓然无一物，然后烟云秀色，与天地生生之气，自然凑泊笔下，幻出奇诡。若是营营世念，澡雪未尽，即日对丘壑，日摹妙迹到头只与髹采圬墁之工争巧拙于毫厘也。”观此，可知我民族所认为有最高人格之名画家，必须有超逸之致，得冲穆之神之士夫；而非营营世念，与髹采圬墁之工争巧拙于毫厘者。故我国画精神之可贵，及画家人格感化之所及，不但可以表示我民族和平淡泊之特性，且足以使纵欲昧理,贪利忘义之万恶人类,有所感觉而改悔。余尝感怀时事,发为侈语曰:使美育果足以代宗教,而中国绘画果得随宗教性的美育,流布于世界,世界人类亦能有相当之认识,则人类心理将见新建设,而真正的和平,方能实现。顾国人不察,昧于自知,往往讥评由和平淡泊的最高人格所表现之绘画,谓为极少刺激,味同嚼蜡,远不及西画之足以动人美感。不知西画固美,而我国画之美之感人,其势微而渐,盖脱去形迹,徘徊想象,精灵内蕴,情味深藏,鉴之者如寻桃源,不得其津,自有废然而返之憾;苟入其门,则此中乐不足为外人道矣。十年前尝客杭州,居停屡以沈石田尺页见示,并亟道其高逸。时余方好摹石谷子,以为笔墨如此草率,直顽童涂鸦耳!以后学稍进。始悟沈氏所作,趣味确远出石谷子上。于是知吾民族所认封最高人格所表现之绘画,其价值断非浅学者所能骤然认识,盖不有审美根底之俗眼,其认识力只及于形似及色彩红绿也。

我民族既以久远之历史,构成特异的文化,其根基自难撼动。又夙以文明古国自号,对于四邻诸族,常以先知先觉自居,一本和平淡泊之精神,乐以文明相灌输。凡异邦臣民重驿来游者,必待以优礼,以张我上国体面,如汉之于西域,南北朝、隋,唐之于日本、印度,殊多此项史实。因此,域外文化,亦随时输入中国。考域外画家之来中国者,当以蹇宵国人烈裔为始。烈裔于秦始皇元年来献画,《拾遗记》述其事,以为艺林美谈。然其画于中国并不发生影响。汉室既东,印度佛画随佛教流入中国,吴人曹不兴,即以范写西国佛像为我国佛画祖。自是晋之卫协、顾恺之,皆以善佛画名高一代。至南北朝时,中国画家之稍知名者,尤无不擅长佛画,如张僧繇、曹仲达、陆探微、顾骏之、毛惠秀、王由等,或绘饰寺院,或染翰绢素,盖其时绘画,几以佛画为中心焉。僧繇尝以天竺法画一乘寺凹凸花,当时传为奇观,则当时画家之倾心域外艺术,而刻意于原样之摹写者,已可概见。及乎隋唐之世,因佛教盛行中国,僧侣善画者,来中国益多,如大小尉迟,皆以善画外国风俗人物擅名当世。于是佛画外,更有所谓外国风俗人物画者,流行中国。惟是时中国画家,已渐不专以佛画及外国风俗人物画为能。隋名家如郑法士、展子虔、阎毗、董展等,或擅长人物,或擅长楼台,或擅长山水,其专以画佛及外国风俗人物名者,惟尉迟跋质、那迦佛佗、昙摩拙义等数外国僧侣而已。唐代各门画法,并极讲究,而仿效佛画形制之道画,其势且驾佛画而上之。当时擅遭释画者,当推阎立本、吴道玄、卢楞伽三家,孙位、辛澄、张素卿次之,其中惟卢氏专画佛像,吴氏道释兼长,其余则皆多作道画。是虽唐代尊尚道教有以使然,然我民族文化之特性,不肯弃已所长亦不肯蔑人之美,则已由此可见。试观唐代佛画,面部多美秀而文,与前代迥异;且不重形制,而讲笔墨神趣,设色勾勒,均经中风之陶冶。盖已由原样摹写,而进于别开蹊径,自寻真面目矣。惟自魏、晋以来,中国之画家因时见域外绘画之制作,知其用笔取象之迥异，乃敢悍然于古法时尚之外别讨生活，其有助于我民族艺术思想之解放，实非浅鲜。五代擅佛像人物者亦不少，惟多系江湖游士及僧侣，士夫已渐不以为重。南唐、西蜀，号称文物极盛之邦，亦复如是。及李克用以沙陀入主中原，契丹画家如李赞华、胡环等，皆以善写胡地景物著名，放牧、戈猎、时见绢素，汉人李玄应等往往学之。然限于局部，未见盛行。及宋而佛画益不及道画之盛，一般士夫之作佛画者，类不作胡貌梵相，多以水墨写之，及李公麟白描人物之风启，以前由域外传入之人物画法，遂如风卷残叶，无复存在余地矣。元起漠北，本无甚文化，入主中国后，卒以汉族文化力之伟大而被同化。明、清之际，西洋教士布道中国者，如利玛窦、汤若望等，亦常以宗教画为宣传之具，各处教堂，又多供养圣像，因此中国人之学习西画者，亦多有之。如曾波臣其尤著者也。清初画院，兼征西教士，以郎世宁为最著。汉族耶教徒之善画者，如吴渔山，亦稍受西画法之影响；而钦天监五官正焦秉真，长芦盐院莽鹄立，亦皆以擅西法名。于是中国画坛，于印度佛教美术宣告涅槃以后，又受西洋耶教美术之洗礼矣。及乾隆之季，因奉耶教者，不能奉祀祖先，大违国人心理，西教遂被禁绝，西画士不复至中国，国画之被西画衣服者亦即改还本装。及乎清季，西人来中国经商者日多。鸦片战争后，国人醉心西洋之坚舰利炮，号称熟悉洋务者，稍稍输入西洋文明，以为维新，于是中绝之西洋画，乃重现色相于中国艺坛。学校教科，亦列入图画一门，李瑞清实首创之，其后北京上海专门研究美术之教育机关，相继创立。所讲习者，概以西画为主。且有远涉重洋，归以所得宣耀于国人者，于是洋画渐有凌驾国画之势。最近各国立私立之艺术专校，虽亦首列国画，而学习西画之学生，则犹较于学习国画者为多。主办者之注意力，亦偏重西画，一若国画不值提倡者，关心中国固有艺术之士，见西画之实逼处此，每用喟叹，恐国画之将从此沉沦。实则我国画坛与域外艺术相接触而发生关系，今已为第四期。以我民族文化之特性，而证以过去之史实，对于域外艺术之传入，初必尽量容受；继则取精遗粗，渐收淘溶之功；终乃别开门径，自见本真。近来国画家或开画展，或刊图书，共起为种种运动；即称为洋画名家而于国画曾抱极端反对态度者，亦渐能了解国画之精神，幡然自悔前此之失言。武进刘海粟，天才奇伟，此次欧游，所得益多，作品一再选展沙龙，有东方艺术界狮子之荣誉，然其于国画之认识，与日俱深，进著《国画概论》有云："吾国画虽有时代之变易，及门户派别之分歧，然多能超脱自然外观，而不囿于见觉，发表画人伟大之心灵与独得之感应，而尽画之极致也。"新从欧游归来之艺术名家汪亚尘，亦尝为余言国人学洋画之幼稚，亟须提倡国画，以促进文化国际之地位。然则我国绘画之风气，又将于第四期域外艺术传入之后，渐见新机；固无待于蓍龟矣。

就画学进程而论我国画之造诣

综观中西绘画,而寻其演进之次序,可分为四程:第一程漫涂,第二程形似,第三程工巧,第四程神化。此四个程序,无论综合中西绘画全史的进程,或个人绘画一生的进程而言,虽迟速有别,而皆不能逾此。西画之古典派、写实派、自然派等,皆属由第一程进于第二程,力求形似者也。印象派、新印象派、后期印象派,即由第二程进于第三程,力求技巧精工者也。立体派、新浪漫派、象征派、未来派、表现派等,皆由第三程而进于第四程,力求脱略形迹,出神入化而尚未成功者也。惟西画之进于第四程,纯求精神的表现自我者,不过是19世纪事;较我国画约后一千四百余年。盖我国画有所谓六法者,南齐谢赫实首创之:一曰气韵生动,二曰骨法用笔,三曰应物象形,四曰随类赋彩,五曰经营位置,六曰传模移写。六、五两法,属于第一程,而进于第二程矣。四、三两法,则属第二程。三、二两法,属于第三程。一法属于第四程。按六法次序,以第四程列于第一法者,盖已知绘画之究竟,在神韵,不在形似;在表现情感,不在移写实物;在能超乎想象外,神与造物者游,不在拘泥形迹,专事技巧:故六法乃归纳往哲研究绘画理法之心得,成为专律,实为我国美术史上之大发明也。

我国在汉以前,对于绘画,极少学理的研究,至汉始间有之。刘安之言曰:“寻常之外,画者谨毛而失貌。”张衡之言曰:“画工恶图犬马,而好作鬼魅,诚以事实难形,而虚伪不穷也。”是皆主张画贵形似者。盖汉代绘画之应用,实含礼教化而偏于人事之实际,所作一以古典的人物画为中心,尚无赏鉴审美之程度也。及魏、晋、南北朝时,士夫能画者渐多,山水画法,随晋室东迁而隐然继人物画法而兴起于江南,于是绘画思想大变,在力求形似之画法中作更进一步之研究。宗炳有言曰:“……以应目会心为理者,类之成巧,则目亦同应,心亦俱会,应会感神,神超理得,虽复求幽岩,何以加焉。……”王微亦尝论画之情致,其论画致,一以灵动为用,曰:横变纵化,而动生焉;前短后长,而灵出焉。盖言画者,非特依形为本,尤须心会其变耳。其论画情,则以运诸指掌,降之神明为法;以扬神荡思为的。可谓要言不烦。而谢赫之方法,亦于是创立焉。抑我国之山水画,即西洋之风景画也。1824年,康司坦堡尔在法国沙龙出品之“秣草车”(The Hay Wain),西人认为在风景艺术史上一张另开新纪元之油画。盖自是之后,法国画坛,受其热烈的影响,天然的、新鲜的、明耀的风景画,遂从专事抄袭的古典人物画之积习中,崭然露其头角。然以较之我国山水画之发明,为时至少约迟一千五百年,是则我国绘画实为世界艺坛之先觉,有不可妄自菲薄者。

谢氏是以六法为我国画学之公例,并以气韵生动为极则,然其时因受佛教美术之影响，除少数士夫继续由第三程向第四程努力前进，其大多数之画士，则依然受宗教支配，从事摹写宗教的古典人物画；且盛行极工巧之台阁画。隋之展子虔、董伯仁、郑法士辈，无不擅长台阁，界画精严，不失尺度，恐西洋写实名家，亦无此手法也。唐画亦然。然就当时关于论画之作观之，则其所主张而提倡者，已以神韵气趣为主，而不拘于形象。张彦远之论吴道玄曰："守其神，专其一，合造化之工，假吴生之笔，所谓意存笔先，画尽意在也。夫用墨笔直尺，是死也；守其神，专其一，是真画也。死画满壁，曷如圬墁；真画一划，见其生气。夫运思挥毫，自以为画，则逾失于画矣。运思挥毫，意不在画，故得于画矣：不滞于手，不凝于心，不知然而然，虽弯弓而挺刃，植柱构梁，则墨笔直尺，岂得入于间乎？……"是则不但不以拘泥形迹为是，且不以心役笔墨为能；而欲于点画，离披缺落之中，见其气韵矣，张氏又有言曰："夫阴阳陶蒸，万象错布。玄化亡言，神工独运。草木敷荣，不待丹碌之采；云雪飘飏，不待铅粉而白。山不待空青而翠，凤不待五色而綷，是故运墨而五色具，谓之得意。意在五色，则物象乖矣。……"意不在画，而画自得意，是之谓化工。作画尚不可存意，罔论拘于形象，满于技巧？我国画高深之学理，盖至唐贤已阐发无遗矣。故自是以后，我国画学，以直向第四程前进为依归，非如是者，即被斥为工匠圬墁，不足齿于艺术之林。阎立本、李思训之盛名，不及吴道玄、王维、郑虔；而荆浩、关仝，徐熙、李公麟、米芾之身价，远过郭忠恕、高益、赵昌，职是故也。宋人对于画学之主张，则以一理字为主；惟其讲理，故尚真，惟其尚真，故重活，而气韵生动机趣活泼之说，遂视为图画之金科玉律。黄庭坚曰："凡书画当观韵。"沈灏曰："书画之妙，当以神会。"董逌曰："丘壑成于胸中，既悟则发之于画，故物无留迹，累随见生，殆以天合天者也。李广射石，初则没镞饮羽，既则不胜石矣，彼有见石者，以石为碍。盖神定者，一发而得其妙解；过此则人为矣。"观此，可以知宋人对于画学之概念。至元季四家出，以简逸之笔，成苍秀之作，而我国古来论画学者所最提倡之学说益能证其不谬。盖宋人论画，注重物理，而神韵气趣别焉。元人则一以神韵气趣为主，物理有合与否，若不屑顾及之。云林所谓"仆之所谓画者，不过逸笔草草，不求形似，聊以自娱者也。"元人作画，形似固所深恶；甚至不称作画之事为画而称为写，直以笔画写字之法，写出其胸中所欲画者于纸上。而于是力求神韵之国画，其学理与事实乃成一致，实为我国画学之大成功，其势力直历明、清而至现在，无有能越其范围，别创一格以临之者。盖我国有魏、晋以来之人物画，六朝、隋、唐之台阁人物，唐、宋、元、明之花鸟，皆以色彩鲜艳，形状逼肖为工，是稍有收藏略具古欢之士，类能道之。惟求艺术演进的程次，觉悟艺术的真谛，并不以色彩艳丽，形状逼肖者为上乘，于是脱略形迹，而进于神化，由灿烂而归于平淡，不知经过多少贤哲之研究，始渐次演进，而克有元季四家之杰出。惟后世学者，略得皮毛，便自号大家，失之毫厘,差以千里,枯燥者冒充疏淡;犷率者冒充超逸;甜俗者冒充秀润;于是乃与反对者以攻击之资料,致古来伟大的艺术成功,亦受其诬,为可慨耳。

西洋绘画自文艺复兴后,伟人蔚起,然初则受宗教之拘束,继则受科学之支配,婉转奔命于典仪与色光之下。综19世纪西洋画苑而衡量其,对于艺术的见解及程度尚在第二程与第三程之间;比之我国,则隋、唐之时代也。及玛蒂斯(Henri Matisse)以野兽派健将跃起将达文西以至印象派、新印象派等之艺术根本问题——"自然的樊篱""客观的影像"——一概屏弃之,全以自己的情绪作画,遂与欧洲艺术史以革命之纪念。尝言:"我决不用色粉和色彩,但以自己之知识加强我之制作,亦不依据从前速写或习作的方法,但凭着记忆用感情作画绝不是解剖学的描写。"以后表现派(Expressionlst)接踵而起,以康廷斯基(Wesserly Kandensky)为领袖,更彻底主张自我表现,以为绘画应与音乐有同样之自由,要使美的生命,独立存在,不必用自然对象或理智说明,以为中介,只需用色彩形状的结构和调和,为内面自我的表现。此派在现代欧洲艺术界,最有势力,其所制作,虽与我国画不相貌似,然审其对于画学之意识,则已进于第四程,而有契乎我元人之论调矣。顾国人对于现代西画派,或能存势利心理,人云亦云,致声赞美。独于祖国久已发明而演化成熟之简淡高逸的作风,反不能有相当之认识,甚至倡中西调和之说,举西画而中化之,或中画而西化之。卒至东施效颦,丑态百出,而犹美其名曰新派画。此种作风,在明清之际,曾亦盛行一时,后以两不讨好,俱归失败,与其谓为新派,毋宁谓之老套。其间惟西画而中化之郎世宁,虽被斥于英人马戛尔尼,中画而西化之焦秉贞等虽亦见讥于张蒲山、邹一桂,然审其所作,确具功力,非骛新而漫涂者可比。康有为对于近代中国画学,曾著论曰:"以形神为主,而不取写意;以着色界画为正,而以笔墨粗简者为别派。士气固可贵,而以院体为画正法,庶救五百年偏谬之画论,而中国之画,乃可医而有进取也。……四王二石稍存元人逸笔,已非唐、宋正宗,比之宋人,已同郐下。……惟恽蒋二南,妙丽有古人意;自余则为一丘之貉,无可取焉。墨井寡传,郎世宁乃出西法,他日当有合中西而成大家者。……如仍守旧不变,则中国画学,应遂绝灭。……"康氏不能画,即不能深知画之甘苦,贪于悦目,昧于怡情,心赏止乎匠艺,妙悟弗及士气,故有是言,且力非守旧,而又贵有意,死宗院体,其矛盾为何如?至于成大家必待调和中西,是殆当时一种皮毛维新之见,更属荒谬。试问康氏所服膺唐、宋院体画家,谁是调和中西画法者哉?世引康氏之言为言者甚多,故特辟之。盖所谓艺术,必有一定的原则,合乎此原则,则不论中西,即可认为有价值。故欲促进我国画学,只需讲究我国画学,是否有背此艺术原则?如遵守此艺术原则而研求之,当然不至绝灭,画的艺术原则,不在能状貌形神。若以能貌取实状为极致,则宇宙间之景物,断非笔墨所能传写逼肖;既能状写逼肖,亦不能过于摄影术。即使能之,画工一照相机械耳,世既有照相机.又何贵乎状写未必能逼肖之艺术家耶?故不依据艺术原则立论.侈言窃取外国艺术的形式以冀求中国画学之改进,实非通论。而宋、元以来淡泊简逸之画风,则为我国画按程渐进已达最高的成功,非彼用界笔直尺从事机器的生活者,所可并日论也。

中国绘画之形色是真美术的表现

世俗对于国画之精神,未能完全认识;对于国画之形式,亦复多所指责。如山水画之作层峦叠嶂,人物画之侧面见眼,花鸟画之绝少背景等,以为殊非情理;又于取材不时,亦觉勿当。此种讥评,在展览会中闻之甚熟,虽号为爱好国画之士亦不能释然无惑。不知山水取景,原无一定,或就平远,或就高远,或就深远,平远深远之景,常人自能领略,高远之景,即所谓作重山叠嶂者,则须从高处远眺而来。故其画面形式,由近及远,树上有树,山外有山,水重山复,收千里于尺幅,其妙处正在阿堵中。常人囿于所见,对于平远深远之景,尚能合意;对于高远,便以少见而多怪。试一登高远望,而回视重山叠嶂之国画山水,亦当哑然失笑矣。画人物侧面见鼻者,不能见全眼,理固然也;然真正之艺术观,不重在理,而重在神趣;既得神趣,非理无妨也。稍知艺术价值者,见古代石刻人物,眼特长大,未尝不称其得神。顾恺之之画《女史箴》,吴道子之画《地狱变相》,其侧面人物,皆见全眼。自后周昉李公麟诸人物画家,所作大率类此。是则寄神理外,未许以常眼观,不足为外人道也。我国画以纸面为大自然之宇宙,画外空处,不必用色.即可代表宇宙一切景物;如画山水,其空白处,即为天或为水;画人物,其空白处,即为天为地为屋壁,或其他种种。且所画之主要物,既尽量画出,则其余每可不顾。画花鸟之主要点,即在花鸟,将花鸟画得惟妙惟肖,便觉满纸有画,何必多所涂抹,画蛇添足为?宋、元以来,花鸟画之繁富典丽,特见技巧者,不可胜数;既以沈南由之蚕叶,文徵明之桂花,虽取景极简,着墨不多,亦便见古趣盎然满纸,以视西法之画旱莲花者.必衬以五色桌毯及窗幕者,其巧拙之相去,正不可以道里计也。

近世艺术思想进步,无不提倡单纯化,以其有稚拙趣、装饰美也。而单纯化实为我国艺术之基本形式。例如演旧剧,上马下马,出门进门等关节,仅做手势,未尝实有马与门之布景。盖以剧之主要生命与价值,在歌若舞,不在无谓之布景,自可从略也。于画亦然。画山水者专注于山水,画人物者专注于人物,画花鸟者专注于花鸟足矣,更何必并其周围无甚关系之景物,一一补填,反失画意为?我国画之讲单纯化,不独全幅取景为然,如画溪边杨柳,月下梧桐,俱不画影。人物面目,只用笔勾出,若以色墨烘染,形成阴阳凹凸者,即不入赏鉴。盖我国画以“笔少画多”,“境显意深”为最高原则,换言之,即画面须力求单纯,而单纯中又须含有意趣,耐人寻味,是实人类纯粹的艺术的妙悟,而合于纯粹的艺术的欣赏,所谓画中有禅,自非根性浅薄者,所能参悟者也。

或者谓余曰:国画之妙在何处,吾诚无从知之。吾所感觉者,国画乃千篇一律,无甚变化耳!余笑谓之曰:余初至上海,见外国人皆高鼻深目,不能别其若为英人,若为俄人。既能识别为俄英人矣,仍不能别若为俄人某,若为英人某也。盖于不常接近之人,而欲别其状貌,其不易也如此。子之于国画,殆犹余之初见外国人也。使子常与国画相接近,必能渐知国画之源流派别,各有特性之表现并非千篇一律也。其人唯唯而去。夫国画之法之学,倘身入其中而研究之,其变化玄妙,真有不可端倪者。唐朱景玄《名画录》引曰:"画者圣也,盖穷天地之不至,显日月之不照;挥纤毫之笔,则万类由心;展方寸之能,而千里在掌。至于移神定质,轻墨落素,有像用之以立,无形因之而生,其丽也,西子不能掩其妍,其正也,嫫母不能易其丑。"张彦远曰:"……夫画者,成教化,助人伦,穷神变,测幽微,与六籍同功,四时并运。"清苦瓜和尚《画语录》曰:"……至人无法,非无法也,无法而法,乃为至法。凡事有经必有权,有法必有化,一知其经,即变其权,一知其法,即工于化。夫画,天下通变之大法也,山川形势之精英也,古今造物之陶冶也,阴阳气度之流行也,借笔墨以写天地万物而陶泳乎我也。……"即此,可知我国画家对于画之见解,其变化玄妙,盖有不可端倪者。国画学说,殊含至高之哲理,非数十万言,不能阐发其奥,兹姑不及,仅举其论画法者言之:则如荆浩之六要(气、韵、思、景、笔、墨),刘道醇之六长(僻涩求才,细巧求力,狂怪求理,无墨求染,平画求长),饶自然之十二忌(布置迫塞,远近不分,山无气脉,水无源流,境无险夷,路无出入,石止一面,树少四枝,人物伛偻,楼阁错杂,滃淡失宜,点染无法),韩拙之八格(石老而润,水净而明,山要崔嵬,泉宜洒落,云烟出没,野径迂回,松偃龙蛇,竹藏风雨),道济之六则(对景不对山,对山不对景,倒景,借景,截断,阴峻),盛大士之四难(笔少画多,境显意深,险不入怪,平不类弱,经营惨淡,结构自然),邹一桂之六气(俗气,匠气,火气,草气,闺阁气,蹴黑气)等,要皆归纳经验所得而成精简的条文,为画苑指南,使后学知所趋避者也。又言点,则有鼠爪、介字等数十种;皴则有披麻、解索等数十种;描则有铁线、韭叶、游丝等数十种;其中虽亦雅俗相杂,未能一一取法,然亦足见我国画笔法之变化百出焉。抑更有奇者,山水画中之松、竹、人、物等,与实物相比,实远不似;顾画山水者,自唐、宋以迄今,虽多名家巨匠聪明俊逸之才,总不能破除此种形式。且常以此与实物不似之形式,示之妇孺,亦能认识此为松,此为竹,此为人物,不稍错误;即以照相机摄取实物之影,则松也、竹也、人物也,其影亦与画中相仿佛,是盖我国画家,经永久之试验,得多数人之研究,而制成此不形似而神似之形式。不过各家所画,神韵气趣,却大不相同:吴仲圭之松,有异盛子昭;柯九思之竹,有异赵令穰;

而此种神韵气趣,惟精于赏鉴者能辨别之,彼一般门外汉,则只见同一形式之松、竹、人、物等等而已。此我国画所以受千篇一律之诬,亦我国画于科学的形式中,含有哲学的精神为足贵也。

欧洲自摄影术发明后,从前为科学所拘束而兢兢于色光之解析,形状之传摹者,顿觉艺术之究竟,不仅在此,因此遂得一大解放,以形成欧洲现代艺坛之活动。我国则自唐以来,已觉专用色彩,不足以描写宇宙之全体,乃发明水墨画法:——不必依赖色彩传染,而能表现一切情形于轻描淡写之中。此种水墨画之形式,于今观之实有类乎美术的摄景。夫以摄影术摄取自然景物,可谓毫发无遗,形神逼肖矣;而其形式,则固与水墨画之以同一色分浓淡轻重而别景物之远近大小同。由此可知距今千数百年前之往哲,已能观察宇宙间万物之真秘,创立单色之画法,以传其神,与千数百年后由科学发明之摄影术相仿佛,是实为我国画法最大之发明,而为世界绘画上最合自然真理之形式也。

国画在现代文化国际之地位及今后关心国画者应有之努力

人类既具有爱美的天性,则对于艺术必能有相当的欣赏,断不至笃时拘墟,而发生无理的歧视,所谓艺术无国界,是固吾人所不能反对者也。夫就纯粹的艺术观念而论,纯粹的艺术运动,吾人固不能不承认艺术之有世界性,艺术家应当以艺术的世界为祖国,别于政治的国际,自成为艺术的国际。然试观近世以来,国际的艺术运动,果能以纯粹艺术为前提,而不含有其他作用耶?尝论近世帝国主义者之侵略人国,厥有三种政策:曰武力侵略,曰经济侵略,曰文化侵略。武力、经济固亦足以亡人家国,然证以过去之史实,国亡于此种势力之下者,为时甚暂;若得相当机会,即不难复兴。至于因文化侵略而尽丧其固有之文化者,则不但国亡而永劫不复,而其民族亦将无噍类矣。蒙古族崛起漠北,席卷欧亚,武力之强,今古莫与伦比,卒以无基本文化,不能统治其广大之属土;最后且受中国文化的同化,不百年而国崩,迄今其民族存者,亦不过寥寥数百万人而已。满洲民族之入主中国也,驻防、科举、文字狱,所以压抑笼络汉民族者,无所不用其极;然自入关后,即受汉民族文化之濡染,渐以同化,终清之世,在表面上汉满畛域,未尝尽泯,而满旗之精神则已尽化为汉族矣。是以亡人之国,灭人之种,而使之永劫不复者,非武力,非经济,只有文化的侵略。近世帝国主义者以武力为前锋,经济为后盾,对我实施其文化侵略者,如立教会,设学校,及其他调查征集宣传等关于文化的机关,已足以诱我民族精神,使之向外,而此种情形之见于艺术方面者,更为显著。试看全国所谓美术学校及其他学校中之所谓美术教课,社会上之美术组织,其所讲究者,无不特重外国艺术;外国艺术自有供吾人讲究之价值,但“艺术无国界”一语,实为彼帝国主义者所以行施文化侵略之口号，凡我陷于文化侵略的重围中的中国人，决不可信以为真言，是犹政治上的世界主义，绝非弱小民族所能轻信侈谈也，盖实行文化侵略者，必须打破国界，然后得利用“艺术是人类的艺术”的原则，冲破国界，而吸集各民族之精神及信仰，使自弃其固有之艺术；被侵略若不之疑，即与同化。如现在学西洋艺术者，往往有未曾研究国画，而肆口漫骂国画为破产者。夫国画是否到破产地步，前已述之；惟研究艺术者，稍受外国文化侵略一部之艺术教育之熏陶，已不复知其祖国有无相当的艺术；则中国艺术之前途，可叹何如！若研究艺术者自认为中国人，为中国民族之一份子，并知中国民族所以能永久巍然存在于世界之最大能力，是在文化，则于研究外国艺术之暇，亦宜注意民族的艺术，至少不可毫无根据，漫骂中国艺术为破产，为毫无意义。要知在表面武力经济竞争激烈的现世界，而其里面的文化竞争，或许更较激烈。日、美、法、意、各国对于国际文化事业，皆有巨额专款以资办理，最近法西斯帝治下之意大利，艺术家可向国立银行无条件的借贷生活费，以积极奖励艺术，识者以为欧洲艺术中心，不出数十年，将重移于罗马，非雟言也。其余欧美各国关于艺术的组织设施，亦无不惨淡经营，以为其民族光。汪亚尘为余言：曾寓法人某家凡数阅月，主人终以汪君为日本人，与之再三申辩，皆不信，曰：东方民族，只有日本人知研究艺术云云。余以为中国艺术家，确未曾到欧陆；中国艺术品，亦实未曾向国际宣传；欧人之不知中国人之有艺术与艺术品者，实不足怪。刘海粟在欧曾受此种激刺，尝告余约沪上诸友人发起开中国美术展览会于巴黎，因无实力，延迟至今，尚为画饼。在国际既无能力宣传固有艺术，在国内各艺术教育机关，又不知注重固有艺术，凡欧美学者，关心中国艺术来华观察者，走尽京、沪、平、粤，仅得寓目者，非极幼稚之洋画，即零碎颓败之国画，此欧人所以敢毅然加我以不知艺术之批评也。余固不愿为中国人作妄自夸大之言，或于外来文化，略有偏狭的见解，顾在文化侵略之重围中，力求自拔，则提倡固有文化的艺术，以增进民族地位，似亦不为多言；且甚望关心中国艺术者，群力策进，有较伟大之建设也。

1930 年 12 月 15 日于上海寓庐

中国壁画历史的研究

人类本性，以求美为至高目的。人知人之爱美，即利用美术以为生活竞争之一种方法。美术在处理人生的指麾之下，或以显章伦理，或以宣示教义，或以点缀社会之种种，秉承于一切所谓道德与知识以尽其用，其本性之丧失，盖已尽矣。顾美术与生活作用，有同一之倾向即美术与实用，有不可分离之关系，实为学者所共识。惟能促动美感与实用之外，则其术亦有足多者，此壁画史之所以有研究之价值也。

初民茹毛饮血，惟食是图，纵有爱美之性，尚无表美之术。稍进，生活或有剩余溢为游戏于无意中始有美术之表现。之能文身，则已不仅爱美，兼含其他生活作用矣。——人性爱美固无过于爱其身之美；又生活于渔猎游牧时代，就自然地环境，多取象于鱼虫禽兽之佳丽者文诸身，或以诱其偶，或以威其群，适成其为野蛮民族之美术。更进而入农耕时代，衣食居处，渐以完备；美术思想，亦随进步，于是推用文身之术于种种器物，冠服旗章，类有纹饰，而壁画之风，亦于是启。古壁画之起源，虽未能确断在何时日，要在农耕时代则似可信。

壁画之作，原为粉饰点缀，用增美观。旋因社会进化，生活繁复，利用之处益多；其取象寓意，常随各时代政教风俗之变迁而异，盖即所谓秉承于一切道德与知识以尽其用也。惟其与政教风俗有密切关系，遂为社会——无论贵族平民——所重视。中国自汉以还，胡元以前，壁画之盛，实凌卷轴；其制作多系当时名家手笔，奇伟富丽，真足表示泱泱大国之画风。惜沧桑易变，此种奇伟富丽之名迹，尽随所依附之建筑物，夷为荒烟蔓草，至今人之言画迹者，只知有卷轴而不知有壁画，即有麟凤仅存，偶被发现，如敦煌与化寺等一二残壁，已足以惊动举国之好古家而使其欣喜若狂。诚以中国绘画，自元代以还，山水盛行，人物骤衰而壁画亦少有作者。明清因之，即有作者，亦随意涂抹，不拘道释人物山水花鸟草虫，以寄雅兴而已。旧迹既毁，新迹不继，宜乎国人几忘固有奇伟富丽之壁画，顾从记载而观之，犹可得其史概也。

一

史皇实始造画，其时始有宫室，是否即以画为饰，渺不可考。谓黄帝尝图神荼鬱壘于门，画在应用上，似与建筑物甚相接近。夏后氏以蜃浃垩壁，已注意宫室之美观。至桀则有瑶台琼室；商纣加厉，朝歌邯郸间，皆为离宫别馆；此种宏丽之建筑，雕刻绘画之施于栋壁者，当有可观。至周画缋之事，别官相须，取象设色，动合礼制，旗常尊彝之外，尤重壁画：名堂四墉，有尧舜之容，桀纣之象，各呈善恶之状，用昭兴废之诫，孔子尝观而叹美之。且周盛时，褒赏功臣，往往形之图画，其有大勋劳者，则绘其像于名堂之墉，周公图像，即其例也(略见孔子家语)诸侯之国，亦多有壁画：楚号蛮貊，其先王之朝及公卿祠堂，亦画天地山川神灵，琦玮僪诡，及古贤圣怪物行事。(略见王逸楚辞章句)盖周人无以话称专家，而建筑师之兼擅绘画者，则不乏人，公输班其选也。故当时建筑上的美饰——壁画，制作必多，惟其用意取材，似不外乎“礼制化”。秦人好建筑，阿房几千万落，古今传为宏构，其间画饰，不见籍记，姑置勿论。至汉，则宫室殿阁，多有壁画：文帝三年，于未央宫承明殿画屈轶草、进善旌、诽谤木、敢谏鼓、獬廌；（略见文苑英华）武帝作甘泉宫，中为台室，画天地太一诸鬼神；（略见汉书郊祀志）宣帝甘露三年，单于始入朝，帝思股肱之美，乃图画其人于麒麟阁；（略见汉书苏武传）他如周公礼殿之画盘古三皇五帝君臣与仲尼七十弟子，鲁灵光殿之画天地品类群生杂物奇怪神灵，皆其例也。或取像鬼神，或取像圣贤，要皆各有用意，或以劝善，或以厉行，非徒以为美饰。甘泉宫之图休屠王阏氏，（略见汉书金日磾传）未央宫之画赵充国像，（略见汉书赵充国传）一以垂母范，一以美将功，此种绘画，汉时实为特多。顾贵族私室壁画，有出乎礼教之外者。景十三王传："海阳嗣，十五年，坐华师，为男女嬴交接，置酒，请诸父姊妹饮，令仰视画。"此种绘画，前未之见，实为后世春画之滥觞。东汉尚节义，绘画一受礼制之支配，循吏、烈女、孝子、高士，如胡广、黄琼、陈纪、延笃、高彪、李业、叔先雄、许杨等皆为图像，而孔子及关于孔子之故实，图者尤多。图画地方，除宫殿外，郡府厅事，及祠庙墟墓之壁间，往往有之。盖壁画之应用，至是较为扩充，即制作亦渐繁杂，于个人画像外，有作历史故实之描摹，风俗现状之写真，动植飞潜亦能随景点缀。且汉画之施于壁者，郡府厅事多系诸君画像；（略见后汉书郡国志）如在祠庙石室墟墓，似多加以镌刻，——或未加镌刻者，早已磨灭，而镌刻者得流传及今。或画自画，镌刻自镌刻，各为一种，未可武断；然画而知镌刻以求垂久，则亦壁画史上之一进步欤？——其制作之佳者，如李刚石室，四壁隐起，刻为君臣官属，龟龙麟凤之文，飞禽走兽之像。鲁恭祠庙，四壁隐起，刻自书契以来，忠臣孝子贞妇孔子及弟子七十二人之像。（俱略见水经注）朱浮墓石壁刻东服人物平生随品。（略见米芾画史）不其令董恢阙刻子孙展墓之状。而孝堂山祠武梁祠诸石刻，制作尤称富美。（俱略见隶续）

古代画迹，不可得见，汉以石刻故，始克存其仿佛以传后世，使吾人尤得以此推见古代绘画，递嬗及汉，其用笔、取象、存义，有如诸石刻者。然虞人以画名者凡十余人，或工布色，或工牛马、飞鸟，各有擅、石刻画样，究为谁作，无从考见；或即一般工匠所为，亦未可知盖汉以前，作画者但为实际应用而动手，非若后世将卜声价而乐于署款，故画迹与画家，无从比附。惟统观诸石，虽繁简有殊，而描绘古拙，如出一手，是亦可见当时之画风矣。汉后佛教传入渐盛，壁画风尚，为之大变，盖由"礼制化"入"宗教化"也。

二

佛教之传入中国，究在何时，其说不一，要在东汉初时，中国已有佛教，其传入之方向，或谓东南从海，或谓西北从陆，亦难明辨。当汉哀帝光寿元年，博士弟子秦景宪从大月氏王伊存口受浮屠经。时大月氏已盛于中亚，崇奉佛教，秦氏往受经，不得谓无因。后汉明帝尝梦金人以为佛，潜蔡愔等求佛经于天竺，偕沙门摄摩腾、竺法兰东还洛阳，乃为释迦之像，明帝命画工图佛置清凉台及显节陵上。(略见魏书释老志)又或谓愔等自大月氏赍归白画佛、雕像、经典，于洛阳城西雍门外起立佛寺，即所谓白马寺者，于其中壁，作千乘万骑群象绕塔图；而天竺僧随中国使者同来，之摄摩腾竺法兰，亦曾画首楞严二十五观之图于宝福院。是佛教传入西北从陆之说，有足据者。顾汉明求法时，西域交通正中绝，使节往返，为事实上所不可能，梁氏佛教之初输入，谓为根本不能成立；图像当属附会。搨(拓)自成都佛寺古殿画壁之受经图。人物十有一，即绘摄摩腾，竺法兰入汉献经像图，相传系汉魏间笔，而苏魏公谓观其衣冠服用，若后魏周隋制度，疑彼时画工创意所造。于是有谓佛教传入不自西北而从东南。汉自武帝刻意从滇蜀通印度以来，不久即由合浦渡海，而达印度之建志补罗国南地方，已与佛教之国相交通；后汉永平八年，诏令天下死罪皆入缣赎，英奉送缣帛赎愆，诏报曰："楚王诵黄老之微言，尚浮屠之仁慈，洁赍三月，与神为誓，何嫌何疑，当有悔吝？其还赠以助伊蒲塞桑门之盛馔"。(略见后汉书楚王英传)可知佛教在永平间，已布行于楚。又丹阳人笮融在徐州广陵间，大起浮屠寺，上累金盘，下为重楼，作黄金涂像，每浴佛，辄多设饮饭，布席于路，其有求食及观者且万。(略见后汉书陶谦传)融与曹操同时，当为吴人，其信奉佛教如此，则佛教传入东南从海之说，有足据者。二说各执一词，顾以画史证之，则后说似较前说可信。盖汉代能画之士，见诸记载者，不下十余人，皆京洛间产，未有以画佛名者，而中国人之画佛者，实始吴之曹不兴。曹氏能连五十尺绢画一像，心敏手捷，须臾立成，头面手足胸臆肩背，亡遗尺度，其笔力伟大，固宜于佛画。时由海道来之天竺僧徒，挟其佛画首至吴中，曹氏又多得观摩，故能习之。及其弟子卫协，遂以画佛名，称中国佛画之祖。协、晋人，其弟子顾恺之，始于瓦官寺壁画维摩诘像，轰动一时。——兴宁中瓦官寺初置，僧众设会请朝贺鸣刹注疏，其时士大夫莫有过十万者，即至长康，直打制注五万。长康素贫，众以为大言。后寺众请勾疏，长康曰："宜备一壁。"遂闭户往来一月余日，画维摩诘一躯。工毕，将点眸子，乃谓寺众曰："第一日观者请施十万，第二日可五万，第三日可任例责施。"及开户光照一寺施者填咽，俄而得百万钱。(略见历代名画记)自三代秦汉以来，壁画皆施之宫殿祠堂，多作圣贤忠孝诸图像；至是更有一种施之佛寺而作佛像之壁画焉。故顾氏之维摩诘像，实为中国壁画见佛像之始。维摩诘像，作清羸示病之容，隐几忘言之状，其后陆探微张僧繇效之，皆勿能及。盖顾氏画绝，阿安称为自苍生以来未之有，其作此壁至闭户往来月余日而始成，宜其开光之日，俄致百万施钱，亦因时人信奉佛教崇拜佛像有以使然。自是寺壁佛画渐盛，名寺类出名手，历晋而南北朝，寺塔建筑几遍宇内，壁画之多，不可胜记，或以为礼拜之对象，或以为庄严之点缀，或以为劝诫之工具，名匠巨工，几无不解衣擎笔，调金敷彩，奔走寺塔间。其名手画壁之可考见者如下表：

寺名	所在地	画者
瓦官寺	金陵	晋顾恺之
龙宽寺	江陵	史道硕
本纪寺	剡中	同上
永业寺	江陵	南齐宗测
王官寺	会稽	沈标
光相寺	江陵	丁光
研石山寺	吴县	智积菩萨
安乐寺	金陵	梁张僧繇
天皇寺	江陵	梁张僧繇
一乘寺	金陵	梁张僧繇
华严寺	昆山	梁张僧繇
兴国寺	润州	梁张僧繇
陟屺寺	江陵	张善果
栖霞寺	江宁	张善果
静乐寺	江都	张善果
惠日寺	江都	张善果
皈依寺	长安	田僧亮
空观寺	上都	袁子昂
甘露寺	浙西	宋陆探微谢灵运
法王寺	永嘉	顾骏之
长庆寺	江陵	江僧宝
景公寺	江宁	江僧宝
报恩寺	会稽	张儒童
与圣寺	江都	张儒童
东安寺	江都	张儒童
草堂寺	江宁	焦宝愿
何后寺	江宁	陆整
逮善寺	江都	陆整
开业寺	上都	北齐曹仲达
北宣寺	邺中	杨子举
永福寺	长安	杨子举
大定寺	邺中	刘杀儿
大云寺	上都	周田僧亮
光明寺	长安	周田僧亮
恩觉寺	洛阳	袁子昂

"南朝三百八十寺，多少楼台烟雨中。"南方佛寺之多，远过北方，以上所举名寺，多在今江浙一带，而佛画家亦多系江浙人。壁画在南方者，晋时瓦官寺之维摩诘像，已得轰动一时；在北方者，至北齐曹仲达之画开业寺始较著名，是殆当时佛教南盛于北之一证欤？盖其因五胡之乱，晋室南渡，中州士夫，避难江左，身遭离乱，情趣消极，黄老清谈之风，益足推助南朝佛教之盛行，凡庄严佛像，粉饰寺塔，无不尽美。故当时名手擅长佛画，其见诸寺壁者，除上述顾恺之、陆探微、张僧繇诸大家外，如南齐之蘧道愍、梁之解倩，皆以擅为寺壁称；而顾陆张尤著名，称六朝三大家。顾氏画手简古，笔力圜成，罡隆色理解，傍直向背生意隐显至于塑工争胜，不似从笔墨来。(略见广川画跋)陆氏参灵酌妙，动与神会，笔迹劲利，如锥刀然，秀骨清像，似觉生动，令人懔懔若对神明。(略见画继)张氏善图塔庙，超越群工，朝衣野服，古今不失，奇形异貌，殊方夷夏，解参奇妙。(略见续画品)而寺壁佛画，至张氏出，则更进一步，而呈新异之观。所谓夷夏皆参其妙焉。盖梁武崇信佛教，当时有印度来中国之僧侣甚多，迦佛陀、摩罗菩提、吉底俱等，皆称善画；郝骞亦会奉命将印度宝罗伐悉底之祇园精舍之邬陀衍郡王之佛像，模造而归；而印度中部之壁画，亦自此时输入，广施于武帝所起诸寺壁以及宫殿邸底；当时建业一带，遂为中国佛画之中心。张氏固尝受命崇饰佛寺者也，于是由摹写而自出机杼，其作一乘寺凹凸花，以朱及青绿渲染而成，远望眼晕似凹凸，就视即平者，即取法即画。——或以类似印度阿近他窟之壁画，而为中国佛画更树一新帜焉。至壁画之取材，殊不一致：如维摩诘像、释迦像、卢舍那像、定光如来像、宝积经变、菩萨狮子、白象等佛画外，亦有自画梵相者。其属于儒家及道家者，亦多用之。梁武帝饰佛寺，多命僧繇画之，僧繇尝于天皇寺画仲尼十哲，于安乐寺画四龙。龙，实道家物也，画龙寺壁，殆沿"礼浮屠于老子之宫"之故步，亦以当时道家往往模仿释门仪制之故。若画孔子于寺壁，当时亦以为奇，然寺壁而画孔子者实甚多，是殆礼制化之固有势力，犹未因宗教化之继起而稍退欤？成都周公礼殿张牧画三皇五帝三代至汉以来君臣圣贤，人物灿然满殿，令人识万世礼乐(略见林泉高致)此晋事也。成都刺史刘悛再修玉堂礼殿，悛弟瑱性自天真，时推妙手，画仲尼四科十哲像并东服礼器(略见益州名画录)此南齐事也。李平行相州事，图孔子及七十二弟子于堂(略见魏书李平传)此陈事也。至若宋宗炳图所游履藉以自娱，梁张僧繇壁画鹰鹞有类游戏，则属例外。

北朝已屡见兵革，未遑修文，其人民又以尚武为风，能画者自少；加以北魏之毁像于前，北周之减法于后，佛教美术，随以摧残。虽不久复兴，而陈迹荡然，后难为继。期间以佛画名者，如北魏杨乞德，画佛之价，过于昙度。北齐曹仲达，画佛之妙，云有灵感。而杨子华号为画圣，田僧亮高于董展，亦皆为壁画名匠。著名世界之佛教云冈石窟(在大同依武周山，下临武周川，创凿者释昙曜，其工程始和瑞——

西纪四一四年终正光——西纪五二年，凡百余年。）龙门石窟（河南府志洛阳县志皆谓北魏宣武帝时，太监白整凿其二，太监刘胜又凿其一。魏书释老志亦谓景明——宣武帝年号——初大长秋卿白整营石窟二所于洛阳南伊阙山，窟高三百一十尺；永平——亦宣武帝年号，中尹刘胜复造石窟一，凡为三所，前后用工约八十万人云。）则为南朝所无，或为北朝人即多注意于石刻，无暇他顾，亦为寺壁绘画减少之一因欤？

魏晋以来，佛道盛行，寺院壁画之情形，略如上述。其属礼制化之壁画，亦尚仍汉化余势，往往见之。吴主孙皓，诏令郡国图画邵寿像于庙堂，蜀刺史冻容图画谯周像于州学，晋太守杨宣之画宋纖，概属纪功厉行，为民史法。南北朝时，此风不替。宋之王宽，齐之王慈，梁之张缅，刘孝绰等，皆有图像，而齐豫章太守王伦之画陈番、华歆、谢鲲像于郡明堂，尤为著名。（略见南史王伦之传）梁昭王尝立靖恭堂，画自古圣帝明王忠臣孝子烈士贞女，亲为序颂，以明凿戒之意；（略见北史李延寿传）后魏李平图孔子及七十二弟子于相州郡堂，后周申徽图杨震像于襄州刺史寝室，亦皆此意也。此种壁画，当时虽不难数见，然皆出于工匠之手，其用以虽崇，其迹则已渐屏为污墁之流。于当时绘画之潮流，实无甚关系也。

三

南北朝之分裂，美术文艺，随政教而异趣。及隋统一，渐呈调和之观。此种情形在画史上尤为显著，炀帝大业元年，营显仁宫，四年造汾阳宫，土木频兴，寺院道观邸宅等之建筑亦杂起，类以画饰。其时展子虔子自江南，董伯仁自河北，皆上长安道；其他如阎毗、杨契丹、郑法士等，无不后先入朝，躬兴土木之役。于是壁画之盛，由江淮而趋京洛，画风亦就一致。壁画之作，仍在寺院者为多，仅在长安（即上都）者而言，则有如下表：

寺名	书者
崇圣寺	展子虔董伯仁郑海文
总持寺	孙尚子
定水寺	展子虔孙尚子
西禅寺	孙尚子
海觉寺	展子虔董伯仁郑海文
延兴寺	李雅郑法士
禅定寺	陈善见
开业寺	李雅郑法士
永泰寺	李雅郑法士
慈恩寺	尉迟跋质那
清禅寺	郑法士
光宅寺	尉迟跋质那
兴唐寺	尉迟跋质那
安国寺	尉迟跋质那
龙兴寺	展子虔
纪国寺	郑法士
大云寺	尉迟跋质那
灵宝寺	展子虔
光明寺	展子虔杨契丹
天女寺	展子虔
东禅寺	郑海文
兴善寺	刘乌

此外如在洛阳者，云华寺有展子虔画，兴福寺有蔡生画，光严寺有董伯仁画。而浙西之甘露寺，江都之东安寺，皆为展子虔画。江陵之终圣寺，河州之白雀寺，皆有董伯仁画。成都之大石寺，有释玄畅画，增敬寺有释跋摩画，皆著名。

据上所述，长安洛阳一带壁画极盛；江南则极少，较之南北朝时，适得其反是殆江南诸寺，已经绘饰，而京洛诸寺，近在辇毂，自怡有之庄严之耶？其作品是最多者，当推展董二家。不但并著京洛间，浙海江陵，亦多其手迹，孙杨尉迟，亦不愧名手。诸家书法各有专擅：展长人物，董长台阁，孙则魑魅魍魉，参灵酌妙，为战笔之体；杨兴尉迟较长外国人物。所画对象，除维摩诘菩萨外，有八国王分舍利、(展画在龙兴寺)灭度变相、(郑法士画在永泰寺)千钵文殊、(尉迟跋质那画在慈恩寺)降魔变相、(尉迟画在光宅寺)净土经变、(尉迟画在大灵寺)十光佛、(蔡生画在兴福寺)金刚密迹神像、(释玄畅画在大石寺)定光儒童、婆叟仙、罗汉等以及其他鬼神，画多有本，非写真，即属典故，——当时名家极重画样，即有自出心裁，亦必合于体制，有根据，非若后世之好漫涂也。

四

中国绘画，至唐如春花怒放，无论道释人物、山水、禽兽、龙马以及其他杂画皆有名家，故壁画之作，亦不若前代之单调。兹分类述之：

(一) 画道释人物者。唐室以李姓，故尊奉老子为道教祖，道观饰画，颇为注意者。道观壁画之著名者，则有吴道玄画玄元庙之五圣千官，杜甫诗所谓"画手看前辈，吴生远擅长，森罗移地轴，妙绝动宫墙，五圣联龙兖，千官列雁行，冕旒俱秀发，旌旗尽飞扬"者也。杨仙乔画开元观天尊殿门西膍上下鬼神。陈闳于咸宜观内天真殿中，画上仙及图当时供奉道士庖丁等真，皆奇绝也，而咸宜观内东西二神则为解倩画，亦有名。又有张素卿者，兰州道士，落拓无羁，画道门尊像，用笔有神。王建修青城丈人观，请素卿于丈人真君殿上画五岳四渎十二溪女、山林溪沼树木诸神及岳渎曹吏怪绝，上殿观者无不恐惧。又于兰州开元观画荣成子、董仲舒、严君平、李阿、马自然、葛玄、长寿仙、黄初平、葛永璝、窦子明、左慈、苏耽十二仙君像，各写当初卖卜、卖药、画符道引时，真牵纵洒落，彩画因循，当代名流推为巨擘。(略见益州名画录)其弟子陈若愚，亦善壁画，成都精思观有青龙白虎朱雀玄武四君像，皆若愚笔也。(略见图画见闻志)

道观壁画，当时虽颇注重，终不及佛寺壁画之盛行。唐初名家首推阎氏，阎氏尝于慈恩寺画功德亲手设色，不见踪迹。于阗人尉迟乙僧喜画外国人务及佛像，工粗具妙，形象独巽，光泽寺之降魔像，千怪万状，号为奇踪。王韶应之画鬼神，亦极阴恶，其画静域寺之北方天王，奇猛绝伦，夜叉部落鬼首蟠蛇，尤觉可惧。张孝师尝入冥界，得识所见，为画阴刑阳囚，众苦具在，酸惨悲恻，使人见而畏栗。其后吴道玄即就其画而增益之，以成地狱变相，唐人画之者极多，时如陈静眼之画宝刹寺西廊地狱变，其一例也。然以吴道玄为最著名。吴字道子，山水人物无不擅长，西京耆旧传谓“寺观之中，图画墙壁，凡三百余间，变相人物，奇踪异状，无有同者。上都兴唐寺御注金刚经院妙迹为多，又慈恩寺塔前文殊普贤西面庑下降魔盘龙等壁，及诸道观寺院，不可胜记，皆妙绝一时”云云，吴氏壁画之作，于此可见。其画地狱变相，尤其特技。赵景公寺南中三门里东壁白描地狱变相，笔力劲怒，变状阴怪，视之不觉毛戴。(略见京洛寺塔记)景云寺画地狱变相，时京都屠沽渔罟之辈，见之而惧，改业修善者，往往有之。(略见唐朝名画录)盖吴氏之作，出新意于法度之内，寄妙理于豪放之外，所画视今寺刹所图殊弗同，了无刀林、沸镬、牛头、阿房之像，而变状阴惨，使观者腋汗毛耸，不寒而栗，宜有因之迁善远罪者矣。(略见东观余论)吴氏壁画之作，除地狱变相外，有智度论色偈变、消灾经事、皆在菩萨寺壁；(略见京洛寺塔记)而河州龙兴寺一壁作维摩示疾、文殊来问、天女散花，一壁作太子游四门，释迦降魔等，笔法奇绝，后宋苏子由曾施百缣修之。(略见韵语阳秋)又有画龙画山水者，要当不在寺壁，而在宫殿之内。唐代画家，往往有以自动的画寺壁为功德者，阎立本之于慈恩寺其一例也。亦有因为功德特请名手绘画者，石抱玉之于大相国寺其一例也。所谓功德，即沿顾氏瓦官寺开光责施之故事，吴道玄亦尝为之。总持寺三门功德，即其手笔，当时曾大获泉货。吴氏以画为一代宗匠，师事之者甚多，卢稜伽、杨庭光、李生、翟琰等，皆其弟子，并号壁画名手。卢善佛，庄严寺、大圣慈寺(干元初，于蜀大圣慈寺东西廊下画行道高僧数堵，略见益州名画录)皆有其手笔。庄严寺画，系摩吴氏，总持寺三门画，锐意开张，破臻奇妙，吴氏见而赏之，但窃谓人曰：“稜伽不得心诀，用意太苦，其能久乎?”后一月，稜伽果卒，(并见历代名画记京洛寺塔记)可知壁画之难。杨画千福寺塔北普贤菩萨，李画兴唐寺净土院金光明经变，翟画敬爱寺禅院日藏月藏经变，及报业差别皆能得吴氏笔法。于吴氏同时有皇甫轸者，亦善画壁，尝于静域寺三阶院门内南壁画鬼神，吴忌其艺，使人杀之，是实画史上之惨案。亦艺术界之污点，而当时画壁竞争之烈，可见一斑。其他如姚景仙资圣寺三门东南壁之经变，杨惠之千福寺东塔院之涅槃鬼神，杨坦之资圣寺西廊北壁之近塔天女，解倩之画定水寺，陆庭曜之画天卿寺，陈庆之之画敬爱寺，皆系名笔。而陆曜庭之画功德，时称第一云。韩幹以画马名，然其画宝应寺三门神、西院北方天空、佛殿前面菩萨及净土壁、资圣寺北门二十四圣，皆号奇踪。开元天宝，在唐称盛世，画家辈出，崇饰寺壁，尤为兴奋，甚有因而致死杀身者。自是以后，壁画作者虽不大减，然传写窃摩，极少杰出之名家；及德宗时，周昉乃以擅长壁画著，德宗修章敬寺，谓周皓曰：“卿弟昉，善画，朕欲宣画章敬寺，卿特言之。”后数月，果召之，昉既来，落笔之际，都人竞观，寺抵园门，贤愚毕至，或有言其妙者，或有指其瑕者，随意改定，经月有余，是非语绝，无不叹其精妙，为当时第一。又尝画大云寺佛殿前行道僧，光福寺佛殿前面两神，禅定寺北方天王，皆殊绝前代。贞元末，新罗国人于江淮间以善价购周画，可见周画之名震殊域矣。

自天宝明皇幸蜀后，中原画家，扈从如蜀者甚多，蜀中壁画之风，于是大盛。在大圣慈寺者，尤为富有。建中间，辛澄在寺之南壁，用泗州真本样，描写诸变相及普贤阁下五如来同坐一莲花像，时号杰作。宝历间，左全于寺之中殿壁，画维摩诘变相，师子国王菩萨变相。千手眼大悲变相；极乐院门两金刚，西廊下金刚经验及金光明经变相，南廊下行道二十八祖，北廊下行道罗汉六十余躯；多宝塔下仿长安安景公寺吴道玄地狱变相等；皆奇伟光明之状。大和间，张胜亦为蜀中画壁名手，在寺之文殊阁下，画报身如来一堵。名迹满寺壁，可谓极其庄严。及武宗会昌五年，尽毁天下佛寺，僧尼并勒归俗，壁画因之毁灭者，不可胜数，是则不独佛教之厄，亦艺术界之厄也。惟大圣慈一寺佛像，乃得仅存。洎宣宗再兴佛寺，画壁一时骤忙，时有范琼、陈皓、彭坚三人，同于圣寿寺、圣兴寺、净家寺、中兴寺画壁，自大中至干符，笔无暂释，图画二百余间墙壁。天王佛像、高僧经验及诸变相，名目虽同，形状无不殊至。当画净众寺时，相公杜悰令陈、彭各画天王一堵，各令一客将伴之，以幔幕遮蔽，不令相见，欲验二人强弱，至画高毕之日，相国及诸府察撤幕观之，南畔仗剑振威者，彭笔；北畔持弓奋赫者，陈笔，笔力相似，莫能升降，盖皆宗法吴道玄笔，而传采拂澹，且特过之也。（略见益州名画录）其后僖宗宜幸尝蜀，蜀中无异陪都，随从名手，往往施画寺壁，其着者，则推孙位张南本。孙本越人，随驾入蜀，光启中应天王寺无智禅师请，于寺门东畔画东方天王及部从两堵；昭觉寺梦体长老请仿润州高座寺张僧繇战胜一堵，两寺天王部众，人鬼相杂，矛戟鼓吹，纵横驰突，交加戛击，欲有声响。（略见李荐画品）张亦于中和中寓止蜀城，于金华寺大殿为巴明王，宝历寺水陆功德，圣寿寺宝头颇变相，并南本笔。其后如吕峣、竹虔、赵德齐，皆为蜀中画壁名手。

道释壁画，类多伟大，杰出者固能挥洒如意，连作数十壁而勇气有余；亦有二人合作一壁，一描样儿一成之者，敬爱寺所画壁，殆皆如此然于他寺亦不多觏。（敬爱寺大殿维摩诘、卢舍那、刘行臣描，赵龛成。西禅寺院西方弥勒变并行道僧及神龙，王韶应描，董忠成。东禅院日藏月藏经变及报业差别变，吴道玄描，翟琰成。东壁西方变，苏思忠描，陈庆子成。殿间菩萨及内廊下壁，武净藏描，陈庆子成。）

（二）画山水者。中国山水画，自宋王微宗炳而后，已有人物画之背景而独立为一门。及晋顾恺之写远近山水之作，精粗皆备，淡艳俱妙，可谓已臻大成，且分南北宗派焉。李思训以金碧青绿为北宗祖，王维以水墨渲染为南宗祖。唐人即好写山水，于是为人物独占之宫墙寺壁，亦有山水之位置。敬爱寺大殿北壁（何长寿画）、西禅院门西（张法受画）、万安观公主影堂（李昭道画）、宝刹寺西廊（陈静眼画）皆有名手山水。吴道玄与李思训同于大同殿壁画嘉陵江山水，艺苑传为美谈。王维画笔特妙，山水平远，云峰石色绝迹天机，晚年隐于辋川，好道信佛，尝画辋川图于清源寺千福寺，皆号奇迹；慈恩寺则与毕宏郑虔各画一壁，时称三绝。其时人酷好山水，每喜图之齐壁，故山水画壁，不仅限于宫廷寺院，庾敬休屋壁，有王维画；（略见唐国史补）崔员齐壁，有郑虔宝应寺西院，皆居神品。而朱审画唐安寺讲堂西壁，山水，潭色若澄，石纹似裂，岳耸笔下，云起峰端，松篁交加，云雨暗澹，于咫尺之地，极幽静之妙，为其得意之作；其后太守寺太卿后听由梁洽画，崇福寺有陈积善画，昭觉寺有张询画，张询画尤工妙。张中和间随驾入蜀依昭觉梦休长老，一日长老请画大慈堂后，张遂纵画日叹赏焉。

唐代以山水画壁，无论宫廷寺院皆有之。又有一种屏障，其用可代壁，而较活动，在唐时寺院中多有之。其上饰画，类用山水，如王宰于兴善寺画四时屏风，若移造化风后云物八节四时于一座之内，杜甫有奉刘少府新画山水障歌咏其事。张彦远亦尝记张璪在长安平原里画八幅山水障事，可知当时山水画屏障者几多是殆有壁画推广而出，则亦壁画制度之别体也。

（三）画松竹者。松竹之画，实系山水之分体。山水未盛行前无以画松竹名者，故壁画之有松竹，始于开元天宝间。封氏见闻记，工部尚书厅有薛稷画树石称精觉，是为画松于画之始。王氏苏诗注：摩诘画两丛竹于开元寺，是为画竹之始。大历二年毕宏尝为给事中，画松石于左省厅壁，一时好事者皆以诗歌咏之。同时有刘整者于曼殊院西廊壁画双松，亦能不寻常。毕固以画松石擅名。后见张璪，则为搁笔。盖璪衣冠文学时之名流，松石山水，善价当代，松尤特出；以手握双管，一时齐下，一为生枝，一为枯枝，气傲烟霞，势凌风雨，槎枒之形，鳞皴之状，随意纵横，应手间出，生枝者润含春泽，枯枝则惨同秋色，所画图障，人间至多。宝应寺西院松石之壁，可居神品；其后郑华原于邵吴使君厅壁画松树，文苑精华所谓美华原之墨妙，能入室而善思，亦名作也。元和间，梁某于大兴善寺行香院堂后画双松，脱去俗格；太和间程修己画竹障于文思殿，文宗歌云："良工连精思，巧极似有神，明窗时乍观，繁阴合再明。"当时在朝学士等，皆奉诏继和，时以为殊遇。其后孙位，山石龙水无所不能，在蜀中浮汇寺画松石墨竹一堵，笔精墨妙情高格逸。时有张立于大圣慈寺灌顶院画墨竹一壁，亦极精。大概松竹之画，并见于寺院厅宅壁间，要皆出于山水名手，而画松之处尤比竹多。

（四）画其他者。唐代壁画，如道释人物山水，固各有相当之地位及势力；花鸟亦崭然露其头角；他如松竹水石由山水而独立，禽兽玉龙有人物而独立，各成专艺，且多为壁画。善鹤者即画鹤，善马者即画马，善龙者即画龙水，善雀竹者即画雀竹，于是壁画之作，以画材论，则纷然杂出，至不可名状。通泉县署屋壁后有薛少保画鹤，杜甫诗："薛公十一鹤，皆写青田真，画色久欲尽，苍然犹出尘。"又尚书省考功员外郎厅，东京尚书坊岐王宅，皆有薛稷画鹤。此鹤之见画于壁者也。开元中关辅大旱，明皇于龙池新创一殿，诏少府监冯绍政于四壁各画一龙，其状蜿蜒，如欲振涌。（略见明皇杂录）又光启寺孙立画龙水二堵，势欲飞动，此龙水之见画于壁者。韦偃善马，壁上之作甚多，杜甫诗："韦侯别我有所适，知我怜君画无敌。戏拈秃笔扫骅骝，欻见麒麟出东壁。"此马之见画于壁者也。贞元中新罗国献孔雀，德宗诏于玄武殿写貌，一正一背翠彩生动，金羽辉灼，此孔雀之见画于壁者也。亦有画驴者，（广州画跋吴生尝画驴于壁）画花鸟雀竹者。（资圣寺围塔上四面花鸟，边鸾画；大圣慈寺灯盛光院四堵四时雀竹，又三学院厅壁花雀两堵，皆刁光胤画。）至若涂写帝后御容王公仪仗等，则取意甚古，致用殊崇亦间有作者。（尝僖宗幸蜀回銮之日，蜀民奏请留写御容于大圣慈寺，常重胤写御容，一写而就。又于中和院壁写随驾文武臣寮，真伪无一毫发。光启中诏许王建于成都置生祠，命赵德齐画四平王仪仗。车辂旌纛法物，及朝真殿上画后妃嫔御，皆极精致。）

唐代壁画，约分三期。武德天授间为前期；开元宝历间为中期；会昌而后，以迄唐末，为后期。前期以道释人物为独盛，其时作者，以尉迟乙僧应昭吴道玄为最著。中期人物山水，几成分庭对抗礼之势，是实为唐代壁画最盛时。王维、左全、赵公祐最称名手。后期因会昌之厄，从事修复，则可谓唐代壁画复兴时。所画人物山水外，动植飞潜之类，作者较多，而孙位、张南本、赵德齐、张素卿为时名手。至以地方论则随政治中心为转移，京洛一带，地接辇毂，壁画固属极盛。蜀中西僻，常以驾幸，画师群集，天宝以还，壁画渐多。至中和之世，几与京洛比盛矣。

唐室既亡，横而十国，从而五代，与亡倏忽，战乱相循，中原文化，尽委戎马，惟梁承唐后，余风未昧，壁画之作，有可见记述者。而南唐地处江左前蜀后蜀又在西僻，皆得偷安战祸之外，中原能画之士避乱远飏，至南唐西蜀。西蜀南唐，并为五代文物之邦。其地壁画之盛，宝过于唐时矣。

（甲）五代目汉外，梁唐晋周皆有名手画壁，梁为最多。沁水荆浩，尝于洛中双林院画宝陀落伽山观自在菩隆一壁，荆高士，以画山水树石自适，是壁殆其奇作。长安朱繇画释道，酷类吴生，洛中广爱寺长寿及金真观壁，皆有其画世称神画焉。尤可注意者，当时名手画壁，往往以金帛相征募，其应募者，若以得画为殊荣，至相竞赛排挤，如张图之与跋异之与李罗汉，艺苑传为珍闻。梁龙德中，洛阳广爱寺沙门义暄置金帛，邀四方奇笔画三门西壁，时研阳处士跋异，号为绝笔，乃来应募。方草定画样，洛阳张图忽立其后，长揖而语曰："知跋君敏手，故来赞贰。"异方自负乃笑曰："顾陆吾曹之友也，岂须赞贰。"图愿绘石壁，不假朽约，搦管挥写，倏忽成折腰报事师者，从以三鬼，异乃瞪目踧踖惊拱而言曰："子岂非张将军乎？"图提管厉声曰："然！"异乃雍容而谢曰："此二壁非异所能也。"遂引退，图亦不让，乃于东壁画水神一座，直视西壁报事师者，意思高远，视之如生。其后浮光寺复请异画大殿护法善神，异方杇约，忽一人自称李罗汉求与对画，角其巧拙异，恐如张图者，遂固让西壁与之。异乃竭精竚思，意与笔会，屹成一神，侍从严毅，又设色鲜丽，为平生所不能者。李乃从规异画，见其精妙入神非已所及，遂手足失措。由是异大有得色，夸诧曰："昔见败于张将军，今取捷于李罗汉。"（略见五代名画补遗）夫画士相忌，至动暗杀，如吴生之与皇甫轸不乏先例，然而请比赛，不稍谦让，一如江湖卖拳者流，则以此为创闻也。后唐画壁名手首推韩求、李祝二人，同学吴生，声誉并著，尝受李克用命，往陕中画龙与寺四廊列壁二百余堵，为像皆极伟大，其余画士见之，多为鼠伏。晋惟王仁寿善画道释鬼神，相国寺文殊院净土弥勒下坐二壁，即其手笔。周有释智蕴释德符。智蕴画笔亦类吴生，洛中天宫寺讲堂之毗像，广爱寺之定光佛，福先寺之三灾变相，皆其手笔。德符则于相国寺灌顶院画一松一柏，在五代时，为不可多得之名绩，当时士夫，咸歌咏之。

（乙）南唐后主，酷嗜绘画，优礼画士，画士之集江左者，类多名手，画壁之作，要以曹仲元为最著。曹为后主翰林待诏，工画道释鬼神笔记细密，博采妙逸，江左梵宇灵寺，多有其迹。画于建业佛寺画上下座壁，凡八年不就。后主宝其缓，命周文矩较之。文矩曰："仲元绘上天本样，非凡工所及，故迟迟如此。"越明年，乃成。当时江左言道释画者，称仲元第一（略见宣和画谱）蜀中壁画之盛，有过两唐，几乎名家无不有壁画之作。以前蜀论，如高道与房从真、杜子环、宋艺、杨元真、张惠思、杜觑龟等，皆有壁画。高工杂画，尤善佛像，大慈寺两廊高僧六十余躯，华严阁东畔丈六天花瑞像，皆其笔也。房工甲马人物鬼神，尝画龙于寺通波侯庙，甲马、旌旗、从官、鬼神。及宝历寺五丈天王阁，下部属诸神。杜擅赋彩，龙华泉东禅院画毗卢佛，据红日轮，乘碧莲花座，每日夸装此图，光如日初出，浅深莹然。承天院吕相真堂后佛像四堵，东律院八明王，西方双相，释迦如来十六罗汉亦子环华。（略见成都古寺名笔记）他如大慈圣寺之唐朝列代御容，及沙门会海，内臣高力士等像，系宋艺画。四天王寺之五台山文殊菩萨双相，系杨元真画。圣寿寺北廊下降魔双相，系张景思画。大圣寺鲜于院小阁上之毗卢寺，揭谛院之释迦像等，系杜觑龟画。南唐壁画，皆出待诏之手，高杜诸人，皆待诏也，所图又皆有所受命。是时寺院壁画，若归王室一手包办，与梁之由寺僧征召，画工可以自由竞争者异。盖蜀中画院特备。公共建筑物自可由画院负责崇饰也。蜀中自唐光化中王建生祠画平西王义仗以后，凡与类似之画，每好图写以为荣。明德中，张致阮知悔，尝于大圣慈寺三学院经楼下，写孟先主真，又写福爱公主玉清公主御内庭者，其例也。蜀中道画遗迹，张素卿所作为最著。时有道士李寿义者，酷好张笔，尝往来青城山丈人观，摹写五岳四渎部署。简州开元观，亦有张画十二仙君一堂。广政中，寿义住彼，焚香齐洁摹写，将归试笔于邛州天师观西院壁上。同时有蒲师训者，善画人物鬼神，尝画江渎庙、诸葛庙、龙女庙，值丈真君殿内人观素卿所画被山水冲损数堵，蜀王乃命师训往辅四堵焉。至若佛画，自较道画为多，但无甚奇迹。如赵忠义之画佛会双相于六祖院南壁，杜敬安之画北方天王于大圣慈寺普贤阁下，景朴之画西方天王及部署于广天寺门西畔等，亦皆移写旧样，惟杜措于大圣慈寺三学院经堂壁画太子舍身喂饿虎一堵，善惠仙人布发掩泥一堵，稍见新异耳。花鸟竹石龙水诸类则蜀中固多名手，往往见之壁上。广政中，淮南通聘，致生鹤数双。蜀主命黄荃写于偏殿壁，荃画唳天，惊露，啄台苔，理毛，整羽，翘足之六鹤，精彩态度，更愈于生，蜀主叹赏，目为六鹤殿后构八卦殿，又命荃于四壁画四时花竹兔鸡鸟雀。有五坊使者逞雄武军所进白鹰，误认殿上画鸡为生，掣臂者数四，蜀主欢异久之，命翰林学士欧阳炯撰《壁画奇异记》旌之。石牛庙龙水一堵，亦水其笔也。黄画兼诸家之善，鹤师薛稷，龙师孙位，花竹师滕昌裕，鸟雀师刁光胤，为蜀中花鸟第一名家，与南唐徐氏对峙。黄氏主工丽，徐氏主渲淡，中国花鸟画于是乃分宗派。时有孔嵩者，亦工花雀，师刁光胤。先是黄荃于石牛超画龙，黄居寀亦画于诸葛庙，嵩则呈技于广福院，蜿蜒怪状，不与常同逼视远对势欲躩躍。他如丘文晓于净众寺、延寿禅院为竹石名花，福感寺僧模写展子虔狮子于寺，皆号名作。

五代壁画见诸记录可考据者略如是。其中著名作者画迹已久失传，或画迹有可考而作者已佚其名，其例甚多。吴江西节度徐知谏之号画工写庐山使者朝壁，(略见稽神录)蜀福感寺僧之杌写展子虔狮子(略见益州名画录)是皆有画迹而不详画家姓名之例也。江左梵宇灵祠曹仲玄迹，(略见图画见闻志)蜀城寺院，杜敬安父子图画佛像罗汉甚众，(略见益州名画录)然其迹究在何处，作何状，可考者仅如上述，其余皆已失传。他若梁之张图、跋异，晋之王仁寿，周之释智蕴，南唐之陶守立、王齐翰，前蜀之姜道隐、杨元真、释贯休，后蜀之赵德元，吴越之、释蕴能、宋卓等，要皆精于道释，独步当时者 ，其于壁画之作，以情理度之，必更有奇伟之迹。然卒难见，此即著名作者名迹失传之例也。五代壁画之风，亦有因失地而见盛衰者，大概前蜀后蜀为并盛，晋吴越则仅见，南唐多画壁名手，而画迹不多，殆失传欤？惟梁承唐后，堪与蜀中抗衡。然蜀有益州名画迹为之宣传，梁以五代统之第一代，史家记载亦较多，故其壁画之迹，多可考见，以反证其余诸国，则按质画迹之鲜见，非因无记载失传之故。至若壁画设施之所，则不外乎宫门殿壁及寺院，间或如陶守立于所居草堂画山路早行图焉。宫殿中所画，要多历史故实，或当时贵族之写真，而黄筌之图六鹤，其特例也。寺院中所画，则多道士鬼神罗汉诸像，而姜道隐之作山水松石,亦特例也。是盖唐人王维、边鸾等已开其风于先,亦足见文学化的绘画,见侵入宗教画的绘画范围之势。

五

宋统一中国,建都长安,西蜀南唐诸名家,多从降足赴阙下,备受优礼,中原文物,于是复盛,京洛一带壁画之多,亦无异盛唐时,其中尤以饰于道观者为多。盖自唐尊崇道教以来,道观饰画,见于佛寺比美;然以量论,则佛寺以传统之魔力,壁画之多,终过道观,五代亦然;及宋以帝室奉道之诚,道教遂臻极盛,雅好绘画之徽宗,至自称道君皇帝,于是道观饰画,形形色色,不可名状,无论至若量,皆驾佛寺而上。故宋代壁画,饰于道观为多,饰于佛寺者次之,饰于其他建筑物者,亦稍有可观,分为三项述之。

(一) 饰于道观者。乾德开宝间,诏画东太一宫贵神之像,蜀人赵元长实督之。赵为当时图画院艺学,通天文,善画星宿佛像,极受太祖赏。时有高文进,亦蜀人,与高益并成为大高小高。太一宫寿甯观启圣院等壁,皆受命绘画称旨。太宗时为翰林待诏,声誉益著。太宗尝问谁为卿者?曰:“新凡人王道真出臣上。”王因入图画院为侍侯。至真宗大中祥符,实为从古未有之盛举。盖其时天书现宫门,乃诏营玉清照应宫,敕刘文通先立小样,然后成葺。又募天下画流,为途障壁,应者三千余人,中程者百人,分为左右两部:河南武宗元为左部长,河东王拙为右部长,丁朱崖为宫使督之。武幼长道释人物,年十七,即以画北邙山老子庙壁著名,其画玉清昭应宫也,尤称精绝,中岳天封观、洛中三圣宫、河南广福院,皆有其笔。王拙画玉清照应宫,具宗元为对手,所画五百灵官像、天女朝元等壁,见者咸为叹服。时有龙章者,亦极有名。玉清昭应宫有玉皇尊像,当装饰时,画院寮属争先倡意,至于团科斜枝,莫不详尽,主者中贵人刘承珪曰:“天地法服,岂如是也?”命检寻道书及真境路,无有晓其义者,帝不悦。宫使丁朱崖置赏,募工章应之曰:“京兆府长洛乡北乐村古太华观,有玉皇像,乃唐人杨惠塑,被九色螭罗帔,可为法。”丁氏开于上,遣使验之,如章言,由是得装其像,是可见当时道画之慎重典仪也。其余书玉清昭应宫壁者,则有河南张昉,画三法殿天女奏音乐像,庞崇穆画山水列壁,皆有名。大中祥符末,又营会灵观,亦颇有壁画。五原李隐之五岳山形,众工所忌,推之画讲堂照壁,实难下手;而真不辩,日醉酒于门,众工皆毕,中使促真,真以幕图壁,挥却其徒,不数日成,作雪林高百尺,观者欢赏,众工为之敛衽。他若间丘秀才画水于五岳观壁,杨大明画龟蛇于丈人山道院藏经阁,王头道画龙于成都三井观三宝院,范子泯画牛及来禽于台州天庆观,皆道院壁画之著名者也。

(二) 饰于佛寺者。宋人在佛寺之壁画,多移写样,所谓依样葫芦者也。兹就其著者而言。开宝寺文殊阁下天王、景德寺九曜院弥勒下生像，皆王靄画。其与王氏对画开宝寺文殊阁下西壁者，则有孙梦卿。孙画得吴生法，时号孙吴生，所作金枪道菩萨相甚妙。石恪（画相国寺壁）、赵光辅等，皆为宋初壁画名手。光辅之浴宝院地狱变相，尤佳。高益，本丹契人，太祖时来中国，所作壁画甚多，相国寺、崇爱寺等皆有其迹；相国寺之众工奏乐一堵，最有意致。董羽善画鱼龙，尝于学士院画戏水龙，开宝寺画弄珠龙，皆为名笔。杨斐画泗洲普光王寺鬼神，容寺威势，亦有足观者。及太宗重修相国寺，高文进尝受命仿高益写本，画行廊变相，及开宝塔下诸功德壁，皆称旨。其时与文进为对手者，即王道真。王氏既与高氏共移高益画壁，对画寺庭大神，又独画大殿西偏门东壁宝志话十二面观音相。与高王等同画相国寺者，又有李用及李象坤、高怀节等。而用及较为有名。蜀人童仁益尝画大慈寺中佛殿汉孝明帝摩腾、竺法三藏，宝积院画首楞严二十五观，笔力尤健。此外如侯翼之画雒汭寺，郭隐之画牛首寺，徐反之画太平寺，皆有名一时。而徐画清济贯河壁，一笔纡绕，长数十丈不断，却立而观，波澜汹涌，目为之眩，仰首近视，凛然若飞流之溅于面（略见黄衰梁溪漫志），杨万里曾为诗亟称之：有“徐生绝笔今百年，祖师相传妙天下”之句。南宋壁画名手，不及北宋之多，所作亦较逊。其较有名者，如李蕃之画宝相院，尚嫌不善布色，杨祁之画昭觉寺，仅以翎毛遣与，郝孝隆之画信相寺，非称名笔；李时泽深得武洞清笔法，其画昭觉寺成十六罗汉及文殊、普贤、药师菩萨等像，亦移写前样，未能别开生面；其后马宋英写古松于钱塘净慈寺壁，难见赏于丁大全，亦不过一时兴到之作，未能刻意经营，呈玮鹿之观也。至醉书江州景德寺之回喑者，书擅州善果寺之秀隐君，似各有绝艺，而姓名弗传，盖佛寺壁画至宋已呈衰退之象矣。

（三）饰于其他建筑物者。佛寺道观之壁画，画者既多，记录亦详，此外如私第民舍，则难有之，而名不彰矣。庙堂宫廷，犹可稽举。太宗作端拱楼，尝命董羽四壁画龙水。羽极其精思，凡半年而毕，皇子遥见，惊畏呼哭，不敢仰视，其画入神如此。至堂北壁亦有羽作水涌澜翻，望之若临烟江绝岛间，咫尺汗漫，莫知其涯矣。宋白诗所谓“回眸陡觉三山近，满目潜惊六月寒”也。神宗景祐初，尝命鲍国资画四时景于彰圣阁壁，国资战栗不能下笔，诏高克明代之。高克明绛州人，高士，与太原王端、上谷燕文贵、颍川陈用志为画友。大中祥符间，已承诏入画便殿，待诏画院者也。河阳郭熙亦好于高堂素壁，放手作长松古木，回溪断崖，时称独步；但其画迹何在，史亦无考，要多在私人室宅，非若宫殿画壁之引人注意也。朱宗翼尝与任安合画慕容夫人宅堂影壁，安主山水，宗翼主人物，画格庄严；又明达皇后阁左廊，刘益画百猿，右廊薛志画百鹤，二壁相对，举动各无相犯，亦称名作。他若邵少微、宋颐仲，皆有画壁，惟所作皆为烟窠松石兰竹而已。

自五代以来，壁画之作，多归画院，宋时因之。几视为画院之专责，故佛寺道观庙堂宫廷间壁，无不出于画工之手。画工以技事王室往往嫉忌其侪，甚有相残杀者。易元吉，徐熙后一人而已，尝画孝严殿壁，为画院画工所嫉，卒被鸩死，其一例也。当时大家类多高自位置，不乐与画工为伍，如陈用志之逃画孝慈寺，此宋代壁画之所以渐衰者一。当时盛行鉴藏，大家手笔，多不上壁，而在绢轴，北宋画壁画之所以渐衰者二。所谓大家者，即有所作，或为松石，或为竹木，亦不过一时记兴。李怀仁尝过天庆观，大醉索墨浆数斗，曳笤帚，裂巾袂濡墨，号呼奋掷，斯须画成一龙。又有倪涛者，访其友不遇，戏画三蝇壁间，自题云："偶然一点污，著纸生羽翼，"赵仲僴载酒行乐，以笔簏粉墨自随，见高屏素壁，随意写之。河阳郭熙亦往往以画壁为游戏快意之作。夫以画壁为一种游戏，而古意遂盖失，此宋代壁画之所以渐衰者三。或谓此非壁画衰退之象，盖宋代壁画不少，惟自唐季以来，庄严繁富之人物画风，已渐变其趋势，以为淡雅超逸之山水竹石一路，故历五代而至宋，山水竹石，代人物画而占有壁上之位置。惟其山水竹石代人物画而起，是即壁画衰退之大原因也。然宋代犹有画院画工，专责其事，庄严繁富之人物画壁，不难数见。及元，则画风斯大变矣。

六

元以蒙古族入主中原，对于绘画，无相当之提倡，亦无如何之拘束，于是绘画得以自然之趋势，形成野逸之一派；抑当时所谓汉族士夫，臣服异族之下，未免抱厌世之心，往往以画自放，如倪黄辈出，而山水竹石之画风，遂比其他绘画——尤其是人物画而大盛，近乎端重庄严之壁画，自少有顾问之者。

元代壁画之作，殊寥寥，即或有之，亦非名家精意之作。郭天赐之画玄元观壁，唐棣之画嘉熙殿壁，戴仲德之写骏马，赵元清之画墨竹，实为元壁画之麟凤矣。自是而后，历明而迄清末，壁画之作，每况愈下，不绝如缕矣。

明代不废画院，壁画之作，在辇毂下者，亦归院工。然无特殊之迹，较有名者，则如周位、卓迪之所为。周太仓人，洪武初、宫掖山水画壁，多其手笔。卓松溪人，永乐中，南京报恩寺涌壁山水，为其所作。顾所画者，多属山水及与近似之品，他如顾寅之画松于半塘寺，宋旭之画山水于白雀寺，亦其著者。至佛像之作，虽亦有之，但较少数。马良之画四天王像于昆山僧寺，世称奇特；张仙童之画罗汉于兴教寺，时夸精妙；是殆少见多怪者欤？金润甫以画大理武女王庙著者，但不知其迹如何；尤求工写人物山水，尝画太仓关庙壁，作行军势，又画弇山藏经阁壁诸佛像，则实为明代稀有之作。

清代壁画甚衰，可谓绝无而仅有。绘壁而特延名师者，固未之见；即有名作，亦不过画家一时兴到所为。普通所谓画壁者，虽常有之，则皆污墁之工，不著名姓；且读画之书，亦遂不加注意，因而失传者，当亦有之。天长陈松之画五松于夕照寺壁，(略见读画闲凭)常熟徐姓之画龙虎于城隍庙壁，(略见常熟县志)等，能见于记载者，实其特例也。

七

纵观中国壁画而论其盛衰之数，可分三时期：两汉以前，画受“礼制”之支配，多写风俗现状之经诗故实，所谓圣贤、孝烈，凡可以垂范于社会者，尤好图写；其设施之所，多在宫室祠内。是可谓壁画“礼制化”时期。自魏晋而迄宋，因佛教与道教之并圣，印度绘画，随佛教而传入，大施于寺塔，其影响所及，致中国故有人物之画，顿呈奇伟富丽之状。道教徒从而仿之，以绘道像于院观，裨增庄严而供礼拜。其时作者，多为名家。是为壁画“宗教化”时期，亦即中国壁画盛行之时期也。自是以后，迄于清末。释道教之风会已过，与之为缘之释道人物画，作者殊少；又因图画思想渐趋放逸，而山水竹石诸类，学者渐多，且多为士大夫画家；士夫关于画学之批评，往往力主闲情逸意之描写，而排斥被宗教利用之制作；于是社会对于赏鉴绘画之观念，亦随大变，一般号为赏鉴者，多注重于卷轴，而于不易占为私产的壁画，殊少关心；壁画既不为人所注意，逐渐衰退。有时士夫一时兴到，作山水竹石等含有文学意义之绘画，间亦有之，是为壁画“文学化”时期，亦即中国壁画衰极之时期也。

“礼制化”时期之壁画，其蜕为石刻，尚可依据考证外，其纯为图像者，如何画法，则因年远史略，不复能详。自“宗教化”以来之壁画，间有流传人间。考其绘画上应用之材料及方法，可分数种：或直用粉壁为地，施以彩绘；或彩绘既成，又于壁画壁面涂以油类，防其脱落污损；或张壁以毡为地，施以粉漆，然后作画其上，其制最精；或用麻纸，或用粗绢，绘画既就，然后既裱背于壁，亦有装作屏风，嵌入壁间者。——直用粉壁为地之壁画，易随建筑物而俱灭；其用毡纸绢类为地之壁，可以卷取移动，流传人间者，即系此种之画壁。大概直用粉壁而作画者，甚为普通；用毡画者，隋唐时多有之，概在北方之寺院。用纸绢画者，宋元时多有之，概在南方之寺院。

我国元明以前，大家奇伟之迹，多在壁间，观其所绘，而当时之政教风俗，亦可得而考证其仿佛。故壁画之作，于东方美术文化之关系甚大。名迹流传者，自当设法保存为国之光；顾近世西人留心东方美术文化，对古代名画，重值购致，而于壁画，尤视为珍宝，计尺论价，动值千金，一般古董贾，但知牟利，不惜劳费，光为探查挖取，私贩出洋之矣！

《画论丛刊》序

古者画以象物、纪事、饰礼、致用而已,未闻讲其理法。汉以后,士夫好画日多,研习之,讨论之,于是理法逐有阐明。其著为篇章传之后世者,殆以晋顾恺之《画云台山记》始。夫一画从心,六法成规,科有十三,宗分南北。象物写意,形神之说各持;勾画渲淡,工逸之见异趋。院野所尚不同,而自成体;徐黄所师有异,而自立门。由犬马鬼魅,而究天地万物之变;由工匠污墁之所事,而为贤达士夫性灵情感之所寄托。画之源流派别,既分歧杂出,而讲其理与法者,亦各说浅述略,勾玄掬奥,纷然尽其所得以立言。惟因其人学有浅深,识有高下,立言亦颇有出入。合则互相称引,否则互相辩诘。故自晋以来,代有著述,明清之际,尤多纂辑。然其书果足资吾人之参究与否,要在吾人之学术性情,有以证验之而始有辩。盖画有法无法,有理无理。无法而有法,是为至法;无理而有理,是为至理。至法似无法,而法在有法之外;至理似无理,而理在有理之奥。至法至理,有非易言文所能尽。引喻借衬,不着迹象,窥玄探奥,只许神领。苟非积有学养,潜心体会,何能得其究竟!故辑论画之书,难在精选;读论画之书,要在静参。安澜先生博学多艺,既著韵谱,乃辑画论。自梁以来,选录都五十余种,或撮诸丛书,或抄自孤本。举凡画法画理之著作,盖已取精掇英,毕罗于是。吾人欲究绘事,可不必用心择别,而有幸善本,各得从其性之所好,学之所需,于焉深参默会,发其妙解,生其新知,其愉快为何如!则先生之述前后启后,其有功于艺林又何如!若视为闲编,聊以遮眼,或珍为秘籍,藏诸枕函,或骇其难解,有同佛偈,而废诸高阁,是皆非吾人治学求艺之道,而有负于先生者则更何如!故吾于是书之行世,深铭先生用心之苦,立愿之宏,为不可及。尤望学者得是书而善读之也。艺海无边,彼岸何处?欲往渡之,慈航在兹。丁丑五月郑午昌序于学虔楼。

《中华民国三十六年美术年鉴》序

于政治倥偬,军事倥偬,经济崩溃,民生艰困之时,而竟有《美术年鉴》之编印,闻者无不又惊又喜。兹年鉴编印已就绪矣,行将举丰富而珍贵的美术成绩报告公诸于世矣,编者索余一言,以为序。

我国每当乱世,美术受其反映,往往呈灿烂之观。东晋、五代史例可证。自清季以还数十年,内忧外患频仍,其乱已极;但美术园地,且于凄风苦雨中欣欣向荣。淞滨一角,文艺之盛远过五代之成都、建业。而民卅六年之美术运动,尤为热闹空前。是安可以不记,为来者告?

我国在现世界的地位与体面如何？腐儒何敢妄言。惟就美术论，则仍足表示有数千年文明历史的民族精神，不但在东亚，即在西欧，如以人类美术演进之程度来衡量，实在先知先觉的地位，此已渐为世界研究美术者所公认。近世以还，文化侵略，似比政治、军事、经济的侵略为严重。我国感受政治军事经济的侵略，已觉体无完肤。仅此，足以自信自豪的文化结晶——美术，犹得发扬光大，为国家为民族争光于世。故美术家责任载作的重大，无异出生入死卫国的前方将士。卅六年份，美术家对于国外宣扬的努力，其所获致国际的声誉，与联络国际的情感，有助于政治军事经济的活动，不能不算是"神灵显赫"。是安可以不记，为国人告？

我国美术家无不"自力更生""埋头苦干"的。政府从来不帮助美术家，美术家亦从来不仰求政府。每从冷落清苦的环境，自求灵妙愉快的安慰，不忧箪瓢陋巷，不嫌轻视冷笑，而兢兢于美术之研习。偶逢水旱兵火，需要救济，则无不尽心力以赴；而于发扬文化，为国争光，尤肯群运群力，惟恐或后，并不期有所报酬。有此毅力，有此情怀，故能保持古来传统的美术而光大之，吸收世界新兴的美术而运用之，以自名而为国用。在卅六年份，美术家固能保持此种风度否，是安可以不记，而自鉴焉？

编印年鉴之意义，言之愧不能尽，读者当能洞鉴，不复琐琐。惟国人从事美术者，要皆勤于制作，疏于记述。年鉴编印，是为创举。既无蓝本，又鲜宿稿，抉隐搜奥，聚细计统，近不遗远，万不漏一，编辑之工，殊为艰苦。至于图版之剪裁配合，文学之纵横排比，使合乎美术，俱见匠心之妙运，则尤不能不佩编者之劳苦功高也。是为序。丁亥郑午昌。

《中国名画观摩记》序

溯自鸟迹虫文，胚胎绘画，三千年来，名迹巨制之可宝贵者，何啻恒河沙数。中惟卷轴，流传较久。而董卓之乱，汉前之画殆皆流亡；刘曜之变，魏晋之画悉遭毁散。侯景焚之，高宝善再焚之。南北朝之画，仅有于谨煨灯之余。而隋炀淮扬扈从之珍，忽遭覆舟。唐高长安西归之宝，难径砥柱。金源兵下，宣和御府之藏随以俱去。凡被兵燹水火夺毁污蚀而失灭者，代有史实，不可胜举。以画迹流传之非易，责志录谱品，有足以资考证之籍，遂为鉴藏家所奉为圭臬焉。古最赅之画迹记籍，举凡唐初以前之名作皆著录焉，张彦远之《历代名画记》，朱景玄之《唐朝名画录》，搜集亦富。宋则有刘道醇之《名画录》，郭若虚之《图画见闻志》，米芾之《画史》，邓椿之《画继》，周密之《云烟过眼录》。而蔡京等之《宣和画谱》，尤为大观。元明以远，著作益多。而夏文彦之《图画宝鉴》，张丑之《清河书画舫》，项元汴之《天籁阁题记》,张泰阶之《宝绘录》,汪玉砢之《珊瑚网》,皆其著者。清代内府收藏极富,纂辑著录,较勤前代:《佩文斋书画谱》《石渠宝笈》《祕殿殊林》等皆为巨籍。而仕官缙绅之家收藏富有者,如周亮工、高士奇、孙承泽、吴麒、周在俊、陆刚夫、迮朗、彭蕴灿、卞永誉、蒋元龙、朱荦、陆绍会、梁同书、阮元、梁章鉅、李玉棻、端方等,皆有著录,可谓盛矣。清廷既屋,内府珍藏,多被盗窃。或流落海外,或散在民间。其所存者,真赝相杂,完破不齐。重事鉴别著录,以存文献,实不容缓。乙亥秋国民政府行政院决定选送本国艺术品与英伦,供国际展览。既以预展海上,施君扶九,躬与其事。因得晨夕观摩,别真赝,叙运会,记法式,阐学术,以数月之工,辄成中国名书观摩记。都数万言,其所著录,且不尽故宫收藏之富,而历代著名之作,海内稀世之本,多搜集参证焉。其所鉴评,按风尚,循流派,据理法,难见仁见智,不无差池。而名言隽语,缤纷笔下,实足以栎园江村等所见之遗。嗣音《石渠宝笈》,炳然于历代书画著录之林,为我当世探究古代艺术者参考之秘籍也。至其编附影印名迹以备参见,实为前人著作所未及,尤非易事。是为序。丙子春剡溪郑午昌。

历代书画展览会之意义与作用

神州陆沉,黄裔流离,而视为沦陷区域之上海,遽有历代画展之举行,中外人士,必将喜出望外,而抱无涯之感慨,具特殊之兴奋。盖此次画展之意义与作用,迥非寻常古名画展,徒以煊耀我国文艺成绩之伟大宏丽,藉资欣赏而博利益者所可同日而语也。请陈其说:

一画家之可成功,一画迹之可流传,与其时之风俗、政教、经济,互有密切关系,故历代画品之高下,画风之盛衰,画工之精率,可以时事证验而分别之。吾人临对先贤名迹,而赏其宏伟精能,若唐宋盛时之作,即可想见其时风俗之厚,政教之明,民力之裕,足以培养聪明俊逸之士,得有余暇从事研习艺术,而有如此成绩,为非偶然,则崇先贤,爱祖国之念,其有不油然而兴哉!其说一。

画绩与流传。虽视其制作之精良,而画家人格高尚,尤足使后世因敬仰而乐于收藏,以资观感,吴仲圭之逃名于禅,倪云林之散家放舟,郑所南之画兰无根,陈老莲之怕将新日月来照旧山河,遯迹空山,其于国族存亡绝续之会,个人出处死生之际,无不以气节自持,故其所作,虽一花片石,剩水残山,亦皆因其人而益宝贵于后世,河山犹在,衣冠几非,精神动员,高呼欲狂,吾人读先贤之画,而赏其艺,见先贤之手泽,而转仰其为人,其于处危应变之道,人格修养,必知有以自勉也。其说二。

安存,或冒炮火入穴搜求,或斥重金买之黑市,损者补之,断者全之,污者刷之。藏家运心之劳,致力之毅,厥功之伟,实不啻冒万死保寸土之前方将士也。吾人在此万方多难之日，得覩劫后余生之宝，对于力谋保存祖国文物之藏家，感激之余，能不与然而起耶！其说三。

一角淞滨，繁华逾昔，幕燕斧鱼，托谁之庇。举目河山，烽烟方炽，效死将士，呻吟于疆场，失家老弱，转侧乎沟壑，以视吾人犹得苟延残喘，雅结古惧者，何啻地狱天堂之别，且彼效死者，固何为乎？失家者，固何罪乎？设身处地，同为覆巢之卵耳！倘能稍移日用酒肉之资，多购入场参观之券，使历代名贤精神遗产之余息，因得惠及战士与灾黎以明我托庇于人偷安旦夕之淞滨同胞。犹不想忘乎患难，或亦可以减少良心责备于万一乎。其说四。

吾国治权军事，代有兴替成败之变，而文化势力，则无不所向披靡。魏晋南北朝诸胡之渐归化者，文化力也。蒙古入主，不久而亡；满洲入主，不久同化，文化力也。盖我国民族之大，疆土之广，要皆藉文化之力自然兼并而成。故发扬文化，保存文物，实操最后胜利之无上权能。凡我文物之被掠夺而去者。吾知其随东征十字军而俱归，将此播种于域外，亦复何言。其流散于烽火沦陷之乡者，为数或亦非小，倘有志好古之士，同情于此次画展之举行，广事搜求，善为收藏，为复与民族奠下更深广之基石，则此次画展提倡之效，不亦尤足多耶？其说五。

我国文艺，曾不因战乱而呈衰落之象，南北朝干戈扰攘毋宁岁，而庄严宏丽之人物画，转以大盛，五代十国，兵连祸结，甚于南北朝，而高古雄浑之山水画，与浓艳淡逸之花鸟画，竞美争妍而并茂，当时南则唐之建业，西则蜀之成都，厥为图画文物荟萃之府，盖时丁乱世，四方才智之士，避地麇集，或心怀抑郁，或志切愤慨，乃发之于画，以寄情焉。故名家辈出，绘事大进。今之上海，亦犹建业成都也，民之心怀抑郁，志切愤慨者，或尤甚于南北朝五代时人，倘于醇酒美人之外，而寄情于画，研之，习之，则我国画之命运，失之东隅，必可收之桑榆。此次画展，实予吾人以观摩之良机，吾人自当担起以文艺复兴民族之使命，对于眼前先贤之名迹，心摹之，神迎之，温而新之，其所收获。当不仅聊慰乱世情绪而已也。其说六。

画展之意义与作用，鄙见所及，不揣多言，甚愿都人士怵心世变，关怀国故，毋以偷安旦夕而自足，视前线垂死之战士，与难民为无关休戚，毋以欣赏艺术为闲事，视先贤名迹之于国于民为无足重轻，相与共举，相与共勉，幸甚。

参考文献

一、专著、文集

1. 郑午昌,蒋锡曾,丰子恺. 国画面面观[G]. 上海:商务印书馆,1933
2. 朱杰勤. 秦汉美术史[M]. 上海:商务印书馆,1936
3. 岑家梧. 中国艺术论集[M]. 北京:燕京大学考古学社,1949
4. 宗白华. 美学散步[M]. 上海:上海人民出版社,1981
5. 蔡元培. 蔡元培哲学论著[M]. 石家庄:河北人民出版社,1985
6. 蔡元培. 蔡元培美育论集[M]. 长沙:湖南教育出版社,1987
7. 马克斯·德索. 美学与艺术理论[M]. 北京:中国社会科学出版社,1987
8. 刘海粟. 刘海粟艺术文选[G]. 朱金楼等编. 上海:上海人民美术出版社,1987
9. 梁启超. 饮冰室合集[M]. 北京:中华书局,1989
10. 冯贯一. 中国艺术史各论[M]. 上海:上海书店影印 1941 年汇中印书馆,1990
11. 郑逸梅. 艺海一勺[M]. 天津:天津古籍出版社,1994
12. 郑逸梅. 艺海一勺续编[M]. 天津:天津古籍出版社,1996
13. 郑午昌. 中国画学全史[M]. 上海:上海古籍出版社,2001
14. 傅抱石. 中国绘画变迁史纲[M]. 上海:上海古籍出版社,1998
15. 樊波. 中国书画美学史纲[M]. 长春:吉林美术出版社,1998
16. 阮璞. 画学丛证[M]. 上海:上海书画出版社,1998
17. 胡适. 胡适论学往来书信选[G]. 杜春和等编. 石家庄:河北人民出版社,1998
18. 水天中,郎绍君编. 二十世纪中国美术文选:上下册[G]. 上海:上海书画出版社,1999
19. 陈振濂. 近代中日绘画交流史比较研究[M]. 合肥:安徽美术出版社,2000
20. 陈师曾. 中国绘画史[M]. 北京:中国人民大学出版社,2001

21. 张汝伦. 现代中国思想研究[M]. 上海：上海人民出版社，2001
22. 滕固. 滕固艺术文集[M]. 沈宁编. 上海：上海人民美术出版社，2003
23. 高居翰. 气势撼人：十七世纪中国绘画中的自然与风格：中文版序[M]. 上海：上海书画出版社，2003
24. 李铸晋，万青力. 中国现代绘画史·民国之部[M]. 上海：文汇出版社，2003
25. 徐昌酩主编，黄可，吴景泽，茅子良执行主编. 上海美术志[M]. 上海：上海书画出版社，2004
26. 郑昶. 中国美术史[M]. 北京：团结出版社，2005
27. 潘天寿. 中国绘画史[M]. 北京：团结出版社，2006
28. 李朴园. 中国艺术史概论[M]. 长沙：时代文艺出版社，2009
29. 俞剑华. 中国绘画史[M]. 南京：东南大学出版社，2009
30. 朱剑. 澄怀观道：中国山水画精神[M]. 南京：南京大学出版社，2012

二、期刊论文

1. 潘季华. 忆郑午昌[J]. 朵云，1983(5)
2. 余辉，张彦远，郑午昌，滕固. 美术史研究方法比较[J]. 新美术，1991(3)
3. 孔令伟. 近代历史科学对民国时期中国美术史写作的影响[J]. 新美术，1999(4)
4. 熊凤鸣. 汉文正楷印书局与画家郑午昌[J]. 印刷杂志，2000(2)
5. 陈平. 从传统画史到现代画史的转变——张彦远、郑午昌与滕固的绘画史写作方法之比较[J]. 新美术，2001(3)
6. 阙长山，叶鹏飞. 流利洒脱 淡古为宗——读郑午昌先生的书法[M]. 中国书法，2001(11)
7. 知枫. 甲午同庚千龄会[J]. 文史春秋，2005(3)
8. 李伟铭. 近代语境中的“山水”与“风景”——以《国画月刊》“中西山水画思想专号”为中心[J]. 文艺研究，2006(1)
9. 褚庆立. 郑午昌与中国近代画学 [J]. 荣宝斋，2008(5)
10. 高阳. 从姜丹书到郑昶——进化理论对民国早期工艺美术史叙述的影响管窥[J]. 装饰，2008，(7)
11. 陈传席. 评现代名家与大家(续)郑午昌、姚茫父(1) [J]. 国画家，2009(2)
12. 廖方容，胡春涛. 郑昶美术史研究思想阐析[J]. 艺术探索，2009(4)
13. 朱剑. 郑午昌《中国美术史》研究[J]. 南京艺术学院学报(美术与设计版)，

2011(1)
14. 吴泽锋. 传统画学的现代表述——以郑午昌的美术思想为中心[J]. 美术学报，2012(4)
15. 朱剑. 画不让人应有我——郑午昌绘画艺术的风格演变及评价[J]. 荣宝斋，2013(9)
16.《文化建设月刊》[J]. 上海：文化建设月刊社，1931，创刊号
17.《东方杂志》[J]. 上海：商务印书馆，1932(1)
18.《国画月刊》[J]. 上海：上海中国画会，1935(4)

三、学位论文

1. 乔志强. 近代绘画社团研究 [D]：[博士学位论文]. 杭州：浙江大学，2005
2. 沈玉. 1912—1949 年民国绘画史学史视野下的滕固史学[D]：[博士学位论文]. 杭州：浙江大学，2005
3. 段汉武. 民国时期中国绘画史叙述模式研究[D]：[博士学位论文]. 杭州：浙江大学，2006
4. 刘钊. 汉字印刷字体发展——设计与应用研究[D]：[博士学位论文]. 北京：中央美术学院，2007
5. 孙振. 对《东方杂志》中的美学文本的整理与研究[D]：[博士学位论文]. 长春：东北师范大学，2007
6. 褚庆立. 郑午昌《中国画学全史》研究[D]：[硕士学位论文]. 南京：南京艺术学院，2009

四、报纸、年鉴、画册、工具书

1. 王扆昌主编. 中华民国三十六年美术年鉴 [C]. 上海：上海文化运动委员会，1948
2.《中国美术史学研究》[C]. 朵云，上海：上海书画出版社，2008
3.《二十世纪中国画家丛集：郑午昌》[Z]. 上海：上海书画出版社，2000
4. 中国社会科学院语言研究所词典编辑室. 现代汉语词典[G]. 北京：商务印书馆，1982
5. 1933 年 11 月 6 日《申报》
6. 1941 年 8 月 25 日《申报》

后　记

回想起来，本书的写作缘起竟然已经是十年之前的事情了。其时我正值而立之年，刚刚攻读博士学位，精力充沛，踌躇满志，在博士论文写作之余搜集整理本书的相关资料并编织纲目，初稿几乎和博士论文同时完成。

但本书的出版，却远远不如博士论文顺利。恰恰是出版命运的一波三折，给了我更多的时间来审视它、完善它，最后成为我的第一站博士后出站报告。尽管从写完初稿到付梓出版如此漫长，我还是对最后呈现给读者的内容抱有不少遗憾。这既和我的能力有关，也与我的精力有关。由而立到不惑的十年之间，我的一些经历与本书的出版之路颇为相似。这些经历消耗了我绝大部分精力，使我无法沉静下来沉浸写作。然则，遭遇不如意原是人生的常态，现实本身就是求不得、怨憎会和爱别离，而我们如何认识它们、理解它们、面对它们，将决定人生的不同走向。事实上正因为它们，我开始逐渐体会到，只有心的改变才会带来其他一切的改变。也正是基于这样的体会，本书的初稿重新放到了我面前，成为我再次开始的起点。所以，我对本书有着特殊的感情：它见证了我的十年蹉跎光阴，我的十年心路历程，还有我从不谙世事到惯见百态的十年成长。感谢这十年，真正的转折，就在其间。

郑午昌先生的哲嗣郑孝同先生，为本书写作提供了无私的帮助。他不仅仔细甄别书中所涉及的书画作品，还慷慨地将自己多方收集来郑午昌先生诗词放在本书的附录之中。这应该是郑午昌先生的诗词首次正式结集出版，也是我们进一步研究郑午昌先生的重要资料。在此首先要向郑孝同先生表示感谢。

东大出版社的资深编辑李玉老师，是我现实生活中的师友和学术生涯的摆渡人。算上本书，我已经有四部专著是在她的辛劳付出下才得以面世。对于从事学术研究的人而言，这样的长期合作，真正称得上“缘”莫大焉。我要向李老师多年来始终如一的关心和帮助，深深地鞠躬致谢。

十年前的今天,有一个美丽的生命来到世界与我结缘——女儿朱株,谢谢你。和你相遇,是我今生最大的幸福。虽然种种原因让你现在失去了很多,但请你相信,命运一定会在未来以其他方式弥补你!我坚信,我保证。

亲爱的女儿,祝你生日快乐!

朱　剑

2017 年 11 月 30 日

于广陵跃渊堂